Über die Autorin:
Mary Browne ist in den USA eine berühmte spirituelle Lebensberaterin. Seit über 25 Jahren nutzt sie ihre übersinnlichen Fähigkeiten und konnte damit bereits Tausenden von Menschen in Privatkonsultationen helfen. Neben Büchern schreibt sie außerdem Artikel in vielen Zeitungen und Magazinen wie *New York Times*, *Elle* oder *Vogue* und ist oft im amerikanischen Radio und Fernsehen präsent.
Mary Browne lebt in New York.
Weitere Infos zur Autorin unter: www.marytbrowne.com

Mary Browne

Die Magie der Gedanken

FÜNF REGELN FÜR EIN GLÜCKLICHES LEBEN

Aus dem Englischen von
Jutta Ressel

Die amerikanische Originalausgabe erschien 2007
unter dem Titel »The 5 Rules of Thought« bei Atria Books.
A Division of Simon & Schuster, Inc., New York

Besuchen Sie uns im Internet: www.droemer-knaur.de
Alle Titel aus dem Bereich MensSana finden Sie im Internet unter
www.knaur-mens-sana.de

Deutsche Erstausgabe Oktober 2009
Copyright © 2007 Mary T. Browne
Copyright © 2009 für die deutschsprachige Ausgabe
Knaur Taschenbuch.
Ein Unternehmen der Droemerschen Verlagsanstalt
Th. Knaur Nachf. GmbH & Co. KG, München
Alle Rechte vorbehalten. Das Werk darf – auch teilweise –
nur mit Genehmigung des Verlags wiedergegeben werden.
Redaktion: Julia Sommerfeld
Umschlaggestaltung: ZERO Werbeagentur, München
Umschlagabbildung: Fine Pic©, München
Satz: Adobe InDesign im Verlag
Druck und Bindung: CPI – Clausen & Bosse, Leck
Printed in Germany
ISBN 978-3-426-87431-8

2 4 5 3 1

*Dieses Buch ist
Hubert Pototschnig gewidmet.*

INHALT

Einleitung 9

1 Was sind Gedanken? 15

2 Die göttliche Kraft im Menschen 69

3 Die fünf Regeln der Gedanken 96

4 Hilfsmittel zur Umsetzung der Regeln 146

5 Mit Hilfe der Magie der Gedanken
  seine Wünsche verwirklichen 163

6 Nur die Seele überlebt 230

7 Leben nach dem Tod 244

Danksagung 253

Wir sind, was wir denken.

EINLEITUNG

Dieses Buch begann mit einem Gedanken. Erst war er als Energie vorhanden, dann formte mein Wille diese Energie zu Ideen, und schließlich wurden diese Ideen zu Worten.
Das Buch, das Sie jetzt in den Händen halten, ist ein – im wahrsten Sinn des Wortes – greifbares Beispiel für die Magie der Gedanken. Nichts ist stärker als die Kraft der Gedanken. Alles in Ihrem Leben ist das Ergebnis Ihres Denkens.
Seit mehr als fünfundzwanzig Jahren bin ich nun schon als Hellsichtige tätig. Meine Klienten kommen aus allen Gesellschaftsschichten und aus der ganzen Welt. Viele konsultieren mich Jahr für Jahr. Sie wenden sich an mich, weil sie nach Antworten auf ihre Fragen suchen. Die häufigsten Fragen haben mit Gesundheit zu tun, mit Geld, Liebe und dem Beruf. All diese Frauen und Männer, die zu mir kommen, haben eines gemeinsam: Sie verstehen die Kraft der Gedanken nicht und deren Auswirkungen auf ihr Leben.
Sind Sie nicht auch schon einmal jemandem begegnet, der seinen Blick über ein Haus hat schweifen lassen, um dann zu verkünden: »So eines wird eines Tages mir gehören.« Und jetzt besitzt diese Person wirklich ein solches Haus. Haben Sie nicht schon einmal jemanden sagen hören: »Eines Tages werde ich der Chef meiner eigenen Firma sein.« Und genau das ist dieser Mensch jetzt auch. Der Clou an der Sache ist, dass

diese beiden Personen eine exakte Vorstellung von ihren Wünschen hatten. Sie waren absolut davon überzeugt, dass es möglich wäre, das Gewünschte zu bekommen, und setzten schließlich alles daran. Solche Leute nutzen – sei es nun bewusst oder unbewusst – die Kraft der Gedanken.

Dieses Buches will Ihnen zeigen, welche Gedanken Ihnen dabei helfen, alles zu bekommen, um ein glückliches Leben führen zu können. Sie werden beim Lesen auch erfahren, wie Sie sich mit der Göttlichen Kraft verbinden können, die nur darauf wartet, Ihnen zur Seite zu stehen. Ich habe fünf Regeln des Denkens entwickelt sowie verschiedene Hilfsmittel, mit denen Sie Ihre Wünsche verwirklichen können. Sie sind das Ergebnis jahrzehntelanger Studien, in denen ich mich mit dem Denken und dessen Auswirkungen auf meine Klienten und mich selbst beschäftigt habe. Diese Regeln lassen sich natürlich erheblich einfacher befolgen, wenn wir wirklich verstehen, was genau mit Denken gemeint ist, und wenn wir uns die große Kraft bewusstmachen, die entsteht, wenn unsere Gedanken durch die Göttliche Kraft geleitet werden.

Das Buch wurde deshalb von mir so konzipiert, dass zuerst das Denken, das gesprochene Wort, das geschriebene Wort und die Göttliche Kraft erklärt werden. Danach lernen wir die fünf Regeln und deren Umsetzung kennen. Die fünf Regeln der Magie der Gedanken sind auf Seite ((bitte je nach Umbruch Seitenzahl einfügen)) zusammengestellt. Sie sollten sie bewusst lesen und gut im Gedächtnis behalten.

Denken ist das Interessanteste, das man sich überhaupt vorstellen kann; dennoch beschäftigt man sich selten wirklich bewusst damit. Die meisten Menschen fragen sich nicht, woher ihre Gedanken kommen. Sie halten nie inne, um sich zu überlegen, wie Gedanken entstehen. Die Mehrheit geht davon aus, dass sie eben einfach vorhanden sind. Doch das stimmt nicht. Diese Menschen verstehen nicht, dass alle Aspekte in ihrem Leben – Gesundheit, Finanzen, Liebe, Beruf und Glück – völlig von ihren Gedanken abhängen sowie von den Handlungen, die sich aus ihnen ergeben.

Denken Sie immer daran: Indem Sie Ihre Gedanken bestimmen, bestimmen Sie Ihr Leben. Beginnen Sie also am besten gleich heute damit, Ihr Schicksal selbst zu gestalten. Lesen Sie *Die Magie der Gedanken* und begeben Sie sich auf die spannendste Reise Ihres Lebens.

Fünf Regeln für ein glückliches Leben

1. Entscheiden Sie, was Sie wirklich wollen.

2. Stellen Sie sich vor, Ihr Wunsch wäre bereits Wirklichkeit.

3. Zweifeln Sie nicht.

4. Glauben Sie fest daran.

5. Ihre Beharrlichkeit wird Früchte tragen.

1 WAS SIND GEDANKEN?

Gedanken sind Bilder, die in den Äther projiziert werden. Sie sind Schwingungen. Sie sind Kraft und Energie. Sie sind eine kreative Macht. Sie sind Geist. Sie haben Farbe. Sie haben Klänge. Sie haben Substanz. Gedanken sind etwas absolut Lebendiges. Nichts verfügt über mehr Einfluss als Gedanken. Sie als Mensch sind, was Sie denken.

Jeder Aspekt des Lebens wird durch Gedanken beeinflusst. Es gibt großmütige Gedanken, gemeine Gedanken, niedrige Gedanken und erhabene Gedanken. Es gibt gute und böse Gedanken. Jeglicher Erfolg wie auch jeglicher Misserfolg ist das Ergebnis unseres Denkens.

Alles, was man liebt, was man hasst, was man fühlt, ist Gedanke. Emotionen entstehen durch Gedanken. Alles, was man sieht, sind Gedanken, die Gestalt angenommen haben. Alles, was man hört, ist eine Klangwelle, die von Gedanken komponiert wurde. Um etwas zu schaffen, muss man sich die jeweilige Sache zuerst geistig vorstellen. Der Gedanke ist immer zuerst da. Handlungen sind das unmittelbare Ergebnis des Denkens.

SCHWINGUNG

Eine Schwingung ist eine Gefühlswelle, die aus dem Geist des Denkenden kommt. Sie drückt aus, welchen Charakter ein Gedanke hat. So kann er zum Beispiel freundlich, liebevoll, großzügig oder ärgerlich sein. Eine Schwingung wird auch als Gedankenwelle bezeichnet.

Schwingungen haben die Tendenz, den Geist von anderen Menschen zu beeinflussen, die auf einer ähnlichen Frequenz schwingen. Anders ausgedrückt: Sie verursachen die gleiche Art von Gedanken beim empfangenden Geist, wie sie der ursprüngliche Denkende hatte. Gedanken sind wie ein Magnet, der ähnliche Gedanken anzieht. Gleiches zieht Gleiches an.

Waren Sie schon einmal auf einer Party und haben sich ohne erkennbaren Grund zu einem Fremden hingezogen gefühlt? Das lag nicht daran, dass diese Person ein bestimmtes Aussehen hatte oder besonders gekleidet war. Sie hatten mit diesem Menschen noch kein Wort gewechselt, aber dennoch hatte das Ganze etwas Erhabenes. Sie hätten es nicht in Worte fassen können, aber irgendwie haben Sie sich von dieser Person angezogen gefühlt – wie ein Magnetbild am Kühlschrank. Es war die Energie dieses Menschen, die Sie angezogen hat, seine positiven Schwingungen. Hätten Sie diesen Menschen kennengelernt, hätten Sie sicherlich festgestellt, dass er ein angenehmes Wesen hat und nett ist.

Eine Schwingung breitet sich aus, solange ein Gedanke besteht. Auf jede Schwingung folgt sofort ein Bild als Form: die Gedankenform.

GEDANKENFORM

Gedankenformen sind mentale Bilder im Geist. Wenn Sie an einen Apfel denken, bringt Ihr Geist das Bild eines Apfels hervor. Denken Sie an einen Freund oder Liebhaber, schafft der Geist das Bild dieses Menschen. Wenn Sie einen Roman schreiben wollen, machen Sie sich über das Konzept Gedanken. Sie formen dann Ideen, die der Geschichte Leben geben. Sobald Sie eine Idee haben, können Sie mit dem Schreiben beginnen.

Die Intensität und Klarheit dieser Gedanken bestimmt das Gewicht, den Einfluss und die Gestalt der Form. Es gehen uns tagtäglich Millionen Gedanken durch den Kopf. Sie stellen sich plötzlich ein und sind dann auch schon wieder verschwunden. Zum Beispiel klingelt am Morgen der Wecker, damit wir aufwachen. Wir denken »Wecker« und stellen ihn schnell ab. Zu diesem Zeitpunkt ist dieser Gedanke bereits vorbei. Sie denken: »Mach die Tür auf!«, öffnen die Tür, und im nächsten Moment ist die Sache bereits vergessen. Sie haben keine schwerwiegende Form geschaffen, weil Sie an dem Gedanken nicht festgehalten haben, und vermutlich hatten Sie auch nicht sonderlich viele Gefühle in ihn investiert.

Wenn Sie andererseits über jemanden wirklich verärgert sind und an diesem Gedanken festhalten, dann gewinnt der Gedanke an Intensität, nimmt eine unangenehme Form an und löst eine Handlung aus. Sie brüllen diese Person dann vielleicht an, ziehen über sie her oder brechen einen Streit vom Zaun. Diese Art Gedankenform schwingt noch lange nach, selbst wenn Sie aufgehört haben, darüber nachzudenken. Ihre Handlungen waren das unmittelbare Ergebnis der Intensität und Dauer dieser Gedankenform. Behaupten Sie, Ihren Ärger überwunden zu haben, bedeutet das nicht, dass auch die Ergebnisse Ihres Ärgers nicht mehr vorhanden sind. Eine ärgerliche Gedankenform kann noch lange nach der Handlung fortbestehen.

Gedanken schaffen also eine Form, und diese wird zu einem Bild. Das Bild ist mit dem physischen Auge vielleicht nicht sofort sichtbar, existiert aber auf einer »mentalen« Ebene. Aus diesem Grund werden Gedankenformen manchmal auch »Elementale« genannt.

Gedanken, die auf jemanden gerichtet werden, gehen vom Geist seines Urhebers auf den einer anderen Person über. Ist ein Gedanke aber auf den Urheber selbst gerichtet, bleibt er hingegen bei ihm selbst. Diese Art des Gedankens dreht sich völlig um die eigene Person oder um einen Wunsch, den derjenige gerade hat. Sie haben dann beispielsweise starkes Verlangen nach bestimmten Nahrungsmitteln, die dick machen und ungesund sind. Sie denken intensiv an diese Lebensmittel, selbst wenn Sie hart bleiben und sie nicht zu sich nehmen. Diese Intensität bringt eine andere Gedankenform hervor, die sogenannte anhaftende Gedankenform. Sie heißt so, weil sie so lange weiter existiert, wie Sie den Wunsch nach etwas verspüren. Sie haben dann eine Form geschaffen, die bei Ihnen bleibt, selbst wenn sie sich geistig bereits mit etwas anderem beschäftigen. Sobald Ihr Geist frei ist, kommt die anhaftende Gedankenform wieder zum Vorschein, und Sie empfinden dann ein überwältigendes Bedürfnis, genau die Dinge zu sich zu nehmen, die sie eigentlich vermeiden wollten. Sie gehen zum Beispiel zum Bäcker, kaufen Kuchen und essen ihn, obwohl sie gar keinen Hunger haben. »Versuchung«, nennen Sie das dann, doch in Wirklichkeit sind Sie selbst dafür verantwortlich. Niemand hat Sie in Versuchung gebracht. Sie selbst haben diese Gedankenform geschaffen. Aus diesem Grund kann es oft sehr schwierig sein, eine Diät durchzuhalten. Ein klarer Gedanke, der visualisiert und wiederholt wird, nimmt in der physischen Welt Gestalt an. Manchmal dauert das seine Zeit, aber passieren wird es in jedem Fall.

Das Gleiche gilt für Suchtverhalten. Jeder Süchtige wird Ihnen erzählen, wie schwierig es ist, eine Sucht zu überwinden. Das physische Verlangen kann schon längst aufgehört haben, doch der Kopf kann nicht loslassen. Die Erinnerung und der Wunsch nach dem süchtig machenden Stoff sind noch vorhanden. So jemand hört dann vielleicht für eine gewisse Zeit auf, seiner Sucht zu frönen, aber die Gedankenform ist noch lebendig und wartet nur darauf, wieder aktiviert zu werden. Daher sollte man für eine erfolgreiche Behandlung einer Sucht die Gedankenform verändern. Sie muss sozusagen entmachtet werden. Solange die Gedankenform, die dem Süchtigen anhaftet, ihren Einfluss behält, ist ein Rückfall unvermeidlich. Gedanken haben Macht, also muss man, um einen Rückfall zu vermeiden, eine neue, einflussreichere Gedankenform schaffen. Der Süchtige muss lernen, seinen Geist auf das klare, intensive und detaillierte Bild zu konzentrieren, in dem er glücklich und frei von seiner Sucht ist. Dieses positive mentale Bild hilft dann dabei, aktive Schritte einzuleiten und wieder gesund zu werden. Diese Schritte könnten beinhalten, an einem bestimmten Therapieprogramm teilzunehmen, einen Facharzt aufzusuchen oder gar in einem Krankenhaus eine Entziehungskur zu machen. Man sollte jede Form von Unterstützung nutzen, die dem Einzelnen weiterhilft.

Anhaftende Gedankenformen treten nicht nur im Zusammenhang mit Nahrungsmitteln, Alkohol und Drogen auf. Ich habe sie auch in der Aura von Leuten gesehen, die zwanghaft an ihren ehemaligen Partnern festhielten und nicht über die Beziehung hinwegkamen. Wer so besessen von diesen Gedanken ist, kann ernsthafte mentale und physische Probleme bekommen. Der altbekannte Ratschlag unserer Großmütter: »Die Zeit heilt alle Wunden, und eine neue Liebe hilft, die alte Beziehung schneller zu überwinden«, stimmt tatsächlich. Wenn wir in der Lage sind, den Gedanken an unseren Expartner durch glückliche Gedanken, die sich um unsere neue Liebe drehen, zu ersetzen, lockert sich langsam der Einfluss der anhaftenden Gedankenform. Wir senden dann neue Gedankenformen an unsere neue Liebe. Ich weiß, dass es nicht einfach ist, seine Gedanken auf eine glückliche Zukunft zu konzentrieren, wenn wir in einem unglücklichen Privatleben feststecken. Doch die Veränderung wird einfacher, wenn wir all unsere geistigen Kräfte einsetzen, um uns von solchen anhaftenden Gedankenformen zu befreien. Das soll jetzt nicht heißen, dass Sie Ihre Gefühle leugnen sollen. Verleugnung verbannt Ihre anhaftenden Gedanken nur für kurze Zeit aus Ihrem Denken. Sobald Ihr Geist frei ist, taucht die anhaftende Gedankenform auch schon wieder auf.

Wenn keine neue Liebe in Ihr Leben getreten ist, dann sollten Sie lernen, vor Ihrem geistigen Auge ein klares Bild zu sehen, wie Sie glücklich und verliebt sind. Visualisieren Sie dieses Bild tagtäglich so oft wie nur möglich. Versuchen Sie nicht, sich dabei eine bestimmte Person vorzustellen, in die Sie verliebt sind. Sehen Sie einfach sich selbst, wie Sie glücklich und verliebt sind.

Sie können Gedankenformen entwickeln, durch die Sie bekommen, was Sie sich wünschen. Das ist eine Kunst, die man lernen kann. Was Sie dazu brauchen, sind ein starker Wunsch, ein fester Wille, Zeit und Engagement. Sie müssen sich positive Denkgewohnheiten antrainieren, am besten mit Geduld und Konzentration. Sie müssen ganz klar sehen, was genau Sie wollen, und lernen, ihre Aufmerksamkeit intensiv und vertrauensvoll darauf zu richten. Das sind die ersten Schritte, um Ihrem Wunsch Form zu verleihen. Sie bekommen, was Sie denken.

DIE AURA

Die Aura ist eine unsichtbare, wolkenartige Substanz, die jeden Menschen umgibt. Um sie erkennen zu können, braucht man seherische Gaben. Die Aura setzt sich aus Gedanken und Emotionen zusammen. Sie sendet Schwingungen aus und ist farbig.
Rosa ist zum Beispiel die Farbe selbstloser Liebe. Diese Liebe verströmt eine wunderbare Kraft. Die Farben der Aura reflektieren den Charakter des Denkens einer Person. Es gibt bestimmte Farben in der Aura eines Menschen, die stets gleich bleiben. Intelligenz zum Beispiel hat verschiedene Gelbtöne.
Ich werde oft gefragt: »Welche Farbe hat meine Aura?« Diese Leute wollen wissen, was ich sehe. Dass die Aura nur eine einzige Farbe aufweisen soll, ist allerdings ein absoluter Irrglaube. Verschiedene Gedanken bringen verschiedene Farben in der Aura hervor. Im Lauf eines Tages kann sich die Farbe Ihrer Aura zwanzigmal ändern.
Wenn Sie zum Beispiel schlecht gelaunt aufwachen und Ihre

Laune dann an Ihrer Familie auslassen, dann hat Ihre Aura eine rotorangefarbene Schattierung. Halten Sie an diesem schlechten Gefühl fest, verstärkt sich dieser Farbton, bis ein wütendes Feuerrot erreicht ist. Die Schwingungen dieser Farbe ziehen nur Probleme an. Wenn Sie sich jedoch in Zaum halten, den ärgerlichen Gedanken loslassen und ihn durch einen ruhigen, fröhlichen ersetzen, dann wechselt die Farbe Ihrer Aura sofort zu Blaurosa.

Ihr Gesundheitszustand, Ihre Stimmung, Ihre Talente, Ihre Intelligenz und Ihr Charakter sind in der Aura klar zu erkennen. Etwas, das ich sofort sehe, wenn ein Klient zu seiner Sitzung kommt, ist sein allgemeiner Gesundheitszustand. Er lässt sich an den Farbmustern innerhalb der Aura erkennen. Ein Mensch, der an einer ernsthaften Krankheit leidet, zeigt braune Farbtöne um die erkrankten Körperteile. Bahnt sich ein körperliches Problem an, wird eine hellbraune, nebelartige Substanz sichtbar. Zum Glück kommen viele meiner Klienten zu einer weiteren Sitzung, wenn sie von ihrer Krankheit geheilt sind. Ihre Aura spiegelt dann ihre wiedererlangte Gesundheit. Das Braun hat sich aufgelöst und hat einem gesunden Hellgrün Platz gemacht. Ein Mensch mit hohem IQ verströmt an der Stirn eine gelbe Farbe. Großes Talent strahlt als ein helles Violett in der Aura.

In religiösen Gemälden sind die Heiligen oft mit einem Heiligenschein dargestellt, also einem Lichtkranz um den Kopf. Die Künstler wollen dem Betrachter auf diese Weise ein Gefühl für deren Heiligkeit vermitteln. Spirituelle Seelen denken wunderschöne Gedanken, und sie verströmen strahlendes Licht und positive Schwingungen. Der Heiligenschein ist ein Symbol für die Aura.

Judy

Es war ein unglaublich heißer Donnerstagnachmittag im Juli, als Judy atemlos zu ihrem Termin hereingestürzt kam. Als sie mein Büro betrat, wusste ich sofort, dass die Sitzung schwierig werden würde. Ich konnte das schon an ihrer knallroten Aura erkennen. Diese Farbe kam nicht von der Hitze – sie kam von ihren negativen Gedanken.

Ich bat Judy, mir einen Augenblick Zeit zu geben; ich wollte nach nebenan gehen, um mich dort zu sammeln. Nachdem ich tief durchgeatmet hatte, kehrte ich zu Judy zurück und setzte mich hin – gewappnet für eine schwierige Sitzung.

»Judy, warum sind Sie heute so ärgerlich?«, fragte ich sie.

Sie log mich an, als sie antwortete: »Ich bin doch gar nicht verärgert!«

»Nicht verärgert?«, warf ich ein. »Ich lese Ihre Aura. Sie ist knallrot, und das lässt auf Ärger und Verachtung schließen. Wollen Sie mir erzählen, was passiert ist, oder soll ich Ihnen sagen, dass Sie gerade einen fürchterlichen Krach mit Ihrem Mann hatten?«

Judy war verblüfft, hielt inne und fing dann an zu lachen. Ihre Aura veränderte sich sofort von Rot zu Blaugrün, was ihre Erleichterung zeigte. Sie fing an zu erzählen, und als sie die Vorfälle an diesem Tag wiedergab, wechselte ihre Aura wieder die Farbe. Sie nahm einen leicht grünlichen Ton an, was mir zeigte, dass Judy sehr traurig war. Sie hatte herausgefunden, dass ihr Mann sie betrogen hatte und dass er sich scheiden lassen wollte. Nun brauchte sie meinen Rat, wie sie mit dieser Situation umgehen sollte. Ich erkannte, dass keine Möglichkeit bestand, die Ehe irgendwie zu kitten; die beste Lösung für Judy war, dieser Situation möglichst rasch ein Ende zu bereiten. Als sie mir zuhörte, veränderte sich ihre Aura zu einem trostlosen Lila, das Angst signalisierte. Ich beruhigte sie mit meiner Vorhersage, dass sie die Sache schon durchstehen würde und schneller wieder glücklich würde, als sie es jetzt für möglich hielt. Ich half ihr auch, sich selbst einzugestehen, dass sie sich in dieser Beziehung schon lange elend gefühlt hatte. Als Judy dann aus der Sitzung ging, fühlte sie sich im Gleichgewicht, und ihre Aura strahlte eine hellblaue Farbe und eine harmonische Schwingung ab.

Durch eine Welle der Emotion – egal ob negativ oder positiv – nimmt die Farbe der Aura plötzlich zu. Liebe sendet einen Farbton tröstlichen Rosas oder gar Weiß aus, Eifersucht strahlt ein hässliches Grau ab, Freundlichkeit zeigt sich oft als eine Welle von Gelbgrün, und ein klar leuchtendes Gelb lässt auf Intelligenz schließen. Verschiedene Spielarten von leuchtendem Grün offenbaren, dass jemand lügt.

Viele Leute haben mir gesagt, es störe sie, dass sie keine Auren sehen können. Ich erkläre ihnen dann immer, dass man dazu über seherische Gaben verfügen muss. Aber selbst wenn jemand keine seherischen Fähigkeiten hat, kann er ein verstärktes Bewusstsein dafür entwickeln, wie die Gedanken eines Menschen die Gefühle von anderen beeinflussen. Wenn Sie in Gesellschaft einer Person sind, die freundlich und sanft ist, empfinden Sie Wärme und Trost. Ein harter, unangenehmer Mensch bewirkt, dass es Ihnen kalt ist und Sie sich verängstigt fühlen. Sie müssen die jeweilige Aura nicht wirklich sehen, um von den Gedanken, die die Aura geschaffen haben, beeinflusst zu werden. Das Gleiche gilt für Ihre eigenen Gedanken. Wenn

Sie Liebe, Harmonie oder Freundlichkeit denken, dann fühlen Sie sich gut. Ärger, Eifersucht, Verbitterung oder Rache hingegen fühlen sich schlecht an. Die Aura reflektiert unmittelbar die Gedanken eines Menschen sowie die dahinterstehenden Emotionen. Sie müssen die Aura nicht sehen, um sich bewusst zu sein, welchen Einfluss sie ausübt.

Sie haben sicher schon oft gehört, wie jemand über einen anderen Menschen gesagt hat: »Ich mag ihn einfach, er hat eine angenehme Ausstrahlung.« Oder auch: »Ich kann diese Person nicht leiden, sie hat so eine abstoßende Ausstrahlung.« Diese Personen reagieren auf die Gefühle, die die jeweilige Aura bei ihnen auslöst, nicht auf etwas, das sie sehen. Wenn mich jemand fragt: »Wie kann ich meine Aura verändern?«, lautet meine Antwort: »Wenn Sie Ihre Gedanken verändern, verändert sich auch Ihre Aura.«

WIE GEDANKEN FUNKTIONIEREN

Wenn Sie Ihre Aufmerksamkeit intensiv auf etwas richten, sich also konzentrieren, verleihen Sie Ihren Gedanken Macht. Sie können reich werden, die Liebe finden, Ihre Ehe retten, Ihr Traumhaus bekommen, Ihren Körper zum Positiven verändern oder einfach nur glücklich sein, indem Sie die Macht Ihres Geistes nutzen.

Gedanken brauchen einen Mittler, um etwas zu bewirken. Wenn Sie denken, dass Sie gern Sahne in Ihrem Kaffee hätten, dann benutzen Sie Ihre Hand, um das Kännchen zu nehmen und die Sahne in Ihren Kaffee zu schütten. Die Hand ist das Mittel, mit dem der Gedanke in eine Handlung umgesetzt wird. Ein Gerät funktioniert nur dann, wenn Sie es anschalten. Auch Gedanken brauchen – wie ein Gerät – einen Schalter, und das sind unsere Emotionen. Eine Idee ohne Emotion ist wie ein Auto ohne Benzin: Es fährt nicht. In dem Moment, in dem Sie den Treibstoff – die Emotion – hinzufügen, fängt ein Gedanke an, sich in Bewegung zu setzen.

Wie viele Ideen hatten Sie schon in Ihrem Leben, die zu rein gar nichts geführt haben? Ich möchte ein eigenes Geschäft besitzen, als Dozent arbeiten, ein Landhaus bauen, Französisch lernen, Tangostunden nehmen, wieder zur Schule gehen oder Maler sein. All diesen Ideen fehlte die nötige Emotion und die richtige Handlung, um sie zu verwirklichen. Aus irgendwelchen Gründen ist Ihnen der Ball aus der Hand gefallen, und Ihr Traum ist nie in Erfüllung gegangen. Sie haben vermutlich nicht die erforderlichen Emotionen aufgebracht, um die jeweilige Idee in die Tat umzusetzen. Doch die Emotion ist wichtig, sie verleiht einer Idee Energie. Gedanken brauchen Energie, damit das Gewünschte auch wirklich eintritt.

Emotion bedeutet hier nicht Gefühl. Wenn Sie gefühlsbetont reagieren, geraten Ihre Emotionen außer Kontrolle. Ihre Emotionen kontrollieren dann Sie, anstatt umgekehrt. In so einem Fall wird es schwierig, sich zu konzentrieren. Ihr Denken wird chaotisch, der Fokus geht verloren, und sie verschwenden Energie. Gedanken, die in einem derartigen Chaos entstehen, sind zum Beispiel: »Ich bin zu aufgeregt, um zu arbeiten, um etwas zu schaffen oder um zu denken.« Emotionen sind jedoch als eine Art Werkzeug gedacht; sie sollen uns behilflich sein. Sie können uns beleben und unsere Gedanken in eine bestimmte Richtung lenken.

Wenn wir lernen, unsere Gedanken zu nutzen, sind wir in der Lage, schädliche Emotionen außer Kraft zu setzen. Ich will Ihnen hier nicht nahelegen, Ihre Emotionen zu unterdrücken. Dieser Versuch käme wie ein Bumerang zu uns zurück und würde einen wahren Gefühlsausbruch bewirken.

Bridget

Bridget war innerlich am Kochen. Sie hatte sich über ihre beste Freundin Heather geärgert. Bridget befand sich in einer emotional schwierigen Zeit und brauchte Aufmerksamkeit. Heather war für Bridget immer der Fels in der Brandung gewesen. Doch bei Bridget hatte sich die Überzeugung breitgemacht, dass Heather emotional nicht für sie da gewesen war.

Das Problem war, dass Bridget bei Heather nie ein Wort über ihre Gefühle verloren hatte. Sie hatte sich benommen, als wäre alles in Ordnung.

Doch eines Tages explodierte Bridget dann plötzlich. Sie beklagte sich über alles, was Heather im letzten halben Jahr nicht getan hatte, und schimpfte. Offensichtlich hatte Heather einen neuen Mann kennengelernt und genoss diese wunderbare Zeit. Das regte Bridget jedoch nur noch mehr auf. Bridgets Verbitterung verschaffte sich in einem Ausbruch Luft – und die Freundschaft war zu Ende.

Wir können lernen, unsere Emotionen in die richtigen Bahnen zu lenken. Ein starker Wille kann unsere Emotionen zu neuen Denk- und Verhaltensmustern führen. Mit Hilfe dieser neuen Gewohnheit können Sie dann bekommen, was Sie sich wünschen, und Beziehungen eingehen, die Ihnen guttun. Ihr Geist ist dann die bestimmende Kraft in Ihren Gedankenprozessen, nicht Ihre Emotion. Sie sollte uns nun zum Handeln bewegen.

Doch nicht nur unsere eigenen Emotionen kommen uns oft in die Quere. Die Emotionen anderer Menschen können uns ebenfalls beeinträchtigen. Jede Emotion kann die Konzentration stören. Konzentration verleiht dem Gedanken Macht. Ohne Konzentration ist es nicht möglich, im Leben zu bekommen, was wir uns wünschen.

Wissen Sie, wie viele Leute mir im Lauf der Jahre erzählt haben, dass sie gern ein Buch schreiben würden, aber nie eines verfasst haben? Sie waren nicht fähig, ihr Konzept in Worte zu fassen und es in die Form eines Buches zu bringen. Manchmal war die Idee einfach nicht gut genug. Manche gaben auf, weil sie meinten, dass etwas in der Art bereits auf dem Markt war. Meistens aber setzten die Menschen eine Idee nicht um, weil sie die Kraft ihres eigenen Denkens nicht richtig zu nutzen wussten. Sie konnten ihre Gedanken nicht ordnen und schon gar nicht in eine schriftliche Form bringen. Natürlich hatten diese Leute jede Menge Ausreden auf Lager, weshalb sie nie zu Ende brachten, was sie sich vorgenommen hatten.

Immer wieder bekomme ich Sätze zu hören wie: »Ich hatte keine Zeit.« Oder: »Ich habe kein ruhiges Plätzchen gefunden, ich bin ständig gestört worden.« Oder auch: »Ich wusste nicht, wie ich meine Gedanken organisieren soll.« Erfolgreiche Menschen mit dem enorm starken Wunsch, etwas zu erreichen, finden immer einen Weg. Wenn sich eine Tür schließt, gehen sie eben zur nächsten. Sie sind leidenschaftlich daran interessiert, ihr Vorhaben in die Tat umzusetzen, und Ihre Emotionen beeinträchtigen sie dabei nicht. Sie verschwenden keine Zeit damit, über mögliche Misserfolge nachzugrübeln, sondern halten ihr Augenmerk auf das Projekt gerichtet. Die Emotion, die hinter dem jeweiligen Projekt steht, gibt ihnen zusätzliche Energie. Diese Emotion kann Freude oder Dankbarkeit sein, aber auch Verachtung und Patriotismus. Haben Sie schon einmal die Memoiren von jemandem gelesen, der Krebs oder eine andere tödliche Krankheit besiegt hat? Gefühle von Dankbarkeit, noch am Leben zu sein, und der Wunsch, anderen zu helfen, haben diesen Menschen motiviert, seine Geschichte niederzuschreiben, und seine Emotionen haben ihm dabei geholfen. Kurz gesagt: Erfolgreiche Menschen haben ihr Ziel klar vor Augen, sie sind fokussiert. Ihre Emotionen sind eine Quelle der Kraft und wichtige Instrumente für diese Menschen, um ihre Ideen zu zentrieren und in die entsprechende Form zu bringen.

PASSEN SIE AUF, WAS SIE DENKEN

So wie unsere Gedanken beschaffen sind, so ist auch das, was sie bei uns bewirken. Das bedeutet, ein starker Gedanke schafft eine starke Form. Deshalb tritt oft ein, was die Menschen fürchten, weil sie ihre Gedanken sehr darauf konzentrieren. Sie sind beispielsweise allein, weil sie sich ständig Sorgen machen, allein zu sein. Sie verlieren ihren Job, weil sie ständig befürchten, dass es so kommen könnte. Sie sind pleite, weil sie zwanghaft befürchten, kein Geld mehr zu haben. Diese Vorstellung war in ihrem Kopf und schuf dann ein Bild, was bestehen blieb und so oft wiederholt wurde, bis es schließlich zur Realität wurde.

Andrew

Andrew ist ein großgewachsener, attraktiver Geschäftsmann von fünfundfünfzig Jahren und zweimal geschieden. Er spielte mit dem Gedanken, wieder zu heiraten, und traf sich öfter mit Cheryl, einer erheblich jüngeren Frau, die als Einkäuferin für ein Kaufhaus arbeitete. Andrews Bruder und seine Schwägerin hatten die beiden miteinander bekannt gemacht. Alle hatten Angst, dass Andrew einsam sein könnte, und versuchten deshalb, ihn zu verkuppeln.

Als Andrew mich aufsuchte, traf er sich schon sechs Monate regelmäßig mit Cheryl. Er war überzeugt, in sie verliebt zu sein. Aber ich sah, dass diese Beziehung nicht klappen würde. Ich wollte die Sitzung mit ihm nicht durch meine Vorhersage prägen, dass die Beziehung mit Cheryl schiefgehen würde, wenn er sie heiratete. Schließlich war er schon zweimal geschieden.

Manchmal kann ich in der Aura meiner Klienten sehen, dass sie eine derart offene Vorhersage nicht ertragen können. Sie würden sich zu große Sorgen machen. In so einem Fall gehe ich dann langsam vor und gebe dem Klienten Zeit, Vertrauen aufzubauen, dass mir nur sein Wohl am Herzen liegt. Ich teilt Andrew also zuerst alle positiven Aspekte mit, die ich in seiner Gegenwart und Zukunft sehen konnte.

»Aber was ist mit Cheryl?«, unterbrach er das Gespräch. Er wollte unbedingt wissen, was ich sah.

»*Andrew, wozu die Eile?*«, *fragte ich ihn.*
»*Ich bin verliebt.*«
»*Nun, Andrew, waren Sie die letzten beiden Male, als Sie geheiratet haben, nicht auch verliebt?*«
Mein Wissen schien ihn zu überraschen. Aber gleichzeitig war er auch überglücklich. Bei meiner Beratungstätigkeit liegt das Hauptgewicht nicht auf meiner Fähigkeit, etwas zu wissen, das mein Klient mir nicht gesagt hat – was allerdings viele von mir erwarten. Es gibt ihnen Vertrauen in meine Fähigkeiten. Und außerdem ist es amüsant.
Andrew ließ sich meine Worte durch den Kopf gehen und meinte dann: »*Ich habe immer gedacht, ich wäre verliebt, wenn ich geheiratet habe.*«
»*Ich glaube nicht, dass Sie verliebt waren. Ich denke, Sie waren nur einsam; deshalb haben Sie geheiratet. Ich glaube, Sie sind noch immer einsam, aber das ist meiner Meinung nach kein guter Grund, um eine Ehe einzugehen. Es ist ganz normal, dass man sich eine Beziehung wünscht. Doch Sie sollten sich keine Partnerin wählen, bloß weil Einsamkeit für Sie die reinste Horrorvorstellung ist.*«
Andrew war perplex über das, was ich sagte. Dann räumte er ein: »*Schon als Teenager hatte ich Sorge, einmal alt und einsam zu enden. Mein Onkel Bob ist in einem Pflegeheim gelandet, weil er keine Frau und keine Kinder hatte. Meine Mutter hat mir immer gesagt, dass es einem so ergeht, wenn man nicht verheiratet ist.*«
»*Andrew, Sie haben schon seit über vierzig Jahren dieses Bild im Kopf, dass Sie alt und einsam sind. Wenn Sie so weitermachen, wird das Realität werden. Es ist Ihnen ja vielleicht nicht bewusst, aber sie wiederholen dieses Bild immer wieder. Sie müssen es*

durch ein Bild von sich selbst ersetzen, das Sie als einen Menschen zeigt, der glücklich verliebt ist. Wenn Sie bewusst versuchen, dieses Bild zu verändern, dann werden Sie auch Ihr Leben verändern. Sie schaffen, was Sie in Ihrem Geist festhalten. Das Bild, das am längsten und stärksten festgehalten wird, nimmt Gestalt an. Sie führen in Ihrem Leben immer wieder Beziehungen, die nicht klappen, weil Sie sich als alten, einsamen Mann sehen.«

An seiner Reaktion konnte ich erkennen, dass er mich verstanden hatte.

»So habe ich das noch nie gesehen. Aber ich glaube, Sie haben recht. Die Worte meiner Mutter klingen mir heute noch in den Ohren. Ich habe wirklich Angst vor dem Alleinsein, aber ich glaube trotzdem, dass ich in Cheryl verliebt bin.«

»Andrew, könnten Sie sich ein Jahr Zeit geben, bevor Sie diese Ehe eingehen? Dann können Sie abschätzen, ob diese Liebe dauerhaft ist. Wenn Sie nach diesem Jahr immer noch das Gefühl haben, verliebt zu sein, dann heiraten Sie. In diesem Jahr können Sie erkennen, ob dieses dritte Mal wirklich der Hit wird oder ob sich nach kurzer Zeit wieder alles erledigt und Sie außen vor sind.«

Andrew konnte gar nicht aufhören zu lachen und versprach, ein Jahr abzuwarten. Er würde sich verloben, aber nicht heiraten. Ich erinnerte ihn, dass er das geistige Bild von sich als altem und einsamem Mann löschen müsse. Er solle das alte Bild durch ein neues ersetzen, das ihn als glücklichen, umsorgten Mann zeigt.

Ich erklärte ihm, dass er ein oder zwei Minuten am Tag bewusst damit verbringen müsse, sich auf dieses neue Bild zu konzentrieren. Je mehr Zeit er darin investieren könne, desto besser. Sobald ihm das Bild von sich als alter, einsamer Mann in den Sinn käme, müsse er sich zwingen, das genaue Gegenteil zu denken, wozu

einige Willenskraft nötig sei. Andrew willigte schließlich ein, es zu versuchen.
Genau ein Jahr später kam Andrew wieder zu mir. Er hatte Cheryl nicht geheiratet. Und er war auch gar nicht mehr in sie verliebt. Der Gedanke, allein zu sein, war nicht mehr so stark, und Andrew hatte mehr Selbstvertrauen, was er natürlich auch ausstrahlte. Er wirkte ausgeglichen und viel harmonischer.

Dan

Als ich Dan kennenlernte, war er ein großer, gutaussehender Börsenmakler von dreißig Jahren, der es auf fast eine Million Dollar Jahresgehalt brachte. Sie können sich sicher vorstellen, wie überrascht ich war, als er sich während eines Dinners zu später Stunde an mich wandte und sagte: »Ich habe die reinsten Alpträume, dass ich irgendwann als Penner enden könnte.«
»Was? Sind Sie verrückt? Wie kommen Sie denn darauf?«, fragte ich ihn.
»Ich weiß nicht, warum. Ich weiß nur, dass ich mir nonstop Sorgen mache, dass ich pleitegehe und obdachlos werde. Ich sehe mich, wie ich auf der Straße lebe – ohne alles.«
»Dan, hören Sie auf damit! So zu denken ist gefährlich. Sie haben offensichtlich nicht verstanden, welchen Einfluss Ihre Gedanken auf Ihr Leben nehmen.«
»Erklären Sie's mir«, erwiderte er mit ehrlichem Interesse.
Ich fuhr also fort: »Dan, Ihre Gedanken schaffen in Ihrem Geist Bilder, und diese Bilder werden mit der Zeit zur Realität. Einige Gedanken sind nur von kurzer Dauer. Sie haben wenig Einfluss, weil sie nicht stark genug sind, um sich länger zu halten. Aber ein machtvoller Gedanke, der ständig wiederholt wird – wie Ihr

Gedanke, als Penner zu enden –, wird Wirklichkeit. Sehen Sie sich lieber weiterhin als überaus erfolgreichen Geschäftsmann. Stellen Sie sich nicht vor, dass Sie alles verlieren könnten – sonst wird es womöglich noch passieren.«

Mein Rat stieß auf taube Ohren. Jedes Mal, wenn ich Dan traf, hörte ich mit Erstaunen, wie er weiterhin über seine Angst, auf der Straße zu enden, sprach. Ich warnte ihn immer wieder, doch umsonst. Seine Gesellschaft hatte langsam etwas Deprimierendes. Auch alle seine Freunde empfanden das so. Wir konnten seine Negativität nicht mehr ertragen.

Zehn Jahre hatte ich dann keinen Kontakt mehr zu Dan, bis ich eines Tages wie aus dem Nichts einen Anruf von einer gemeinsamen Freundin bekam. Sie sagte mir, dass Dan alles verloren habe und obdachlos und barfuß aufgefunden worden sei. Man habe ihn in ein Obdachlosenheim gebracht. Die Leute dort seien nett zu ihm. Sie gäben ihm zu essen, Schuhe und wollten ihm einen Teilzeitjob besorgen. Diese Nachricht machte mich traurig, verwunderte mich allerdings nicht. Das Beispiel von Dan zeigt uns nämlich eines ganz deutlich: Es ist möglich, genau das zu bekommen, was wir am meisten fürchten. Dan ist ein extremes Beispiel für den Rat: »Passen Sie auf, was Sie denken.«

~

Gedanken haben eine Form, eine Farbe, einen Klang und eine Schwingung. Als Hellsichtige kann ich sie sehen und hören. So strahlt ein neidischer Gedanke eine graubraune, schlammige Farbe aus. Er klingt wie eine Klaviertaste, die falsch gestimmt ist, und sendet eine abstoßende Schwingung aus. Die Schwingung eines Gedankens hängt von der Motivation des

Denkenden ab. Da es so etwas wie »positiven« Neid nicht gibt, hat ein neidvoller Gedanke stets eine negative Schwingung. Doch das Ausmaß an Neid ist natürlich immer unterschiedlich. Je stärker die Emotion hinter dem negativen Gedanken und je länger an ihm festgehalten wird, desto negativer ist dann die Schwingung.

Sie müssen keine seherischen Gaben haben, um zu begreifen, was ein Gedanke bewirkt. Ich habe zum Beispiel einmal im Fitnessstudio eine Frau gesehen, die völlig außer Form war. Sie warf einen neidischen Blick auf ein sagenhaft durchtrainiertes Mädchen. Im nächsten Moment ist sie gestolpert und über ein Gewicht gefallen. Sie war so mit ihrem Neid beschäftigt, dass sie nicht aufpasste, wohin sie trat. Sie hatte den Sturz durch ihren negativen Gedanken provoziert.

Allgemein kann man sagen, je selbstloser ein Gedanke ist, desto schöner ist auch seine Schwingung. Ein freundlicher Gedanke schwingt harmonisch und strahlt in einem sanften, warmen Rosa. Sein Klang erinnert mich an das Schnurren eines Kätzchens. Diese Form von Gedanken zieht Positives in Ihr Leben.

Ich habe einmal eine Frau auf einem Spielplatz beobachtet, die ein Kind tröstete, das hingefallen war. Innerhalb von Sekunden beruhigte sich das Kind und fing an zu lächeln. Der kleine Junge warf der Frau die Arme um den Hals und küsste sie auf die Wange. Ich konnte an der hellrosa Farbe in ihrer Aura erkennen, dass diese Frau außergewöhnlich nett war. Und an dem Lächeln auf ihrem Gesicht, als sie das Kind umarmte, konnte ich sehen, dass sie spürte, wie glücklich ihre liebevollen Gedanken machten.

LERNEN SIE ZU BEOBACHTEN

Die meisten Menschen nehmen sich nicht die Zeit, ihre Gedanken zu beobachten. Es kommt ihnen gar nicht in den Sinn, so etwas zu tun, denn niemand hat ihnen je gesagt, dass sie es tun sollen, und ihnen schon gar nicht beigebracht, wie es überhaupt geht. Man muss sich bewusst darum bemühen, innezuhalten und seine eigenen Gedanken einmal unter die Lupe zu nehmen.

Margie

Margies Scheidung schien unausweichlich. Sie war verärgert und ihrem Mann gegenüber sehr kritisch. Nichts konnte er ihr recht machen. Sie nörgelte gnadenlos an ihm herum, bis er schließlich am Tiefpunkt angelangt war.
Als sie zu ihrer Sitzung bei mir kam, steckte sie von Kopf bis Fuß in Designerkleidung; sie warf ihre Chanel-Handtasche auf die Couch und stieß einen Seufzer aus, der schon fast ein Fauchen war. Sie wirkte wie eine Frau, die ihren privaten Fitnesstrainer hat – sehr dünn, aber durchtrainiert. Jedes Detail ihrer Kleidung war perfekt. Sie hatte sich einen Schal um den Hals geschlungen und ihn mit einer Eleganz befestigt, wie man sie sonst nur bei Designern oder Französinnen findet, die diese Kunst im Blut zu haben scheinen. Margie war ganz in Schwarzweiß gekleidet, denn diese Farbkombination war momentan en vogue. Ihre Schuhe und Tasche waren perfekt aufeinander abgestimmt und ergänzten das übrige Outfit. Margies Haar, ihr Make-up und ihre Fingernägel sahen aus, als käme sie geradewegs aus einem Schönheitssalon. Leider hatte sie nicht die geringste Ahnung, dass sie ihr

inneres Selbst ebenso schön herrichten musste wie ihr äußeres. Die Formen, die ihre Gedanken schufen, sahen schrecklich aus. Sie befand sich in einem mentalen Chaos.

»Warum sind Sie so böse auf Ben?«, fragte ich sie.

»Woher wissen Sie denn, wie er heißt?« Sie wirkte perplex.

»Damit verdiene ich schließlich meinen Lebensunterhalt«, erwiderte ich scherzhaft.

Sie lächelte eine Sekunde, um dann ihre Hasstirade vom Stapel zu lassen: »Er treibt mich in den Wahnsinn. Er ist egoistisch, faul und meckert ständig herum. Er hört mir nie zu. Er ist zu allen nett, nur zu mir nicht. Ich habe mich gerade wieder am Telefon mit ihm gestritten. Er wurde so ausfallend, dass ich aufgelegt habe. Ich könnte ihm den Hals umdrehen. Er ist ein Monster. Ich hasse ihn!«

Margie war von einer irrationalen Wut besessen. Ich merkte, dass die Ursache dafür eine schwere Verletzung war, und die Wut schützte sie vor ihren wahren Gefühlen. Die Frau tat mir leid. Mit allem Geld der Welt würde sie sich nicht das Glück kaufen können, nach dem sie suchte. Nur eine bewusste Veränderung in ihrem Denken würde dies möglich machen. Die Ehe war zum Scheitern verurteilt, wenn beide an dieser Negativität festhielten. Die einzige Möglichkeit, die Ehe zu retten, war, das Bild zu verändern, das Margie von ihrer Beziehung im Kopf hatte. Sie sah nichts Gutes, wenn sie sich ihren Mann vorstellte. Ihre Gedanken strahlten Wut und Abscheu aus, sobald ihr Bens Bild durch den Kopf ging, und Ihre Worte spiegelten das exakt.

Ich bat Margie, mir etwas Positives von Ben zu erzählen. Ein guter Gedanke zu seiner Person könnte ihr den Weg zum richtigen Denken weisen. Aber meine Bitte stieß auf taube Ohren. Sie sagte rundweg: »Über Ben gibt es nichts Positives zu sagen.« Und damit war alles entschieden. Es gab keine Möglichkeit, diese Ehe zu retten. Die Scheidung ist mittlerweile im Gang.

DIE GEDANKEN DER ANDEREN

Die meisten Menschen lassen zu, dass Gedanken unkontrolliert in ihren Geist strömen und werden damit zum Medium für die Gedanken anderer. Sie können die Herkunft eines solchen Gedankens nicht orten, geschweige denn ihn in eine sinnvolle Form bringen. Dann hört man, wie sie irgendwelche Aussagen nachplappern, die sie im Fernsehen oder im Radio gehört haben. Nur zu gern akzeptieren sie die Gedanken anderer Menschen als ihre eigenen. Doch solche Personen bekommen selten im Leben, was sie sich wünschen.

Viele Menschen bestehen nur aus Gedanken anderer. Sie tun, was andere tun. Sie tragen Rot, weil alle anderen auch Rot tragen. Und selbst wenn ihnen diese Farbe absolut nicht steht, verschwenden sie keine Gedanken daran. Rot ist die Trendfarbe – und daran halten sie sich. Sie lesen den neuesten Bestseller, weil jeder ihn liest. Sie wiederholen Meinungen, die sie im Fernsehen hören. Sie machen die aktuellste Diät, aber nicht, weil sie beschlossen haben, dass diese Form der Ernährung gut für sie ist, sondern weil es einfach »cool« zu sein scheint.

Die meisten Leute, die sich keine Zeit nehmen, ihre Gedanken zu schulen, sind lediglich ein Kanal für die Gedanken anderer. Nur wer seine Gedanken trainiert, denkt selbst. Dann sind wir uns der Ideen und Konzepte bewusst, die wir im Kopf haben. Wir müssen also bestimmen, welche Gedanken und Ideen unsere eigenen sind und welche von außen kommen.

Wendy

Wendy war schon zweimal durchs Juraexamen gefallen. Sie war verzweifelt und wollte wissen, ob ich sehen könne, dass sie nach bestandenem Examen irgendwann als Rechtsanwältin tätig sei. Ich konzentrierte mich in aller Ruhe auf ihre Frage. Dann sah ich plötzlich das Bild ihrer Mutter klar vor mir.

»Wendy, vielleicht kommt Ihnen das ja jetzt seltsam vor, aber ich sehe, dass Ihre Mutter Ihnen im Weg steht, wenn Sie Ihr Examen schaffen wollen.«

Wendy fing an zu weinen. »Meine Mutter hat nie etwas gebilligt, das ich getan habe. Sie hat zu mir gesagt, dass ich dumm bin. Ganz egal, was ich gemacht habe, es war nie gut genug für sie. Wenn ich bei einer Prüfung achtundneunzig Punkte geschafft habe, dann hat sie immer gesagt, es hätten auch hundert sein können. Nie habe ich mein Zimmer ordentlich aufgeräumt. Wenn ich Kekse gebacken habe, habe ich den Teig nicht richtig verrührt. Ich habe immer mein Bestes gegeben, aber meine Mutter war nie zufrieden. Ich habe dann mit dem Jurastudium angefangen und hoffe, meine Mutter würde mir sagen, sie sei stolz auf mich. Stattdessen meinte sie, ich hätte nicht genug Grips für eine Anwältin. Sie war immer der Ansicht, das sei alles Zeitverschwendung. Dass ich das Examen nie schaffen würde. Ich hatte auch das Gefühl, von meinem Vater keine Unterstützung zu bekommen, weil er meiner Mutter nie widersprach. Er hat mir nie zur Seite gestanden. Er hat einfach gar nichts getan. Ich habe meinen Vater geliebt, aber nicht respektiert. Denn ich hätte mir gewünscht, dass er für mich Partei ergreift. Letztes Jahr ist er gestorben. Ich bin Einzelkind, und jetzt sind bloß noch meine Mutter und ich übrig. Nun muss ich mich um sie kümmern.«

»Wendy, wo liegt das Problem? Ist Ihre Mutter krank oder pleite? Tut mir leid, aber als Hellsichtige kann ich keine Probleme mit Ihrer Mutter erkennen. Wie mir scheint, kann Ihre Mutter doch bestens für sich selber sorgen.«

Wendy starrte mich nur an. Ich konnte beobachten, wie ihre Aura, die als Zeichen ihrer Wut grüngraue Schwingungen abgegeben hatte, nun zu Grün mit blauen Flecken wechselte, was mir zeigte, dass sie perplex war.

»Wendy, ich glaube, Sie sollten sich darauf konzentrieren, sich um sich selbst zu kümmern, und damit aufhören, zwanghaft die Anerkennung Ihrer Mutter zu suchen. Sie meinen, wenn Sie sich um sie kümmern und etwas für sie tun, dann wird sie Ihnen schließlich schon irgendwann die Anerkennung geben, die Sie brauchen. Sie müssen jetzt Ihr Jurastudium zu Ende bringen, Ihre Zulassungsprüfung ablegen und Anwältin werden. Ich sehe, dass all das eintreten wird, sobald Sie in der Lage sind, sich von Ihrer Mutter zu lösen.«

Wendy wirkte verwirrt und verletzt. Also fuhr ich fort: »Wendy, Sie verstehen nicht, was Gedanken bedeuten. Sie lassen zu, dass die kritischen und boshaften Gedanken und Worte Ihrer Mutter Ihr Leben prägen. Sie müssen sich mit aller Kraft bemühen, sich von den Fesseln der mentalen Umklammerung Ihrer Mutter zu befreien. Sie sind über einundzwanzig, haben Ihren eigenen Verstand und besitzen die wertvollste Gabe, die die Göttliche Kraft uns geschenkt hat: den freien Willen. Sie können aufhören, auf Ihre Mutter zu hören, und anfangen, auf Ihr höheres Selbst zu hören.«

Wendy sah völlig erstaunt aus. »Sie können Ihren Willen nutzen, um Ihre Gedanken zu steuern«, sagte ich. »Hindern Sie Ihren Geist daran, dass er die Gedanken Ihrer Mutter einlässt. Viel-

leicht wäre es gut, eine Weile keinen Kontakt zu ihr zu haben. Konzentrieren Sie Ihren Geist darauf, ein Bild von sich zu sehen, wie Sie Ihr Juraexamen bestehen. Das ist ein guter Anfang. Sobald Sie Ihre Prüfung in der Tasche haben, können wir uns auf Ihre übrigen Probleme konzentrieren. Eins nach dem andern – nach diesem Motto sollten Sie vorgehen. Gedanken werden lebendiger, wenn man ihnen die Macht dazu gibt. Verhindern Sie, dass das Bild, das Sie von sich haben, nämlich eine Niete zu sein, in Ihrem Geist fortlebt. Sie müssen dieses Bild durch das einer glücklichen, erfolgreichen Anwältin ersetzen. Rom wurde auch nicht an einem Tag erbaut. Das dauert seine Zeit. Ihr Geist ist daran gewöhnt, auf die Gedanken und Worte Ihrer Mutter zu reagieren. Aber es ist Zeit, dass Sie erwachsen werden. Entweder Sie nehmen jetzt Ihr Leben selbst in die Hand, indem Sie Ihre Gedanken kontrollieren, oder Sie werden scheitern.«

Der Zeitpunkt war gekommen, ihr ein paar Hilfsmittel an die Hand zu geben, mit denen sie ihr Denken verändern konnte. Dafür habe ich auf meinem Beistelltisch immer einen Block liegen, auf dem meine Klienten etwas aufschreiben können.

»Richten Sie als Erstes Ihren Verstand darauf aus, das Bild zu sehen, wie Sie Ihre Zulassungsprüfung schaffen. Sie müssen ein klares Bild von sich vor Augen haben, wie Sie beim nächsten Versuch dieses Examen schaffen. Fügen Sie alle möglichen Einzelheiten hinzu, damit Ihr Bild realistischer wird. Sehen Sie sich zum Beispiel, wie Sie den Brief mit der Mitteilung lesen, dass Sie die Prüfung bestanden haben. Sehen Sie, wie Sie nach dieser Nachricht feiern. Machen Sie diese Übung mindestens fünfmal am Tag jeweils zwei Minuten lang.« Ich schlug ihr außerdem noch vor, sich einen Tutor zur Unterstützung zu besorgen. Sie müsse jeden Tag lernen, als würde es sich um einen Vollzeitjob

von neun Uhr morgens bis fünf Uhr nachmittags handeln – plus Überstunden.

»Erwähnen Sie Ihrer Mutter gegenüber nichts von der Prüfung. Sobald Sie das Examen in der Tasche haben, wird Ihr Selbstbewusstsein einen Aufschwung erleben. Trainieren Sie dann aber trotzdem weiterhin Ihren Geist so, dass er Bilder sieht, die von Erfolg zeugen. Mit der Zeit – mit Ausdauer und Willenskraft – werden Sie dann in der Lage sein, sich von dem falschen Konzept, das Ihre Mutter Ihnen eingetrichtert hat, zu lösen. Dieses Konzept verschwindet dann, und die echte Wendy, die heute vor mir sitzt, wird zum Vorschein kommen.«

Wendy verließ die Sitzung hochmotiviert. Sie war wild entschlossen, ihr Leben zu verändern und ihre Ziele zu verwirklichen. Die Juraprüfung hat sie bestanden. Sie war zwar schwierig, aber Wendy hat sie gemeistert und ist heute als Anwältin tätig. Ihre Entschlossenheit und die harte Arbeit haben sich bezahlt gemacht. Wendy konzentrierte sich absolut auf ihr Ziel und ließ sich durch nichts davon ablenken. Sie richtete sich geistig ausschließlich auf die die Prüfung aus und tat alles, damit sich der Erfolg einstellte. Mit Feuereifer machte Wendy ihre Visualisierungsübungen und erzählte mir dann, wie sehr ihr diese Visualisierungen geholfen hätten; sie verliehen ihr zusätzliche Energien. Und sie stellte fest, dass ihr diese Minuten absoluter Konzentration sogar Spaß machten. Sie hatten etwas Entspannendes wie auch Bestärkendes. Wendy fühlte neue Kraft in sich und war entschlossen, auch in Zukunft ihren Gedanken gegenüber auf der Hut zu sein.

Elsa

Elsa, ein Einzelkind, hatte Depressionen, wusste aber nicht, weshalb. Ihr Vater war vor einem Jahr in einem Pflegeheim in Florida verstorben. Ihre achtundachtzig Jahre alte Mutter lebte im gleichen Pflegeheim. Elsa, die eigentlich in Maine wohnte, musste die meiste Zeit in Florida verbringen, um sich um ihre Eltern zu kümmern. Sie fühlte sich in diesem warmen Klima jedoch nicht wohl und hatte außerdem nie Zeit für sich selbst.
Ich erklärte ihr, dass sie von Gedankenformen wie Krankheit und Tod überwältigt werde. Sie verbrachte jedes Mittagessen mit ihrer Mutter und den anderen Heimbewohnern, die über nichts anderes redeten als ihre körperlichen und seelischen Gebrechen. Da viele der Heimbewohner einsam waren, stürzten sie sich natürlich auf Elsa, um ihr alle Probleme zu erzählen.
»Elsa, Sie übernehmen die Gedankenformen von anderen. Sie müssen mehr Zeit anderswo verbringen, um wieder zu Ihrem Gleichgewicht zu finden. Die Gedanken anderer Menschen können sich in Gebäuden einnisten. Diese Gebäude beherbergen dann oft nicht nur die Schwingung der Gedanken der Personen, die jetzt dort leben, sondern auch derer, die einmal dort gelebt haben. Es ist erstaunlich, in welchem Ausmaß sich diese Schwingungen auf unseren emotionalen Zustand auswirken können.«
»Darüber habe ich noch nie nachgedacht. Sie haben recht. Selbst wenn ich nur ins Einkaufszentrum gehe oder eine Stunde lang einen Spaziergang unternehme, empfinde ich schon einen Energiezuwachs.«
Elsa hatte auch damit begonnen, körperliche Symptome der alten Leute im Pflegeheim auszuprägen, obwohl sie früher nie krank gewesen war. Elsa hatte immer eine wunderschöne Beziehung zu

ihren Eltern und wollte alles für sie tun, was ihr nur möglich war. Doch jetzt überwältigten sie Gedanken an Krankheit und Tod. Sie waren die Wurzel ihrer Depressionen.

Ich sagte ihr noch einmal, dass sie dieses Ambiente verlassen müsse, um zu ihrem Gleichgewicht zu finden. Sie würde ihre Mutter nicht vernachlässigen, wenn sie sich um sich selbst kümmerte. Elsa unternahm also eine Kreuzfahrt. Ein paar Monate später bekam ich einen Anruf von ihr. Sie erzählte mir, sie habe eine herrliche Reise hinter sich und neue Energie getankt. Und sie gelobte, immer wieder Pausen einzulegen, um nicht aus dem Gleichgewicht zu geraten, während sie sich weiterhin um ihre Mutter kümmerte.

Elsa wurde von traurigen Gedankenformen geradezu bombardiert. Sie empfand Liebe und Sorge für ihre Mutter und alle anderen alten Leute in dem Pflegeheim, und Sie vermisste ihren Vater. Es ist normal, traurig zu sein, wenn wir einen geliebten Menschen verlieren. Elsa sollte also den Verlust ihres Vaters betrauern, gleichzeitig aber auch zu ihrem Gleichgewicht finden können.

Viele Menschen, die sich aktiv um andere kümmern, sind sich des Tributs, den die Gedanken all dieser Leute in ihrer Umgebung fordern, gar nicht bewusst. Orte – wie auch Personen – schwingen mit der Energie bestimmter Gedankenformen. Deshalb ist es auch wichtig, dass wir Krankenhäuser, Pflegeheime und medizinische Einrichtungen so ansprechend gestalten wie nur möglich. Gedanken können uns einhüllen und es uns erschweren, eine Perspektive zu erkennen. Elsa den Rat zu erteilen, einfach alles stehen- und liegenzulassen, mag recht simpel erscheinen, wirkungsvoll war er dennoch. Ein Tapetenwechsel und der damit einhergehende Energieaustausch verändern unser Denken. Diese Art Entspannung ist lebensbejahend und führt zu einem neuen Gefühl von Hoffnung.

RICHTIGES DENKEN

Richtiges Denken ist eine spirituelle Disziplin, bei der man bewusst die Entscheidung trifft, die Verantwortung für seine Gedanken zu übernehmen. Sie dürfen nie zulassen, dass Sie über einen Gedanken nachsinnen, der nicht positiv, konstruktiv, optimistisch und freundlich ist. Richtiges Denken sendet sofort eine positive Kraft in Ihr Leben. Diese Kraft strahlen Sie dann aus, und sie wirkt wie ein Magnet, der Gutes anzieht.
Was ist nun aber ein richtiger Gedanke? Es ist ein Gedanke der Liebe, Freundlichkeit, Würde, Geduld, Erfolg, Harmonie oder Hilfsbereitschaft. Ein richtiger Gedanke ist nie egoistisch. Negatives Denken ist das Gegenteil davon. Böswilligkeit, Selbstmitleid, Gier, Niederlage, Mangel, Hass, Vorurteil oder Rache sind Beispiele für negative Gedanken.
Natürlich sollten Sie nicht so tun, als wäre alles bestens, wenn es gar nicht stimmt. Probleme treten immer wieder auf, lassen sich aber durch richtiges Denken lösen.

Theo

Theo war völlig am Boden zerstört und wollte von mir wissen, wann es endlich wieder aufwärtsgehen würde. Er war voller Selbstmitleid und seine Aura dementsprechend schlammfarben.

Seine Stimme hatte etwas Schneidendes, und es war offensichtlich, dass sein Denken nur Misserfolge anzog. Seine letzten drei Kunden hatten ihn abserviert. Niemand rief ihn zurück, und er konnte auch keine Termine bekommen, um jemanden persönlich zu sprechen. Obendrein hatte ihn seine Frau verlassen und auch noch die beiden Kinder mitgenommen.
Ich sagte ihm, er müsse die Verantwortung für sein Denken übernehmen. Er sah mich an, als würde ich in einer Fremdsprache mit ihm reden. Aber er hörte mir gut zu.
»Theo, hören Sie auf, sich in Selbstmitleid zu ergehen. Wenn Sie weiterhin Leute anrufen in der Überzeugung, dass Sie sicherlich keinen Rückruf erhalten, dann rufen diese Personen Sie auch wirklich nicht zurück. Wenn Sie geistig das Bild von sich als Versager vor Augen haben, dann werden Sie auch zu einem.«
»Was soll ich denn tun?«, fragte er.
»Schaffen Sie als Erstes ein Bild von sich selbst im Kopf, das Sie als erfolgreichen Geschäftsmann zeigt. Sie können dieses Bild gestalten, wie Sie wollen. Sie können sich zum Beispiel sehen, wie Sie wegen einer positiven Reaktion eines Kunden, der Sie zurückgerufen hat, lächeln. Sehen Sie sich, wie Sie mit Ihren neuen Klienten total beschäftigt sind. Sehen Sie dieses Bild, das Ihren Erfolg zeigt, mindestens dreimal pro Tag und mindestens zwei Minuten lang. Lassen Sie das Bild dann los, und fahren Sie mit Ihrer Alltagsroutine fort. Rufen Sie weiterhin potentielle Kunden an, bauen Sie ein Netzwerk mit anderen in Ihrer Branche auf, telefonieren Sie mit ehemaligen Arbeitskollegen und bitten Sie sie um Hilfe. Tun Sie alles, was Ihnen möglich ist, damit Sie Arbeit bekommen. Sobald sich Ihre geschäftliche Situation stabilisiert hat, können Sie sich auf Ihr Privatleben konzentrieren.«
Ich betonte noch, dass es wichtig sei, mit einem gewissen Finger-

spitzengefühl vorzugehen. Theo sollte nur mit seiner Frau sprechen, wenn er in ausgeglichener, positiver Stimmung war. In diese Stimmung konnte er nur gelangen, indem er freundliche und liebevolle Gedanken auf sie richtete und von Wertungen absah. Diese Gedanken würden dann eine beruhigende rosa Farbe abstrahlen und hätten eine heilende Wirkung.
Ich sah, dass seine Frau ihn noch liebte, aber nicht in der Lage war, mit jemandem zusammenzuleben, der so negativ und elend war. Ich habe nie mehr etwas von Theo gehört. Aber ich hoffe doch sehr, dass er es geschafft hat, sein Denken zu verändern und damit sein Leben.

SIE KÖNNEN IHRE ZUKUNFT VERÄNDERN

Bilder, die Sie geistig gespeichert haben, formen Ihre Realität. Verändern Sie das Bild, können Sie Ihr Leben verändern. Sie haben die Kraft, das zu schaffen.

Wenn Sie Ihre Einstellung verändern, kann das Ihre Zukunft positiv beeinflussen. Viele Leute glauben, dass ihnen die Zukunft vorherbestimmt ist. Das ist jedoch nicht der Fall. Ihre Zukunft lässt sich durch Ihre Gedanken verändern.

Entschlossenes Handeln kann ebenfalls enormen Einfluss auf Ihre Zukunft ausüben. Die Grundlage, auf der ich jemandem seine Zukunft vorhersage, ist sein Denken und Handeln. Das Denken und das daraus folgende Handeln bestimmen die Zukunft. Verändert man also das Denken, ändert sich das Ergebnis.

Einmal suchte mich ein Mann auf, der sich in einem gefährlichen Stresszustand befand. Ich sah, dass er einen Herzinfarkt erleiden könnte. In seinem derzeitigen Job war er zu großem Druck ausgesetzt. Ich wies ihn darauf hin und riet ihm zu kündigen. Das war zwar nicht einfach für ihn, da er eine hohe Position hatte und viel Geld verdiente. Er gab seinen Job aber trotzdem auf und nahm eine andere Stelle an, auch wenn sie nicht so lukrativ war. Aber dafür stand er nun nicht mehr ständig unter Stress. Dieser Mann veränderte also sein Schicksal – und seine Gesundheit gleich mit.

Sie sind, was Sie denken. Was Sie im Leben erreichen, ist das unmittelbare Ergebnis Ihres Denkens. Gedanken bringen Personen, Situationen und Objekte in Ihr Leben ein. Gedanken sind wie Magneten. Sie ziehen gleiche Gedanken an. Jeder Aspekt in unserem Leben ist ein unmittelbares Ergebnis unseres Denkens.

DIE MACHT DER SPRACHE

Mit Sprache ist hier das Sprechen gemeint; der Prozess, Gedanken mit Hilfe von Sprache, Klang, Schwingung und Energie Gestalt annehmen zu lassen. Es hat somit Farbe und Form und schwingt mit der Emotion des Sprechenden. Die Stimme setzt Klangwellen in Gang, die etwas aussenden. Diese Wellen werden von allen, die sich in Hörweite befinden, aufgenommen. Das Sprechen, ist ein wichtiges Mittel, um alles Mögliche in unser Leben einzubringen.

Worte lösen ihnen entsprechende Gedanken aus. Worte sind ein Symbol für Ideen. Was wir äußern, sollte eine exakte Reflexion unserer Gedanken sein. Wir sollten genau das sagen, was wir auch wirklich meinen. Denn Konflikte entstehen oft genau dann, wenn wir etwas Bestimmtes denken, aber etwas anderes äußern.

Ich bin einmal in Greenwich Village spazieren gegangen, als ich hörte, wie jemand meinen Namen rief. Ich drehte mich um und sah eine Frau, die ich schon seit ein paar Jahren kannte. Sie fing an, mir zu erzählen, wie toll ich aussehen würde. Ihre Aura zeigte mir aber, dass sie gar nicht meinte, was sie da sagte. Es war mir möglich, die wahren Gedankenformen zu sehen, die von ihr ausgingen, und die waren abschreckend. Ich konnte gar nicht schnell genug von ihr wegkommen.

Waren Sie schon einmal auf einer Party oder einem anderen gesellschaftlichen Ereignis, bei dem Ihnen jemand seine Visitenkarte mit den Worten in die Hand gedrückt hat: »Rufen Sie mich doch an. Wir müssen uns unbedingt einmal treffen.« Sie haben dann mehrmals angerufen und auch eine Nachricht auf dem Anrufbeantworter hinterlassen, aber nie einen Rückruf erhalten. Dann wurde Ihnen klar, dass diese Person sich gar nie mit Ihnen hatte treffen wollen. Manchmal hat ein solches Verhalten kaum Auswirkungen. Doch in manchen Fällen kann die Wirkung enorm sein. Vielleicht haben Sie ja schwierige Zeiten hinter sich, hätten Hilfe gebraucht und sich gefreut, mit diesem Menschen zu reden. Doch die Gedankenlosigkeit, mit der Ihre wiederholten Anrufe und Nachrichten ignoriert wurden, hat sie schließlich verletzt und entmutigt. Die achtlos dahingesagten Worte, die dem wahren Denken nicht entsprachen, haben Sie verletzt. Man sollte also nicht sagen, was man nicht wirklich meint.

Oft treffen zwei Personen auch eine mündliche Absprache, an die sie sich dann später nicht halten. Ich kenne zwei Geschäftsleute, die sich mündlich über die Vermietung von bestimmten

Büroräumen geeinigt hatten. Ein paar Tage später stellte sich heraus, dass einer von beiden – der Besitzer der Immobilie – mehr Geld wollte. Er sprach nicht darüber, sondern schrieb den Betrag einfach in den Mietvertrag hinein. Als der künftige Mieter wegen des neuen Preises, der nicht der mündlichen Vereinbarung entsprach, nachfragte, sagte der Eigentümer bloß: »Ich habe meine Meinung geändert.«

Dieses Verhalten machte den potentiellen Mieter wütend, ärgerlich und stresste ihn. Wenn sich viele Menschen in ähnlichen Situationen derartig verhalten, werden negative Wellen ausgesendet. Das hat dann einen enormen Effekt nicht nur auf alle Beteiligten, sondern auf die Welt insgesamt. Personen, die dafür empfänglich sind, können diese Schwingungen aufnehmen und werden von ihnen beeinflusst, selbst wenn ihnen das gar nicht bewusst ist.

Man sollte seine Worte also abwägen. Auch auf den Ton kommt es an. Und wir sollten von dem lernen, was andere äußern. Wie hören sich ihre Worte an? Sind diese Worte von Bedeutung? Sind sie aufrichtig? Tun diese Leute auch, was sie sagen?

Kürzlich habe ich einen Termin bei meinem Arzt vereinbart. Ich war überrascht, als ich einen Brief bekam, in dem mir dieser Termin bestätigt wurde und in dem folgende Passage unterstrichen war: »Bitte sagen Sie Ihren Termin mindestens achtundvierzig Stunden vorher ab. Besten Dank.«

Offensichtlich hatte der Arzt öfter mit Patienten zu tun, die sich nicht an das hielten, was sie gesagt hatten. Mit einem derartig gedankenlosen Verhalten missachtet man die Zeit eines anderen. Außerdem kann man dadurch – in diesem Beispiel – auch anderen Personen schaden, die diesen Arzttermin dringend gebraucht hätten.

Sprechen erfordert Energie. Deshalb sollten wir nie etwas äußern, das keinem positiven Zweck dient. Wir müssen achtsam mit unseren Worten umgehen und dürfen nicht zulassen, dass wir Dinge sagen, die wir eigentlich gar nicht meinen. Es kostet Energie, wenn man sich entschuldigen muss, weil man »etwas Falsches« gesagt hat. Wie oft haben Sie schon Erklärungen gehört wie: »Tut mir leid. Das hatte ich gar nicht sagen wollen.« Diese Phrase wird heutzutage so oft wiederholt, dass sie schon zu einer Art Mantra geworden ist. Wie oft haben wir uns schon gewünscht: »Wenn ich bloß den Mund gehalten hätte!« Doch häufig ist der Schaden dann schon passiert, und ein »Tut mir leid!« bringt dann auch nicht mehr viel.

Nehmen Sie sich jetzt einen Augenblick Zeit, um an all die Leute zu denken, mit denen Sie nicht mehr reden. Was ist der Grund dafür? Kommt das, weil sie etwas zu Ihnen gesagt haben, das Ihnen nicht gefallen hat? Oder weil sie etwas über Sie gesagt haben? Lag es an der Art, wie sie etwas gesagt haben? Kann es sein, dass Sie denjenigen verletzt haben? Wenn Sie darüber nachdenken, weshalb die Kommunikation abgebrochen ist, müssten Sie die Ursache erkennen können. Schließlich muss ja etwas dazu geführt haben.

Sarah und Luke

Sarah und Luke waren zehn Jahre lang verheiratet, redeten nun aber nicht mehr miteinander. Doch als sie sich kennenlernten, war die Zeit immer zu kurz – so viel hatten sie sich zu sagen. Sarah erzählte mir, dass sie sich bei ihrem ersten Rendezvous bis zum Morgengrauen unterhalten hätten.

Als ich Sarah in einem Restaurant begegnete, fragte ich sie: »Wie geht's Luke?«
»Weiß ich nicht. Ich habe seit unserer Scheidung nicht mehr mit ihm geredet.«
»Sarah, was ist passiert?«, wollte ich wissen.
»Es fing mit Kleinigkeiten an. Er ließ eine kritische Bemerkung über ein Buch fallen, das ich gerade las, über das Essen, das ich gekocht hatte, wie ich die Wäsche zusammenlegte. Mit der Zeit bekam ich das Gefühl, dass nichts, was ich tat, ihm recht war. Er machte mir nie ein Kompliment. Er ließ immer nur Bemerkungen vom Stapel, die mich verletzten. Ich wurde langsam ärgerlich. Wir haben angefangen, wegen jedem Blödsinn zu streiten. Und am Ende hatten wir uns dann gar nichts mehr zu sagen.«
Oft sagt man zu seinem Ehepartner oder auch zu einem Familienmitglied Dinge, die man Freunden oder gar Fremden gegenüber niemals äußern würde. Wir vertrauen darauf, dass sich Menschen, die uns nahestehen, wegen unserer Äußerungen schon nicht von uns abwenden werden.
Doch so mit Menschen umzugehen, die wir lieben, ist gefährlich. Wenn wir etwas sagen, sollten wir versuchen, immer höflich und einfühlsam zu sein. So viele Beziehungen gehen kaputt, weil wir nicht darüber nachdenken, was wir sagen und wie wir es tun.

ÜBERLEGEN SIE SICH GUT, WAS SIE SAGEN WOLLEN

Oft reden wir spontan etwas daher; die Worte sind entsprechend gedankenlos. Doch das ist falsch, denn solche Worte haben Einfluss. Unfreundliche, brüske, gemeine, harte, fiese oder grobe Bemerkungen haben eine schädliche Wirkung. In Verbindung mit dem entsprechenden Tonfall schaffen sie disharmonische Schwingungen. Diese gedankenlosen Worte leben noch lange weiter, nachdem sie ausgesprochen wurden, und beeinträchtigen jeden, der sich in Hörweite befindet.

Ein Chef, der morgens zu seinen Mitarbeitern unfreundlich oder brüskierend ist, kann mit diesem Ton den ganzen Tag vergiften. Ebenso kann ein beschwingter, fröhlicher Gruß das ganze Personal in gute Laune versetzen, was dann einen produktiven Arbeitstag zur Folge hat.

Ich habe einmal gehört, wie eine Frau ihren halbwüchsigen Sohn in einem Lebensmittelgeschäft zusammengestaucht hat. Ihre durchdringenden Worte »So blöd kannst auch bloß du sein!« ließen ihn gleichsam in sich zusammenfallen. Alle, die das mit angehört hatten, fühlten sich beeinträchtigt. Uns war elend zumute. Zum Glück stand ein Mann in der Nähe des abgekanzelten Jungen. Er lächelte und nickte dem Kleinen freundlich zu. Diese simple Geste von einem Fremden zeigte sofort Wirkung. Der Junge wurde durch den freundlichen Gedanken wieder aufgerichtet. In diesem Fall waren gar keine großen Worte erforderlich. Allein der Gedanke zählte.

Ein scheinbar zufälliges Kompliment wie »Deine Haare sind aber schön« oder »Mir gefällt die Farbe von deinem Pulli« schafft eine angenehme Atmosphäre. Wir fühlen uns dann wohl. Achten Sie einmal darauf, was ein einziges freundliches Wort alles bewirken kann. Es gibt andern Hoffnung und Mut.

Gehen Sie in der Arbeit nicht einfach an jemandem vorbei, der offensichtlich deprimiert oder von Sorgen geplagt ist. Sagen Sie etwas. Sie müssen sich ja nicht in etwas einmischen, das Sie eigentlich nichts angeht. Schicken Sie demjenigen einfach einen guten Gedanken und sagen Sie: »Hallo!« oder »Kann ich helfen?«. Wir sollten ein ehrliches Wort, das einem anderen hilft oder Mut macht, nicht ungesagt lassen. Diese Worte schwingen mit positiver Energie und wirken sich nicht nur auf den unmittelbar Betroffenen aus, sondern auch auf andere.

Jedes Mal, wenn wir jemandem helfen, senden wir eine kleine Segnung in die Atmosphäre. Dieser Segen hilft uns mehr, als Sie sich vorstellen können. Sprechen wir mit dem aufrichtigen Wunsch, freundlich und hilfsbereit zu sein, strahlen wir leuchtende Gedankenformen aus. Unsere Aura wird heller. Diese Gedanken stärken unseren Charakter, und je stärker unser Charakter wird, desto mehr Kontrolle haben wir über unser Leben. Es liegt in unserer Macht, den Ton unserer Worte festzulegen, bevor wir etwas äußern. Wir müssen uns nur bewusst darum bemühen. Wir sollten dafür sorgen, dass unsere Äußerungen frei von Negativem sind.

Unfreundliche Worte können andere am Boden zerstören, sie entmutigen oder verletzen. Es ist also sicher kein Zufall, dass der Ausspruch »Zuerst denken, dann reden!« zum geflügelten Wort wurde. Grausames, gemeines, fieses und negatives Gerede sind Verschwendung, denn solche Worte bringen nur negative Energie hervor. Und schlechte Energie kann nur Schlechtes bringen. Dann passieren Fehler, und wir vergeuden Zeit, wenn wir unsere Worte nicht sorgsam wählen. Es gibt eine Reihe von Wörtern mit negativer Schwingung. Schimpfwörter sind nie empfehlenswert. Sie bringen schlechte Gedankenformen hervor.

Roger

Roger beschloss, einen Tag lang auf seine eigenen Worte zu achten, nachdem ich ihm gesagt hatte, dass er zu seinen Mitmenschen unhöflich, kritisch und verletzend sei, sobald er nur den Mund aufmachte. Er war ein anständiger Mensch, aber ich fand es unerträglich, wie er mit anderen redete.

Meine Worte zeigten Wirkung bei Roger. Ich hatte ihn gebeten, auf alles zu achten, was ihm innerhalb von vierundzwanzig Stunden über die Lippen kam. Wenn er zum Beispiel seine Sekretärin bat, ihm etwas zu bringen, sollte er auf seine genauen Worte achten und auch auf den Ton seiner Stimme. Sagte er »bitte« und »danke«? Er sollte sich bewusst werden, wie er mit der Bedienung im Café, mit dem Portier, dem Hausmeister oder sonst jemandem sprach.

Roger zwang sich also zu dieser Aufgabe, die gar nicht so einfach zu bewerkstelligen war. Als ihm klar wurde, wie er mit anderen umging, war er schier entsetzt. Er war wie Scrooge, der Held in Dickens Weihnachtsgeschichte, der die Weihnachtsgespenster von gestern, heute und morgen alle in ein und derselben Nacht gesehen hat. Und wie Scrooge wachte Roger auf und wurde zu einem freundlichen Menschen. Er fing an, beim Denken und Sprechen mehr Höflichkeit und Einfühlsamkeit walten zu lassen.

Roger berichtete mir, dass er nicht mehr das Gefühl habe, ein unfreundlicher Nörgler zu sein. Wer ihn jetzt kennenlernte, würde nie glauben, wie er sich früher verhalten hat. Er hatte hart an sich gearbeitet. Er erzählte mir auch, dass er sich jetzt immer gut fühle, seit er die Art, wie er mit anderen redete, verändert hatte. Dieses positive Gefühl mache ihn sehr produktiv und attraktiv.

Jetzt ist Roger verliebt, und in seiner Arbeit läuft alles bestens. Er fühlt sich wie neugeboren und ist einfach der beste Roger, den man sich überhaupt nur vorstellen kann. Dieses Positive war immer in ihm vorhanden gewesen, doch die Angewohnheit, sich negativ auszudrücken, hatte sich zu fest verankert. Roger nutzte seinen Verstand, um sein Verhalten möglichst schnell zu verändern, denn schließlich hatte er begriffen, was es ihn sonst kosten würde.

Unser Ziel ist es, mit Taktgefühl und Genauigkeit zu sprechen. Wenn wir Worte vergeuden, setzen wir unsere vitale Kraft falsch ein – wir verschwenden sie. Energie ist jedoch ein heiliges Gut, das wir bewahren sollten. Verschwenden wir unsere Energie, fehlt sie uns, wenn wir sie wirklich benötigen. Jedes Wort hat eine Wirkung, selbst wenn wir sie nicht sogleich erkennen. Es gibt nur eine einzige Möglichkeit, wie wir uns unsere Energie bewahren können, und das ist ein achtsamer Umgang mit Worten. Wir sollten ständig aufmerksam sein, bis wir unsere Worte unter Kontrolle haben. Wir müssen uns Zeit nehmen, um mit klaren Worten zu sprechen.
Achtloses Gerede ist anderen gegenüber respektlos, und ärgerliche Worte können beispielsweise das ganze häusliche Umfeld in Schwingung versetzen, so dass das Zuhause spürbar mit schlechter, negativer Energie aufgeladen wird. Liebevolle, klare, konstruktive Worte lassen den Sprechenden dagegen positive Energie ausstrahlen.
Wer seine Sprache richtig einsetzt, kann Einfluss auf sein Publikum nehmen. Leidenschaften und Emotionen lassen sich durch den Sprechton auslösen. Ein guter Redner fasst seine

mentalen Konzepte in Worte und nutzt Ton und Emotion für seinen Vortragsstil.

Man muss einen Redner nicht sehen, um von seinen Worten beeinflusst zu werden. Das Radio ist ein gutes Beispiel dafür: Ungeachtet ob ein Sprecher etwas Politisches, Pädagogisches, Inspirierendes, Heilendes, Therapeutisches oder Unterhaltsames von sich gibt, es zeigt in jedem Fall Wirkung. Das Radio nimmt enormen Einfluss auf seine Hörer. Die Stimmen können die Zuhörer inspirieren, beruhigen, aufregen, verärgern oder ihnen hilfreich sein.

Gedanken, die wir aussprechen, sind mächtiger als ungesagte. Jedes Wort, das wir äußern, schafft eine Form. Aus diesem Grund ist es wichtig, nicht einfach etwas daherzureden. Manchmal kontrollieren wir unsere Worte, doch der Ton unserer Stimme verrät unsere wahren Gefühle. Auch der Tonfall hat also einen enormen Einfluss.

Emotionen wie Wut, Angst, Verachtung, Ärger, Abscheu, Eifersucht und Hass üben noch lange, nachdem sie ausgesprochen wurden, ihre Wirkung auf uns aus, denn sie sind giftig und können uns krank machen, da zu jedem emotionalen Zustand ein entsprechender auf der körperlichen Ebene gehört. Wie viele von uns waren nicht schon aufgrund von harten Worten oder unnützem Klatsch total fertig?

Aber denken Sie andererseits auch einmal an den Trost, den uns wohlgewählte Worte spenden können. Wir sollten nie vergessen, unseren Mitmenschen zu sagen, dass uns etwas an ihnen liegt. Uns nach dem Befinden zu erkundigen dauert nur einen Augenblick. Und jeder hört gern, dass er in seinem Beruf gute Arbeit leistet.

Wer hört nicht gern, dass er gut aussieht? Worte, die Freundlichkeit und Rücksicht zum Ausdruck bringen, schwingen mit einem harmonischen Gefühl. Sie schaffen schöne Formen und stahlen Farben ab wie Hellblau oder ein sanftes Grün. Wörter wie »Schönheit«, »Liebe«, »Gemeinsamkeit«, »Geben«, »Harmonie« und »Integrität« sollten deshalb möglichst oft gebraucht werden.

Verbale Äußerungen sind ein wichtiges Mittel, um unseren Wünschen Form zu verleihen. Einer meiner Klienten bekam einmal einen Job, weil seine Ausdrucksweise dem Chef gefiel. Die Art, wie wir eine Bitte äußern, hat viel damit zu tun, ob wir das Gewünschte dann bekommen oder nicht. Wenn wir uns auf unsere Gedanken richtig konzentrieren, fließen die Worte mühelos. Wir müssen nicht um den passenden Ausdruck ringen. Die richtigen Worte stellen sich einfach ein, sobald man eine gewisse Übung darin hat, die richtigen Worte zu finden, die dann das Gewünschte in unser Leben einbringen.

Matthew

Matthew suchte mich auf, weil seine Ehe in die Brüche ging. Er war verzweifelt und am Boden zerstört und wollte, dass ich ihm sagte, wie er das Problem beheben könne. Das Erste, was mir an Matthew auffiel, war, dass er regelmäßig log. Seine Aura wies eine scheußlich grüne Farbe auf.

Ich sah ihn an und sagte: »Matthew, Sie müssen anfangen, die Wahrheit zu sagen.«

Seine Aura wechselte zu Rot, was seinen Ärger zeigte, und er blaffte mich an: »Was soll das heißen?«

»Genau das, was ich gesagt habe«, lautete meine lakonische Antwort.
Matthews Verärgerung hielt die ganze Sitzung über an. Er behauptete weiterhin, seine Frau nie zu belügen, was aber natürlich schon die nächste Lüge war. Seine Unfähigkeit, die Wahrheit zu sagen, würde ihn seine Ehe kosten. Immer wieder wurde er dabei ertappt, wie er irgendwelche Lügengeschichten von sich gab. Seine Frau wollte ihm kein Wort mehr glauben und reichte schließlich die Scheidung ein. Seine Worte hatten ihre Wirkung verloren. Matthew hätte seine Ehe retten können, wenn er gelernt hätte, die Wahrheit zu sagen.

Sie können in Ihrem Leben nur erreichen, was Sie sich wünschen, wenn Sie in Harmonie denken und sprechen. Das Universum ist harmonisch organisiert. Denken Sie etwas, äußern jedoch etwas anderes, machen Sie den ursprünglichen Gedanken zunichte. Er verliert dann an Macht, und Sie können nichts erreichen. Die Worte bleiben ohne den zugehörigen Gedanken wirkungslos. Denken Sie also, bevor Sie etwas sagen.

Sich verbal zu äußern bedeutet, seinen Gedanken Ausdruck zu verleihen. Mit Hilfe des Sprechens bekommen wir, was wir uns wünschen. Wir bestimmen den Ton in unserem Leben.

Verbale Äußerungen verbrauchen ziemlich viel Energie. Es ist somit besser, nur dann etwas auszusprechen, wenn wir uns überlegt haben, was genau wir sagen wollen. Freundliche Worte senden Segnungen und schöne Schwingungen aus. Solche Worte schaffen herrliche Formen, die in der Aura sichtbar sind. Kritische, harte, gemeine und gedankenlose Worte senden verzerrte Formen aus. Diese können beim Sprecher und den Personen, die sie anhören müssen, Disharmonie bewirken. Man kann nichts Freundliches denken und gleichzeitig grob daherreden. Das geht nicht. Der Gedanke wird durch die Form, die durch die gesprochenen Worte entsteht, zunichtegemacht.

Eine verbale Äußerung kann dem Sprecher viel Positives einbringen. Es werden Schwingungen in Gang gesetzt, die ähnliche Schwingungen zum Sprecher zurücktragen. Unser Charakter offenbart sich in unseren Worten. Wir müssen unsere Äußerungen formen, wie wir unsere Gedanken formen – mit einer klaren Intention. Klarheit ist das wichtigste Element, wenn wir etwas darstellen wollen. Dies gilt für Gedanken wie auch für das gesprochene Wort. Was man sagt, lässt sich nicht vom zugehörigen Gedanken trennen.

DIE MACHT DES GESCHRIEBENEN WORTS

Gedanken, die in geschriebene Worte gefasst werden, schaffen im mentalen Körper dichtere Formen. Gedanken werden durch die Vorstellung zu Worten geformt. Die Worte großer Schriftsteller sind mit solcher Intensität und Klarheit im Äther festgeschrieben, dass sie noch lang nach dem Tod des Autors weiterschwingen. Diese großartigen Werke leben von Jahrhundert zu Jahrhundert fort. Die Zeit schwächt ihre Ausdruckskraft nicht. Es scheint klar, dass diese Werke eine zusätzliche Vitalität aufweisen, etwas Überirdisches, eine spirituelle Schwingung. Solche Schriftsteller hatten die Fähigkeit, sich mit der kreativen Kraft des Universums, der Göttlichen Kraft, zu verbinden. William Shakespeare, Johann Wolfgang von Goethe, Charles Dickens, George Sand und William Blake sind gute Beispiele für diese Art Schriftsteller.

Gedanken und Ideen nehmen ihren Weg vom Geist zu physisch greifbaren Formen mit Hilfe des geschriebenen Worts. Auf diese Weise wird Wissen tradiert. Ich habe irgendwo einmal von den wichtigsten Menschen gelesen, die in den letzten tausend Jahren einen Beitrag zu unserer Zivilisation geleistet haben. Diese Liste führte Johannes Gutenberg an, der 1450 die Druckerpresse erfand. Seine Erfindung verlieh dem geschriebenen Wort Dauer und machte es einem Massenpublikum zugänglich. Wir haben uns bis zum heutigen Tag nicht von dem Verlust der Bibliothek in Alexandria, Ägypten, erholt. Es wurden dort 700 000 Bücher aus der ganzen Welt aufbewahrt, die auf Pergament, Papyrus oder Holz geschrieben waren, darunter auch Schriftrollen. Kopien dieser Bücher gab es keine. Welche Umstände genau zur Zerstörung der Bibliothek führten, ist umstritten. Fest steht jedenfalls, dass drei Brände ausbrachen. Der erste ereignete sich zur Zeit von Cäsar und Kleopatra rund 51 v. Chr.; der zweite um 400 geht auf das Konto von fanatischem Pöbel, der meinte, heidnische Literatur vernichten zu müssen; und der dritte wurde im 7. Jahrhundert während der Besatzung Alexandrias durch den Beduinengeneral Amr ausgelöst.

Diese Bücher sollen das philosophische, mythische, historische und literarische Wissen, also kurz gesagt das gesamte Wissen der Antike enthalten haben.

Soziale Aufstände, Revolutionen und religiöse Bewegungen wurden von der Macht des geschriebenen Worts inspiriert.

Werden Wörter niedergeschrieben, kann man sie immer wieder lesen. Jedes Mal, wenn jemand sie liest, schafft der Geist die entsprechenden Bilder. Diese in den Gedanken des Lesers geformten Bilder werden dann in den Äther ausgesandt, wo Menschen mit einer ähnlichen Geisteshaltung sie aufgreifen. Und diese Menschen werden dann ebenfalls beeinflusst. Auf diese Weise lassen sich mit der Zeit Millionen erreichen. Die Worte werden zu lebendigen Gedankenformen, deren Intensität durch jeden Akt des Lesens zunimmt. Das geschriebene Wort hat Macht.

Ohne Geschichtsbücher gäbe es keine Geschichte. Bücher dokumentieren die Zeit, in der wir leben, und vor allem unsere emotionale Einstellung zu bestimmten Personen, Orten und Ereignissen. Das geschriebene Wort – wie auch das gesprochene Wort – wird von verschiedenen Menschen aber natürlich unterschiedlich interpretiert. Jemand, der beispielsweise einen bestimmten Ort noch nie besucht und nur von ihm gelesen hat, nimmt die Beschreibung dieses Ortes anders wahr als jemand, der sich bereits real dort aufgehalten hat. Wenn wir von einem Ort lesen, bringt unser Geist unterschiedliche Bilder hervor.

Als Kind lebte ich einen Großteil meines Lebens durch Bücher. Wir wohnten in Cascade (Iowa), und unser Radius überschritt kaum je neunzig Kilometer, doch meine Bücher eröffneten mir eine geistige Welt, die weit über den Mittleren Westen der USA hinausreichte. Wegen der Filmkomödie »Eloise im Plaza Hotel« und der Abenteuer, die die kleine Eloise dort erlebte, verliebte ich mich als Mädchen in die Stadt New York. Mit siebzehn fasste ich dann den Entschluss, mein Leben in New York zu verbringen – und genau das tat ich dann auch.

Erinnerungen verblassen, Einzelheiten verlieren sich aus dem Gedächtnis, Ereignisse werden gedanklich verändert, und auch Gefühle geraten in Vergessenheit, und zwar vor allem, wenn man sie nicht niederschreibt. Es macht also Sinn, etwas zu Papier zu bringen, solange es noch frisch im Gedächtnis ist. Etwas zu Papier bringen ist oft ein effizientes Mittel, um dem Gedächtnis auf die Sprünge zu helfen. Viele Leute schreiben Listen mit den Dingen, die sie erledigen wollen, denn sie unterstützen die Konzentration und helfen, Prioritäten zu setzen. Energie lässt sich konservieren, indem wir aufschreiben, was wir tun müssen – und das dann später auch in die Tat umsetzen. Unser Geist muss Wege finden, um sich von chaotischem Denken zu befreien. Dazu sind uns Listen oft eine Hilfe. Jede Handlung, die dem Fokussieren der Gedanken dient, ist produktiv. Konzentration zeigt Wirkung. Das Schreiben kann uns bei dieser Fokussierung helfen, denn es ist eine weitere Möglichkeit, um etwas Realität werden zu lassen. Wenn wir einen Bewerbungsbrief oder Antrag schreiben, tun wir genau das. Oft wird ein Bewerber gar nicht zu einem Vorstellungsgespräch eingeladen, weil sein Anschreiben keinen guten Eindruck gemacht hat.

Schreiben wir unsere Gedanken nieder, stellt das eine Möglichkeit dar, unserem Denken Struktur zu geben. Wenn wir einen Brief schreiben, nehmen wir uns in der Regel mehr Zeit, unsere Gedanken darzulegen, als bei einem Telefonat. Deshalb haben viele Menschen auch heute das Gefühl, dass ein Brief etwas Besonderes ist. Es liegt auf der Hand, dass der Verfasser sich mehr Zeit genommen hat, um seine Botschaft zu formulieren. Briefe gewinnen noch zusätzlich an Bedeutung, wenn wir sie aufbewahren. Sie leben dann oft als ständige Erinnerung an unsere damaligen Gefühle fort. Briefe sind aufgezeichnete Geschichte. Die meisten Biographen werden mir sicher beipflichten, dass sich ihre Arbeit ohne Briefe erheblich schwieriger gestalten würde.

In unserer modernen Welt hat das Internet unsere Kommunikationsweise grundlegend beeinflusst. Wir benutzen das Internet für alle möglichen Aktivitäten – fürs Geschäft, zum Einkaufen, um Verabredungen zu treffen, zum Bezahlen von Rechnungen oder um zu klatschen. Doch E-Mails verfügen nicht über die gleiche Art Schwingung wie Briefe. Es gibt die Wissenschaft der Graphologie. Fachleute auf diesem Gebiet sind in der Lage, den Charakter und die Gefühle eines Menschen anhand seiner Schrift zu analysieren. Das ist bei getippten Texten nicht möglich. Doch die E-Mail lässt sich heute natürlich nicht mehr wegdiskutieren. Sie ist ein universelles Medium, um bestimmte Ideen zu kommunizieren. Wir sollten deshalb E-Mails mit dem gleichen Respekt behandeln wie Füller und Tinte. Generell scheint in Sachen Orthographie, Interpunktion und Großschreibung bei E-Mails eine gewisse Nachlässigkeit zu bestehen. Das hat wohl viel mit dem Tempo zu tun, in dem unser Leben abläuft. Aber diese Fehler lassen trotzdem auf eine gewisse Gedankenlosigkeit schließen – und manchmal sogar auf einen Mangel an Respekt. Viele Bewerbungen werden aus diesem Grund einfach gelöscht. Es macht sich also durchaus bezahlt, nachzudenken, bevor man etwas in den PC tippt.

Und ich würde nur zu gern wissen, wie viele elektronisch vereinbarte Dates wegen nachlässig geschriebener Mails danebengingen. Es besteht ja vielleicht die Überzeugung, dass sich Wörter im Computer löschen und somit vergessen lassen. Doch weit gefehlt. Wie viele Leute haben schon Ärger bekommen, weil etwas, das sie gelöscht hatten, wiederhergestellt werden konnte?

Jocelyn und Victor

Jocelyn wollte sich nach dreiundzwanzig Ehejahren scheiden lassen, denn sie hatte nur geglaubt, eine glückliche Ehe zu führen. Sie hatte drei nette Kinder; zwei waren schon aus dem Haus und an der Uni, eines noch auf der Oberschule. Alle drei lernten gut. Victor musste viel reisen, und Jocelyn begleitete ihn, wann immer es ihr möglich war.

Eines Abends – vor einem halben Jahr – lieh sich Jocelyn Victors Notebook aus. Ihr Computer hatte mitten in einem Projekt den Geist aufgegeben. Jocelyn war freischaffend als Designerin tätig und wollte ihren Abgabetermin einhalten. Victor befand sich auf einer Geschäftsreise, hatte sein Notebook aber zu Hause gelassen. Jocelyn hatte seinen PC noch nie benutzt, da ja keine Notwendigkeit dazu bestanden hatte, doch nun war ein Notfall eingetreten. Als sie Victors PC hochfuhr, war klar: Sie brauchte sein Passwort. Sie versuchte, Victor zu erreichen, doch der ging nicht an sein Handy. Dann fiel ihr ein, dass er ihr vor zwölf Jahren, als sie noch einen gemeinsamen Computer hatten, sein Passwort gegeben hatte. Sie probierte also dieses alte Passwort aus – und sah mit Erstaunen, dass sie Erfolg hatte.

Jocelyn dachte, Victor wäre sicher gerührt, weil sie sich an das alte Passwort erinnert hatte. Zu ihrer Überraschung erschien sofort eine Nachricht auf dem PC. Sie klickte sie an und fing an zu lesen: »Hey, Hübscher, letzte Nacht war super. Rosen mag ich am liebsten. Alles Liebe, Eva.«

Es fanden sich insgesamt vierzehn E-Mails von Eva. Jocelyn war

*am Boden zerstört. Sie wartete, bis Victor von seiner Geschäftsreise nach Hause kam, und stellte ihn zur Rede. Doch sosehr er sich auch bemühte, irgendwelche Ausflüchte zu finden, sie stießen auf taube Ohren. Es gab keinen Ausweg, Victor musste die ganze Wahrheit über seine Affäre beichten. Er hatte völlig vergessen, dass er Jocelyn je sein Passwort gesagt hatte. Und eigentlich löschte er seine E-Mails auch immer gleich, hatte aber während seiner Geschäftsreise nicht daran gedacht.
Im Scheidungsverfahren hatte Victor keine Chance, seine Affäre abzustreiten. Jocelyn hatte die Mails kopiert, bevor Victor sie noch löschen konnte. Briefe können verbrannt, Dokumente in den Aktenvernichter gesteckt werden – doch E-Mails sterben nie. Selbst wenn sie gelöscht werden, lassen sie sich zurückholen. Seien Sie also vorsichtig mit dem, was Sie schreiben!*

Eine meiner Klientinnen schrieb in ihren Lebenslauf, dass sie fließend Französisch und Englisch spreche. Sie hatte diese Sprachen ein oder zwei Jahre lang auf der Oberschule gelernt und hielt diese Tatsache für ausreichend, um einen Platz in ihrem Lebenslauf zu verdienen. Schließlich wurde sie zu einem Vorstellungsgespräch für einen Job eingeladen, den sie wirklich gern gehabt hätte. Sie können sich sicher vorstellen, welch ein Horror es für meine Klientin war, als der Mann anfing, das Vorstellungsgespräch auf Französisch zu führen. Es erübrigt sich eigentlich zu sagen, dass sie den Job nicht bekommen hat. Meine Klientin korrigierte also ihren Lebenslauf und nahm das Wort »fließend« heraus, um es durch »Grundkenntnisse« zu ersetzen.

Wie viele Leute haben einen bestimmten Job schon nicht bekommen, weil sie falsche Angaben zu ihrem Schulabschluss oder ihrer Berufserfahrung gemacht haben? Am besten ist es, sich beim Schreiben an Tatsachen zu halten. So erspart man sich viel Zeit und Peinlichkeiten.

Ein sensibler Mensch kann einen Brief in die Hand nehmen und spürt dann die Einstellung der Person, die den Brief verfasst hat. Diese Kunst nennt sich Psychometrie. Man muss aber keine seherischen Fähigkeiten besitzen, um die Schwingungen zu fühlen, die so ein beschriebenes Blatt aussendet; es reicht, einfach einfühlsam und aufmerksam zu sein. Die Handschrift eines Menschen kann von einem Fachmann analysiert werden; der Charakter des Verfassers lässt sich an der Art und Weise ablesen, wie die einzelnen Buchstaben geschrieben sind.

Anwälte mahnen uns immer zur Vorsicht, wenn wir etwas schriftlich niederlegen. Bei Immobilien muss ein Vertrag in schriftlicher Form bestehen, damit der Kauf beziehungsweise Verkauf gültig ist. Bei einer Scheidung werden kompromittierende Briefe manchmal als Beweismittel herangezogen. Liebesbriefe sind von enormer emotionaler Aussagekraft. Vielleicht hat Ihre Mutter Ihnen ja geraten, einen Tag abzuwarten, bevor Sie im Überschwang der Gefühle einen groben Brief abschicken. Wenn die Wogen sich geglättet haben, ist es nämlich meist gar nicht mehr nötig, den Brief zu senden.

Das geschriebene Wort ist nachhaltiger als das gesprochene, denn es hat eine materiell greifbare Form. Die Menschen sind in der Regel nicht in der Lage, die Gedanken eines anderen zu lesen. Wenn Sie etwas sagen, das Ihnen dann leidtut, können Sie Ihre Worte durch eine Entschuldigung zurücknehmen.

Und wie schnell ist vergessen, was genau jemand geäußert hat. Das geschriebene Wort steht unauslöschlich gedruckt da. Gedanken ziehen vorüber, Gesagtes gerät in Vergessenheit – doch das Geschriebene ist dauerhaft.

Das geschriebene Wort kann kreativ und inspirierend sein. Es mag belehren, anleiten, instruieren, unterhalten und das Bewusstsein verändern. Es besitzt eine enorme Wirkung, damit Wünsche auch in Erfüllung gehen. Wer gut schreiben will, muss konzentriert sein, Geduld und Ausdauer haben, denn was wir schreiben ist der Spiegel unseres Denkens. Seien Sie also vorsichtig mit dem, was Sie denken. Seien Sie ebenso vorsichtig mit dem, was Sie sagen. Und seien Sie sogar noch vorsichtiger mit dem, was Sie schreiben.

2 DIE GÖTTLICHE KRAFT IM MENSCHEN

In jedem von uns steckt eine Göttliche Kraft, die uns durch das Leben führt. Diese Kraft möchte von uns anerkannt werden. Deshalb sollten wir lernen, wie wir diese große Macht für uns nutzen können.

Nur wenn wir uns in einen aufnahmebereiten Geisteszustand begeben, können wir diese Kraft fühlen und steuern. Dazu benötigen wir Zielstrebigkeit und richtiges Denken. Die Göttliche Kraft reagiert auf unseren Willen, aber nur, wenn keine negativen Gedanken im Spiel sind. Wir sollten uns bewusst bemühen, uns von schädlichen Gedanken und Emotionen zu befreien.

Ein erster Schritt in diese Richtung kann sein, bei allem, was wir gerade tun, glücklich zu sein – egal worum es sich handelt. Vielleicht gefällt Ihnen eine bestimmte Aufgabe ja nicht sonderlich, aber wenn Sie beschließen, Ihre Sache gut und engagiert zu machen, errichten Sie um sich ein positives Energiefeld. Mit dieser Geisteshaltung können Sie viele widrige Umstände meistern. Wir sollten in unserem Leben eine Einstellung entwickeln, die von Ehrfurcht und Hingabe geprägt ist. Die Göttliche Kraft stellt sich nicht in den Dienst von bösen, egoistischen, destruktiven, rachsüchtigen, hasserfüllten oder verbrecherischen Gedanken oder Verhaltensweisen. Sol-

che Gedankenformen sind menschengemacht und das Gegenteil von erhaben. Sie stellen die niedrigste Form des Denkens dar und bringen nur Unglück, Kummer und Verzweiflung.
Wenn wir unsere Gedanken auf die Göttliche Kraft lenken, denken und handeln wir mit der Zeit harmonischer. Wir erreichen dann mehr geistige Flexibilität und sind neuen Ideen gegenüber aufgeschlossener. Unser Glaube nimmt zu, denn wir spüren, dass wir nicht alleine sind. Diese spirituelle Kraft hilft und unterstützt uns. Schwieriges erscheint uns dann einfacher, wir fühlen uns glücklicher. Die Göttliche Führung ermöglicht uns, unsere Gedanken besser zu kontrollieren. Negative Emotionen wie Angst und Ärger bleiben auf der Strecke.
Wenn wir lernen, die Göttliche Kraft zu nutzen, haben wir das Gefühl, unser Leben besser bestimmen zu können. Wir stellen fest, dass wir konzentrierter sind. Unser Wille ist stärker, und unsere Gedanken gewinnen an Klarheit. Diese zusätzliche Klarheit hat eine überaus nachhaltige Wirkung. Die Gedanken weisen dann eine höhere Schwingung auf, und der Wille formt im Geist höhere Bilder.
Die Göttliche Kraft ist schöpferisch und unterstützt uns. Zum Beispiel hat man mir oft von einer wundersamen Kraft erzählt, die Menschen geholfen hat, ihre Sucht zu überwinden. Sie hatten jahrelang versucht, aus ihrer Abhängigkeit herauszukommen, doch alle Bemühungen waren fehlgeschlagen. Diese Leute konnten sich die Göttliche Kraft zunutze machen, weil sie weiterhin versuchten, ihre Abhängigkeit zu besiegen. Ihr Wille, aus dem Suchtverhalten auszusteigen, sendete in Kombination mit ihrem Glauben und dem entsprechenden Verhalten, machtvolle Gedankenformen aus. Diese Gedanken schwangen sich auf die Göttliche Kraft ein und verbanden

sich mit ihr. Die Göttliche Kraft verlieh den Gedanken zusätzliche Stärke, die für den Erfolg notwendig war. Sobald diese Personen den Stoff, nach dem sie süchtig waren, aufgegeben hatten, stellte es kein Problem mehr für sie dar, sich auf Dauer davon fernzuhalten, wie sie sagten. Die Göttliche Kraft macht alles einfacher.

Denken Sie nur an die vielen Fälle, wenn Menschen Situationen überstehen, bei denen es um Leben und Tod geht. Oft berichten sie von einem Gefühl überirdischer Kraft, das sie unterstützt und schließlich gerettet hat. Die Göttliche Kraft ist schöpferisch und heilt.

Musiker, Maler, Schriftsteller und andere Künstler sprechen immer wieder von göttlicher Inspiration. Diese Leute zapfen die Göttliche Kraft an, ob nun wissentlich oder auch nicht. Allerdings arbeitet die Göttliche Kraft effizienter, wenn wir uns ihrer auch bewusst sind.

Diese Göttliche Kraft lebt in uns allen. Es ist nicht unbedingt notwendig zu verstehen, wie die Elektrizität funktioniert, um das Licht einzuschalten – der Schalter muss gefunden werden. Die Göttliche Kraft ist so ein Schalter, der nur darauf wartet, betätigt zu werden. Sie schwingt in allem und umgibt alles zu jeder Zeit, lässt sich aber nur erkennen, wenn sie sich offenbart. Jegliches Leben wird durch die Göttliche Kraft geschaffen. Konstruktive Gedanken steigern unseren Glauben und verbinden uns intensiver mit dieser Kraft.

Wenn wir der Göttlichen Kraft erlauben, uns anzuleiten, stellen sich uns keine physischen, emotionalen oder mentalen Einschränkungen mehr in den Weg. Wir sind dann in der Lage, unsere Ziele einfacher zu erreichen, weil unsere Gedanken und Ideen mehr Energie hervorbringen. Wer innerhalb der Göttlichen Kraft denkt und handelt, kann unmöglich scheitern.

Die Göttliche Kraft fordert Taten. Wenn Sie sich also die Göttliche Kraft zunutze machen wollen, sollten Sie zeigen, dass Sie alles tun, was Ihnen möglich ist. Sie können nicht nur zu Hause sitzen und abwarten. Die Göttliche Kraft erwartet von uns, dass wir Verantwortung übernehmen.

Cathy

Cathy, eine attraktive Frau von fünfunddreißig Jahren, lebte in einer Phantasiewelt. Sie war pleite und konnte ihre Miete nicht mehr bezahlen. Aber sie glaubte, dass die Göttliche Kraft alle ihre Probleme für sie lösen würde. Sie verbrachte viele Stunden am Tag mit Beten, damit ihre Bedürfnisse erfüllt würden. »Ich glaube daran, dass alles gut wird«, wiederholte Cathy wie ein Mantra. Sie versuchte nicht, Arbeit zu finden, kannte niemanden, der über ausreichende Mittel verfügte, um ihr Geld zu leihen, und bemühte sich auch nicht um ein Darlehn von einer Bank. Sie betete einfach nur um Geld.

Schließlich wurde Cathy die Wohnung gekündigt. Sie musste ausziehen. Eine Freundin nahm sie bei sich auf, fand Cathys Gesellschaft aber schwierig. Da diese Freundin nicht mehr wusste, was sie tun sollte, bat sie mich um Hilfe. Ich willigte ein, es mit ihr zu versuchen.

Cathy kam mit einer schweren Depression in meine Praxis und sah aus, als hätte sie eine Woche lang ihre Haare nicht gekämmt. Ohne ein Wort setzte sie sich hin. Ich musste mich zuerst einen Moment sammeln. Ich hatte Sorge, dass sie ein tragisches Ende finden könnte, wenn sie in diesem pessimistischen Zustand blieb.

Ich atmete also tief durch und fragte sie dann, warum sie so wütend sei.

»Tag für Tag habe ich zur Göttlichen Kraft gebetet. Ich habe sie um Hilfe bei meinen finanziellen Problemen gebeten – aber nichts ist passiert. Ich habe kein Geld bekommen. Ich glaube an gar nichts mehr. Ich bin fix und fertig. Warum bin ich nicht würdig, Hilfe zu bekommen? Was stimmt nicht mit mir? Warum werde ich abgelehnt? Man hat mir gesagt, dass Gebete helfen. Das tun sie aber nicht.«

Einen Moment war ich schier sprachlos. Ihre Ignoranz gegenüber der Göttlichen Kraft war einfach unglaublich. »Die Göttliche Kraft tut auch bei Ihnen Ihr Werk«, antwortete ich. »Und zwar durch Sie – nicht ohne Sie. Ihre Gebete hätten Taten sein sollen – nicht Bitten.«

»Was soll das heißen?«, fauchte sie.

»Sie hätten positive Gebete nutzen können. Ein positives Gebet ist etwas Aktives. Wiederholen Sie: ›Ich bitte die Göttliche Kraft, mich zu führen, mir Stärke zu geben, Glauben und Standhaftigkeit.‹ Durch diese Form des Gebets bekommen Sie Trost und Beistand. Diese spirituelle Hilfe kann Sie anleiten und zwingen, aktiv zu werden – also sich eine Arbeit zu suchen, ein Darlehn aufzunehmen oder sich eine Mitbewohnerin zu suchen.

Jede dieser Handlungen hätte Früchte getragen. Ihre Aura hätte dann positive Energie abgestrahlt, weil man sich immer besser fühlt, wenn man ein nützliches Gebet gesprochen hat. Wenn man etwas tut, verspürt man Hoffnung, und das zeigt sich dann auch an der Aura. Möglichkeiten, Geld zu verdienen, hätten sich dann aufgetan. Die Göttliche Kraft hätte Ihnen geholfen, sich selbst zu helfen. Stattdessen haben Sie zugelassen, dass Ihr Vermieter Sie vor die Tür setzt, weil Sie nichts unternommen haben. Sie waren stinksauer, weil Sie das Gefühl hatten, dass Ihre Gebete nicht auf die Art und Weise erhört wurden, wie Sie es sich vorgestellt hatten. Und jetzt möchten Sie, dass alle Mitleid mit Ihnen haben, weil Ihre Forderungen nicht erfüllt wurden.

Sie haben ständig nur gefordert, dass die Göttliche Kraft Ihnen geben möge, was Sie haben wollen. Ihre Vorstellung vom Beten ist, Ihre Bitte an eine elterliche Figur zu richten, die dann wie mit dem Zauberstab alle Probleme für Sie löst. Eine solche elterliche Figur gibt es aber nicht und einen Zauberstab schon gar nicht. Formulierungen wie ›gib mir, lass mich, zeig mir, ich will, ich brauche, ich wünsche mir‹ und dergleichen sind nutzlos und unangemessen und außerdem Energieverschwendung. All das führt zu gar nichts.

Die Göttliche Kraft ist kein Wesen, das außerhalb von uns existiert und an das wir eine Bitte richten können, wenn wir uns etwas wünschen oder etwas brauchen. Sie ist Teil von uns und lebt in jeder Kreatur. Sie ist nicht nur der Schöpfer des Lebens, sondern des Universums und von allem, das dort existiert. Es kann kein Leben, keine Ordnung und auch keine Harmonie geben ohne diese Göttliche Kraft, die hinter allem steht. Alles Gute in unserem Leben ist das Ergebnis der Göttlichen Kraft.

Wenn wir an die Göttliche Kraft glauben, machen wir keine Fehler. Nur wenn wir außerhalb dieser Kraft denken, treten Probleme auf. So sind egoistische, rachsüchtige, destruktive, unheilvolle, hasserfüllte, neidische und gierige Gedanken innerhalb der Göttlichen Kraft nicht machbar. Sie gibt sich für Böses nicht her.

Geben Sie nicht der Göttlichen Kraft die Schuld an Ihrem schlechten Urteilsvermögen und an Ihrer Faulheit. Sie müssen aufhören, sich über die Göttliche Kraft zu ärgern, und zulassen, dass die Göttliche Kraft durch Sie ihr Werk tut. Nehmen Sie sich einen

Augenblick Zeit, um einmal in sich zu gehen. Dann werden Sie feststellen, dass die Göttliche Kraft ihr Werk durch Ihre Freundin getan hat. Sie hat Sie zu ihrer Freundin nach Hause geführt, und Ihre Freundin hat dann mich gebeten, Ihnen zu helfen.«

Cathy verließ an diesem Tag mein Sprechzimmer mit Unmengen Stoff zum Nachdenken, aber sie machte einen erheblich weniger deprimierten Eindruck als bei ihrer Ankunft. Die Zeit würde zeigen, ob sie in der Lage war, ihr Leben auf die Reihe zu kriegen. Positive Gebete konnten ihr dabei behilflich sein, wenn sie sich denn darauf einließe.

Ein Jahr nach dieser Sitzung rief mich Cathys Freundin an. Sie konnte es kaum abwarten, mir jede Menge Neuigkeiten von Cathy zu erzählen. Cathy hatte eine Stelle gefunden, war nach Kalifornien gezogen und war glücklich.

Ihre Freundin erklärte mir, wie es dazu gekommen war. Cathy war nach der Sitzung wieder zu ihr nach Hause gegangen. Sie erzählte ihr, wie ich ihr die Göttliche Kraft und positive Gebete erklärt hatte. Sie teilte ihrer Freundin auch mit, dass ihr klargeworden sei, dass ihre Gebete egoistisch gewesen seien. Anfangs war ihre Freundin skeptisch, erkannte dann aber rasch, wie sich Cathys Einstellung, an das Leben heranzugehen, verändert hatte. Cathy erwartete nicht mehr, dass man etwas für sie tat. Sie betete nicht für Dinge, die sie gar nicht verdient hatte. Sie nahm ihr Leben jetzt selbst in die Hand und ließ ihre Wünsche Wirklichkeit werden. Es dauerte ein paar Monate, bis sie ihren Lebenslauf komplett zusammengestellt hatte. Dann nahm sie zuerst einen Teilzeitjob an, bis sie schließlich eine volle Stelle fand. Sie hatte sich geistig auf die Göttliche Kraft ausgerichtet, als sie ihr Leben in Ordnung brachte. Jetzt spürte sie eine besondere Energie, die sie anleitete und unterstützte, bis sie ihr Ziel erreichte, schließlich einen guten Job bekam und damit auch die finanzielle Sicherheit, nach der sie sich so gesehnt hatte. Ihrer Freundin hatte sie gerade ein tolles Geschenk als Dankeschön für ihre Hilfe gemacht und dazu einen herzlichen Dankesbrief geschrieben. Und so fühlte sich nun auch ihre Freundin wirklich gut.

Wir können lernen, mit der Göttlichen Kraft eins zu werden. Dazu ist es notwendig, stets mit Göttlicher Führung zu denken und zu handeln. Dies bedeutet zuzulassen, dass die Göttliche Kraft durch uns ihr Werk tut.

Um diese Kraft zu fühlen und zu steuern, müssen wir uns in einer aufnahmebereiten Geisteshaltung befinden. Wir sollten in unserem Leben eine Einstellung entwickeln, die von Erfurcht und Hingabe geprägt ist, und in Harmonie leben. Die Göttliche Kraft stellt sich nicht in den Dienst von bösen, egoistischen, rachsüchtigen oder hasserfüllten Gedanken. Derartige Gedankenformen sind vom Menschen gemacht und stehen im Gegensatz zur Göttlichen Kraft. Sie stellen die niedrigste Form des Denkens dar und bringen nur Unglück, Kummer und Verzweiflung.

Ich werde immer wieder gefragt, wie man sich mit der Göttlichen Kraft verbinden kann. Manchen Menschen fällt es leichter, weil sie es gewohnt sind, eine höhere Macht um Beistand zu bitten. Ich möchte Ihnen nun die besten Möglichkeiten an die Hand geben, die ich gefunden habe, um Ihnen zu helfen, sich mit der Göttlichen Kraft verbinden zu können.

ANGEMESSENE GEBETE

Angemessene Gebete sind keine Bitten, sondern würdigen die Göttliche Kraft. Sie übermitteln eine starke Energie, die mit Elektrizität vergleichbar ist. Ein angemessenes Gebet setzt Schwingungen auf höchster Ebene in Gang, und diese Schwingungen bringen dann eine wirkungsvolle Antwort hervor.

Auswendig gelernte Gebete und Bitten um Dinge, die wir womöglich gar nicht verdient haben, sind zwecklos. Wer etwas auswendig herunterleiert, ist sich der Bedeutung der Worte nicht bewusst, die ständig wiederholt werden. Sie stellen lediglich einen Missbrauch vitaler Kraft dar. Auch egoistische »Gib mir«-Gebete haben zu wenig Kraft, um ihre Wirkung zu entfalten. Gebete im Stil von »Lieber Gott, lass mich das Spiel gewinnen, mach, dass ich meine Finanzprobleme überwinde, oder schicke mir die wahre Liebe« sind die besten Beispiele dafür. Ein Gebet, in dem jemand um die Wiederherstellung seiner Gesundheit bittet, obwohl er selbst nicht den geringsten Beitrag dazu geleistet hat, ist ein weiteres gängiges Beispiel.

Bei einem angemessenen Gebet würden Sie – um bei den obigen Beispielen zu bleiben – um die notwendige Energie bitten, damit Ihre Mannschaft ihr Bestes geben kann und folglich das Spiel gewinnt. Sie würden darum bitten, zu einem Job geführt zu werden, der dann Ihre finanziellen Schwierigkeiten behebt. Anstatt zu beten, dass der Märchenprinz in Ihr Leben treten möge, beten Sie um Hilfe, zu der Frau zu werden, die so einen Mann anzieht. Sie würden um Kraft und Anleitung bitten, die richtigen Entscheidungen zu treffen, die Ihrer Gesundheit zuträglich sind.

Angemessene Gebete fördern Kraft und Energie; sie sind erhebend. Wenn wir innerhalb der Göttlichen Kraft denken, schützen wir uns. So entsteht eine Art spirituelle Rüstung. Wir fühlen uns glücklicher, und mit diesem positiven Gefühl lassen sich Probleme dann leichter lösen. Ein angemessenes Gebet muss nicht lang, wortreich oder gar poetisch sein. Es muss von Herzen und aus der Seele kommen, aus unserem tiefsten Inneren eben.

Wenn wir mit Inbrunst und uneigennützig beten, erreichen wir die Göttliche Kraft, die uns dann antwortet. Diese Antworten können sich auf vielfältige Weise einstellen. Manchmal kommt die Antwort sofort, manchmal auch nicht. Doch wer nicht nachlässt und seine mentale Energie immer auf die Göttliche Kraft ausrichtet, wird stets eine Antwort erhalten.

Angemessene Gebete helfen uns auch, die Aufmerksamkeit in unserem Leben auf die richtigen Dinge zu lenken. Dieses gezielte Ausrichten unseres Bewusstseins ist erstaunlich: Sie werden sich selig fühlen. Es kommen Ihnen dann nützliche Gedanken in den Sinn, die Ihnen helfen, Probleme schneller zu lösen. Dabei handelt es sich um Gedanken mit höherer Schwingung, und diese Schwingung bringt Ihnen die erstaunlichsten Ergebnisse.

Ellen

Ellen, eine attraktive Anlageberaterin von zweiundvierzig Jahren, war Single und hatte kaum noch Hoffnung, je die wahre Liebe zu finden. Sie kam in meine Praxis, nahm Platz und fing sofort an, sich über Gott zu beklagen.

»Seit über einem Jahr bete ich nun schon tagtäglich zu Gott, dass

er mir die wahre Liebe schicken möge. Nichts ist passiert. Kein Mann ist mir begegnet. Ich habe alles probiert: das Internet, Partnerschaftsvermittlungen, Singlepartys und die Kneipenszene. Ich glaube nicht mehr an Gott.«

Ich hörte aufmerksam zu, und nachdem sie ausgeredet hatte, erwiderte ich: »Ellen, erwarten Sie von mir, dass ich mit Ihnen Gott um Vergebung bitte, weil er Ihnen nicht hat zukommen lassen, was Sie haben wollten?« Sie antwortete zunächst nicht, da sie sich noch immer in Selbstmitleid erging. Ich fragte sie, von wem sie gelernt habe zu beten.

»Das hat mir niemand beigebracht. Ich bitte einfach um das, was ich haben will.«

»Haben Sie denn bislang immer alles bekommen, Ellen?«

Es entstand eine kurze Pause, bis sie schließlich antwortete: »Nun, eigentlich bete ich erst jetzt. Man hat mir gesagt, ich solle es einmal mit Beten probieren, und das habe ich also getan, aber es hat nichts gebracht.«

»Ellen, es ist sinnlos, um etwas zu beten, das Sie nicht verdient haben. Wir bekommen immer, was wir verdienen.« Mir fiel auf, dass meine Antwort sie wirklich verärgerte.

»Ich verdiene 250 000 Dollar im Jahr, ich lebe in der Upper East Side in Manhattan, ich halte mich fit, ich mache alles richtig, da könnte sich doch jeder glücklich schätzen, der mich kriegt.«

»Nun, Ellen, so empfinden Sie das vielleicht, aber Tatsache ist, dass Sie die Liebe Ihres Lebens noch nicht gefunden haben. Hören Sie also auf, Gott dafür die Schuld zu geben, und fangen Sie an, Selbstverantwortung zu übernehmen. Sie müssen Ihre Gebete verändern.«

»Kriege ich dann, was ich will?«

»Ja, Ellen, bestimmt, aber ich habe meine Zweifel, ob Sie dazu

überhaupt in der Lage sind. Richten Sie Ihre Bitten nicht an einen äußeren Gott, der dann beschließt, ob Sie etwas bekommen oder nicht. Gott ist die Göttliche Kraft in jedem Einzelnen von uns. Es mag so aussehen, als schlafe diese Kraft, doch in Wirklichkeit wartet sie nur darauf, freigesetzt zu werden. Bitten Sie um Stärke und Anleitung, die Sie dann zu einem glücklicheren Privatleben führen. Nur diese Art Gebet trägt Früchte.«

Ellen zog ein Notizbuch und einen Stift heraus und bat mich, ihr ein Gebet zu sagen; sie wollte es sich aufschreiben. Ich gab ihr dieses: »Ich bin eins mit der Göttlichen Kraft. Meine Stärke und Anleitung kommen von der Göttlichen Kraft. Jegliche Schönheit, Harmonie, Liebe und Frieden ergeben sich daraus, mit der Göttlichen Kraft zu denken.«

Ich wartete ab, bis sich Ellen das Gebet notiert hatte. Als sie fertig war, fuhr ich mit meiner Erklärung fort: »Diese Worte kommen Ihnen vielleicht sehr simpel vor, aber sie sind es nicht. Dieses Gebet ist stark und wirkungsvoll. Glauben Sie an jedes einzelne Wort, während Sie das Gebet sprechen. Wiederholen Sie es mehrmals am Tag mit Respekt und Ehrfurcht. Wenn Sie Ihren Geist auf die Göttliche Kraft ausrichten, strahlen Sie Liebe und Harmonie aus und ziehen damit dann Liebe und Harmonie wieder an.

Anstatt Ihre Gebete mit Gedanken wie ›Ich will ...‹, ›gib mir ...‹ oder ›ich brauche ...‹ zu beginnen, denken Sie an die Göttliche Kraft und gestatten ihr, Sie anzuleiten.«

Als Ellen an diesem Tag ging, dachte ich noch einmal über unsere Sitzung nach. Ich wusste, dass sie meinen Rat bezweifelte, dass Gebete ihr helfen würden. Sie konnte sich nicht vorstellen zu beten, ohne dabei ein bestimmtes Ziel vor Augen zu haben. Aber ich spürte, dass sie es versuchen wollte. Was hatte sie auch zu verlieren? Sie hatte ja schon alles ausprobiert.

Hin und wieder, wenn Ellen mir einfiel, schickte ich ihr einen positiven, liebevollen Gedanken. Ich wusste, dass sie alle Hilfe brauchte, die sie bekommen konnte. Ein Jahr verstrich, und zu meiner Überraschung suchte mich Ellen dann für eine weitere Sitzung auf. Sie kam lächelnd herein, fröhlich und aufgekratzt. Bevor ich noch etwas sagen konnte, erzählte sie mir ganz aufgeregt, was passiert war. Als sie vor einem Jahr aus meiner Praxis kam, hatte sie sich von mir gelinkt gefühlt. Sie dachte, sie habe ihr Geld zum Fenster hinausgeworfen. Aber sie erzählte ihrer Mutter von meinem Rat zu beten. Ihre Mutter meinte dann, sie solle es doch einfach einmal versuchen, was sie dann auch tat. Es fiel ihr schwer, wirklich angemessen beten zu lernen. Aber sie gab nicht auf, und mit der Zeit fiel es ihr immer leichter. Nach mehreren Monaten empfand Ellen sogar Trost. Es machte ihr keine Mühe mehr, an die Göttliche Kraft zu denken. Sie fühlte sich einfach gut dabei.
Eines Nachmittags lief ihr eine alte Freundin aus der Schulzeit über den Weg. Sie wollte wissen, ob sie einen Freund habe. Ellen fiel auf, dass sie gar nicht mehr über einen Partner nachgedacht hatte; sie hatte sich in ihrem Leben rundum wohl gefühlt. Jedenfalls lud diese Freundin sie zu einer Party ein. Ellen ging hin, weil sie ihre alte Freundin treffen wollte. Es kam ihr gar nicht in den Sinn, dort womöglich einen Mann kennenzulernen. Diese Ellen war ganz anders. Sie unterhielt sich auf der Party mit vielen netten Leuten und freute sich, mit ihrer alten Freundin zusammen zu sein. Um zehn Uhr wollte sie eigentlich gehen, denn sie musste am nächsten Tag schon früh im Büro sein. Als sie sich gerade von ihrer Freundin verabschiedete, kam noch ein Gast, der sich bei der Gastgeberin für sein spätes Eintreffen entschuldigte. Als sie einander vorgestellt wurden, half Ellen dem Mann gleich aus der

unangenehmen Situation, als sie sagte: »Ach, ich bin auch ein bisschen zu spät gekommen.« Sie unterhielten sich eine Weile, tauschten Telefonnummern aus, und so baute sich nach und nach eine Beziehung auf.

Diese Geschichte ist nur ein Beispiel dafür, wie die Göttliche Kraft wirkt. Ellen hörte einfach auf, wie besessen einen Mann zu suchen, und brachte sich mit Hilfe von Gebeten wieder ins Gleichgewicht. So wurde sie ruhiger und zentrierter. Wie von selbst war sie ein glücklicherer Mensch geworden. Diese subtile Veränderung bei Ellen bewirkte dann, dass ein netter Mann in ihr Leben trat, dem sie positiv auffiel.

Wenn Sie zentriert und im Gleichgewicht sind, denken Sie anders. Sie sind nicht mehr wie am Boden zerstört oder ungeduldig. Sie strahlen eine schöne Aura aus. Diese Aura wirkt dann wie ein Magnet, der Gutes in Ihr Leben zieht. Und bedenken Sie, dass angemessene Gebete stets erhört werden.

Wenn eine Gruppe von Leuten selbstlos miteinander betet, ist das überaus hilfreich. Nach dem Hurrikan Katrina zum Beispiel baten Fernsehprediger Tausende von Menschen, die in den Stadien festsaßen, ihren Kopf zu neigen und für alle Opfer dieser schrecklichen Naturkatastrophe zu beten. Diese Handlung schickte den Opfern starke positive Kraft, die sie in sich aufnahmen und die ihnen Trost, Durchhaltevermögen und auch Hoffnung gab. Oft hört man Überlebende sagen, dass sie plötzlich aus dem Nichts das Gefühl hatten, alles würde gut werden. Ich glaube, dass ein Großteil dieses Gefühls, das diese Menschen erlebt haben, das Ergebnis angemessener Gebete ist, die ihnen damals geschickt wurden. Je selbstloser die Motivation, desto stärker die Wirkung des Gebets. Selbstlosigkeit bewirkt reine Gedankenformen, die sich sogleich auf den Weg machen. Deshalb spüren die Empfänger dieser Gedankenformen sie auch umgehend.

Bevor mir klar wurde, wie wichtig Gebete sind, war ich der Meinung, dass Menschen, die ihr Leben mit Gebeten und Meditation verbrachten, nur weltfremd waren. Ich dachte, sie würden sich dem Leben einfach nicht stellen wollen; sie würden sich lieber nicht mit den vielen Problemen im Leben auseinandersetzen. Jetzt ist mir klar, wie falsch meine Denkweise war. Es gibt Geistliche, Nonnen und Mönche, die im Kloster leben. Sie alle stellen ihr Leben durch Beten und Meditation in den Dienst der Menschheit. Diese Art des Betens sendet eine starke positive Kraft auf diese Erde. Menschen, die dafür empfänglich sind, können etwas von dieser Kraft aufnehmen und erfahren durch sie Hilfe und Unterstützung, ja auch Trost. Diese Gebete schwingen mit der Göttlichen Kraft, was dann der Erde hilft, im Einklang zu bleiben.

Maria

Maria ist Ärztin. Sie erzählte mir, sie bitte die Göttliche Kraft immer, sie anzuleiten, wenn sie mit ihren Patienten arbeitete. Auf diese Weise würde sie auch selbst ruhiger und zentrierter. Es gab Zeiten, in denen sie sich überfordert fühlte, weil die Probleme und Krankheiten ihrer Patienten sie auslaugten oder auch traurig machten. Gebete halfen ihr, solche Zeiten durchzustehen.

Maria erzählte mir, dass ihre Gebete immer erhört würden; ihr Glaube daran war unerschütterlich. Dieser Glaube spielte eine große Rolle für den Erfolg ihrer Gebete. Maria war eine sehr leidenschaftliche Frau. Sie tat alles mit einer unglaublichen Gefühlsbeteiligung. Diese Emotionen bewirkten, dass ihre Gebete schneller erhört wurden. Sie verliehen ihr Energie und Klarheit, die wiederum eine starke Bitte aussendeten. Ihr Geist war nicht von unnützen Gedanken verstopft. Sie konzentrierte sich auf ihr jeweiliges Bedürfnis, und dieses Bedürfnis wurde dann befriedigt.

Maria sagte, dass es ihr leichter falle, in der Kirche zu beten. Kirchen sind Orte der Stille und Schönheit. Niemand stört einen hier. In der Stille einer Kirche ist es leichter, die Göttliche Kraft zu spüren. Es ist also ratsam, einen uns tröstlichen Ort aufzusuchen, wenn wir das Bedürfnis haben zu beten; aber dieser Ort muss natürlich nicht unbedingt eine Kirche sein.

Maria erzählte mir das folgende Beispiel, wie eines ihrer Gebete erhört wurde. Sie hatte unter schrecklichen Kopfschmerzen gelitten, deren Ursache nicht erklärbar war. Maria bat also die Göttliche Kraft, ihr zu sagen, was sie tun solle. Ein paar Tage später passierte dann Folgendes: Ein Handwerker kam zu ihr, um ihren Kamin zu reparieren. Ihm fiel auf, in was für einer seltsamen Haltung Maria auf dem Sofa saß. Der Mann sagte: »Bekommen Sie keine Kopfschmerzen, wenn Sie so dasitzen?« Maria warf ihm einen erstaunten Blick zu. Der Mann fuhr fort: »Schauen Sie doch mal, wie Ihr Nacken an die Armlehne gelehnt ist. Früher, wenn ich von der Arbeit nach Hause kam, bin ich oft auf dem Sofa eingeschlafen; mein Kopf ruhte in exakt der gleichen Position. Und dann bin ich mit Kopfschmerzen aufgewacht. Meiner Frau fiel das eines Tages auf und sie bat mich, einen Physiotherapeuten aufzusuchen. Dort zeigte man mir dann, wie ich meinen Nacken halten muss, damit ich keine Kopfschmerzen bekomme.«

Maria ging ein Licht auf. Am nächsten Tag konsultierte sie einen Kollegen, der Physiotherapeut war. Er bestätigte, dass ihre Körperhaltung wirklich Druck auf ihren Nacken ausübte, was sich dann in Form von Kopfschmerzen bemerkbar machte. Er zeigte ihr, wie sie sich richtig hinsetzen musste, was dann – mit ein paar Mal Physiotherapie – das Problem mit ihren Kopfschmerzen beseitigte. Ihr Gebet war erhört worden.

Übung: Sich leiten lassen

Suchen Sie sich ein ruhiges Plätzchen, an dem Sie nicht abgelenkt werden. Atmen Sie tief und entspannen Sie sich. Gestatten Sie der Göttlichen Kraft, durch ihr Wesen zu fließen. Während Sie diese Kraft fühlen, entspannen Sie ihr Füße, dann die Beine, Ihre Brust und die Arme bis zu den Händen. Entspannen Sie Ihren Nacken und Ihr Gesicht. Lassen Sie die Göttliche Kraft durch Ihren Geist strömen. Atmen Sie weiterhin tief. Stellen Sie sich jetzt bildlich vor, was Sie sich wünschen. Verwenden Sie ein paar Minuten darauf, sich dieses Bild genau anzusehen. Bitten Sie die Göttliche Kraft um Anleitung. Betrachten Sie weiterhin das Bild. Schauen Sie es an, als würde es wirklich existieren. Gestatten Sie der Göttlichen Kraft, Sie zu unterstützen, während Sie ein immer genauer werdendes Bild zeichnen.

Leben Sie Ihren Alltag dann ganz normal weiter und tun Sie alles, damit dieser Wunsch Wirklichkeit werden kann. Seien Sie für alle Möglichkeiten offen. Stellen Sie sicher, dass Sie um etwas Gutes bitten, nicht um etwas, das andere womöglich verletzt. Verletzendes fällt immer auf Sie selbst zurück und bringt Ihnen früher oder später etwas Schlechtes. Glauben Sie daran, dass Ihre Bitte erfüllt wird. Je öfter Sie beten, desto wirkungsvoller ist es. Trainieren Sie Ihren Geist wie ein Sportler seinen Körper. Ausdauer ist hier das Wichtigste.

Übung: Sich fokussieren

Hier nun eine Übung, die Ihnen helfen soll, sich zu fokussieren. Die Methode hat eine sehr nachhaltige Wirkung und beruht auf der Atmung. Visualisieren Sie einen zart blauen Farbton. Blau ist die Farbe der Hingabe. Sie müssen sich auf dieses Blau konzentrieren. Holen Sie tief Luft und atmen Sie die Farbe Blau ein. Beim Ausatmen stellen Sie sich vor, dass Ihre Atemluft eine herrlich zartblaue Färbung aufweist. Wenn Sie nun wieder einatmen, lassen Sie zu, dass die blaue Farbe Ihre Lungen ausfüllt. Senden Sie jetzt die blaue Farbe ins Universum hinaus. Wiederholen Sie diesen Vorgang mehrere Male und schicken Sie dabei das Blau in den Äther. Auf diese Weise setzen Sie eine überaus positive Schwingung frei, die Ihnen dann hilft, die Aufmerksamkeit ganz auf Ihre Gedanken zu richten.

Übung: Sich konzentrieren

Unter Konzentration ist eine vertiefte Fokussierung zu verstehen. Konzentration hat eine enorm starke Wirkung. Sie verleiht Gedanken Form. Wenn Sie Ihre Gedanken kontrollieren wollen, sollten Sie lernen, sich zu konzentrieren. Einen perfekten Gedanken festzuhalten ist wie ein Gebet. Suchen Sie sich ein stilles Plätzchen, setzen Sie sich hin und schließen Sie die Augen. Lockern Sie jegliche Anspannung. Atmen Sie tief ein und atmen Sie dann langsam wieder aus. Holen Sie ein zweites Mal tief Luft, um wieder so langsam, wie Sie nur können, auszuatmen. Fokussieren Sie Ihren Geist jetzt auf das Wort »Harmonie«. Alles, was uns an Gutem begegnet, ist das Ergebnis von Harmonie. In Harmonie zu leben ist Ihr heiliges Ziel.

Behalten Sie das Wort »Harmonie« zwei Minuten im Kopf. Benutzen Sie einen Timer oder Wecker, wenn Sie Hilfe dabei benötigen, die Zeit richtig einzuschätzen. Sie können auch länger an das Wort denken, aber zwei Minuten sind das Ziel. Wahrscheinlich werden Ihre Gedanken abschweifen. Vielleicht kommen Ihnen auch andere Gedanken in den Sinn. Aber keine Sorge. Lenken Sie Ihr Denken einfach immer wieder auf das Wort »Harmonie«. Konzentrieren Sie sich und wiederholen Sie im Geist immer wieder das Wort »Harmonie«, bis sich Kraft aufbaut. Bedenken Sie, dass konzentriertes Denken der Harmonie die entsprechende Macht verleiht. Sobald die

> zwei Minuten um sind, lassen Sie diesen Gedanken los. Fahren Sie mit Ihren Aktivitäten in Harmonie fort. Wiederholen Sie die Übung mindestens zweimal pro Tag. Sie steigert Ihre Konzentrationsfähigkeit und macht Sie empfänglicher für die Göttliche Kraft.
>
> Es ist sehr wichtig, nie an einem bösen oder deprimierten Gedanken festzuhalten. Es werden sonst nämlich Schwingungen in Gang gesetzt, die Ihnen und anderen weh tun.

MEDITATION

Die Meditation hilft uns, den Geist zu reinigen. Sie bringt uns bei, wie wir uns fokussieren können. Wenn wir meditieren, bemühen wir uns ganz bewusst, uns auf einen einzigen Gedanken, eine einzige Idee oder ein einziges Objekt zu konzentrieren.

Zunächst einmal ist es wichtig, dass keine äußeren Sorgen unsere Gedanken stören. Natürlich ist das leichter gesagt als getan. Unsere Gedanken sind wie Kinder: Erst wenn wir sie zur Ruhe gebracht haben, können wir unsere volle Aufmerksamkeit auf die Meditation richten. Wir müssen unseren Geist reinigen, um einen Raum für die Göttliche Kraft zu schaffen. Für die Meditation benötigen wir einige mentale Willenskraft. Es ist, als ob man ein Haus aufräumt, in dem sich der Unrat türmt. Überflüssiges muss Schicht für Schicht beseitigt werden. Das ist zeitraubend und anstrengend. Vielleicht haben Sie ja das Gefühl, mittendrin alles hinwerfen zu wollen. Aber überlegen Sie sich einmal, wie gut man sich fühlt, wenn man ein sauberes, aufgeräumtes Haus hat. Meditation reinigt und ordnet die Gedanken in unserem Geist.

Meditation ist ein wichtiger Schritt in Richtung kreatives Visualisieren. Bevor wir uns auf ein gewünschtes Ziel konzentrieren und es in unsere Welt einbringen können, müssen wir lernen, einen Gedanken zu isolieren. Je intensiver wir uns auf den jeweiligen Gedanken ausrichten, desto schneller gewinnt etwas an Form. Die Meditation hilft uns dabei, zielorientiert zu denken.

Jede Religion, jeder spirituelle Lehrer und jedes Buch zum Thema Mystik lehrt uns, dass sich Erleuchtung ohne Meditation nicht erlangen lässt. Sie versetzt uns in eine empfangsbereite Geisteshaltung. Tiefe Meditation bringt uns in einen Zustand, der zwischen der physischen und geistigen Welt angesiedelt ist. »In der Stille vernehmen wir die Stimme der Göttlichen Kraft.«

Übung: Durch Meditation zum Glück

Meditieren Sie über etwas, das Sie glücklich macht. Es kann sich dabei um Ihr Lieblingsessen oder um den Menschen handeln, den Sie am meisten mögen. Es kann auch ein Gemälde oder ein Filmstar sein. Oder ein Ort. Jeder ist anders, und jeder weiß, was ihm Wohlbefinden vermittelt.

Suchen Sie sich einen gemütlichen Ort und setzen Sie sich hin. Entspannen Sie Ihren Körper. Atmen Sie tief

ein und langsam wieder aus. Fangen Sie nun an, über das nachzudenken, was Sie glücklich macht. Halten Sie dieses Bild geistig fest. Hören Sie nicht auf, es zu betrachten. Fokussieren Sie sich. Genießen Sie das Glücksgefühl. Wenn Ihr Geist abschweift, richten Sie ihn wieder auf das Bild. Viele Menschen haben ein Haustier, das ihnen Freude schenkt. Denken Sie also zum Beispiel an Ihr Haustier. Fokussieren Sie sich. Schauen Sie das Bild an. Halten Sie es mindestens zwei Minuten lang fest. Lassen Sie es dann los, wobei Sie das gute Gefühl weiter strahlen lassen, während Sie mit Ihren täglichen Aufgaben fortfahren.
Diese Meditation eignet sich hervorragend für Anfänger. Sie schult nach und nach den Geist darin, die Aufmerksamkeit auf nur eine Sache zu richten. Das kann sehr angenehm sein. Tun Sie das jeden Tag, bis Sie Ihr Bild mühelos hervorbringen und beibehalten können. Das wird vielleicht eine Woche oder einen Monat dauern. Je öfter Sie diese Übung machen, desto schneller werden sie in der Lage sein, Ihren Geist auf nur eine einzige Sache zu konzentrieren.
Ein paar Minuten am Tag, die Sie darauf verwenden, ausschließlich an die Göttliche Kraft zu denken, zeigen enorme Wirkung.
Suchen Sie sich einen Ort, der Sie glücklich macht. Es kann ein Zimmer bei Ihnen zu Hause, ein Garten, eine Parkbank oder Ihr liebster Spazierweg sein oder auch ein See. Egal, Hauptsache, Sie fühlen sich dort wohl. Setzen

Sie sich entspannt hin. Jede Körperhaltung, die Ihnen zusagt, ist in Ordnung. Schließen Sie die Augen, atmen Sie tief durch und denken Sie die Worte: »Die Göttliche Kraft fließt durch mich hindurch.« Wiederholen Sie diese Worte immer wieder, bis sie völlig in Ihr Wesen integriert sind. Machen Sie diese einfache Übung vierzig Tage lang zweimal täglich.

Alles Gute – Gesundheit, Reichtum, wahre Liebe, Frieden –, stellt sich ein, wenn man im Einklang mit der Göttlichen Kraft denkt. Alle positiven Gedanken gehen daraus hervor. Sämtliche Probleme in unserem Leben beruhen auf einer von der Göttlichen Kraft getrennten Denkweise.

INNENSCHAU

Die Innenschau ist eine Form der Betrachtung, bei der man den Geist auf ein bestimmtes Objekt fokussiert und all seine Aspekte erforscht. Es gibt unterschiedliche Arten dieser Betrachtung; sie kann persönlich, universell oder spirituell sein. Ein Beispiel dafür, etwas universell zu betrachten, ist der Hunger auf dieser Welt. Wenn wir ihn uns eingehend anschauen, sehen wir alle Aspekte des Problems. Wann hat es angefangen? Wo befinden sich die am schwersten betroffenen Gebiete? Warum wird nicht mehr dagegen unternommen? Wie lassen sich Nahrungsmittel am effizientesten zu den Hungernden schaffen?

Diese Art Nachforschung kann beim Lösen von Problemen überaus nützlich sein. Sie hilft uns, die richtigen Entscheidungen zu treffen. Die Innenschau muss nicht immer lang dauern. Wenn wir entscheiden, ob wir braune oder schwarze Schuhe wollen, reicht es, nur ein paar Momente darüber nachzusinnen. Diese Art zu denken lässt sich aber auch nutzen, um Beziehungsprobleme zu lösen. Zum Beispiel ist der eine sauber und ordentlich, der andere lässt alles herumliegen. Dann kann sich der Ordentliche überlegen, wie er seine bessere Hälfte dazu bewegen kann, sein Durcheinander in den Griff zu kriegen.

Wenn wir verliebt sind, sinnen wir die ganze Zeit über diese Liebe nach. Wo ist er – oder sie – gerade? Was macht er? Wie geht es ihm? Wann sehe ich ihn wieder? Liebt er mich? Und so weiter.

Oder nehmen Sie beispielsweise den Kauf eines Autos. Man muss sich überlegen, welche Art Auto es sein soll: mit vier oder nur zwei Türen, mit Heckklappe, sechs Zylindern oder acht, ein Kombi oder ein Cabrio? Nachdem diese Entscheidungen gefallen sind, müssen Marke, Design, Zubehör und Farbe ausgesucht werden, außerdem denkt man darüber nach, ob der Wagen gekauft oder geleast werden soll, und die entsprechende Versicherung muss auch noch abgeschlossen werden. Viele Leute sehen sich zig Autos an, kommen dann noch einmal wieder, um sich ein bestimmtes Modell genauer anzuschauen, und überlegen sich unterdessen, was für einen Wagen genau sie kaufen wollen.

Wenn wir die Innenschau auf einer höheren Ebene betreiben, ergründen wir etwas Geistig-Spirituelles. Diese Art Denken führt zu einem tieferen Verständnis der eigenen Person. Denken Sie einmal über diese Frage nach: Was kann ich tun, um ein besserer Mensch zu werden? Während Sie überlegen, kommen Ihnen alle möglichen Ideen in den Kopf, welche Veränderungen Sie zu einem besseren Menschen machen könnten. Sie haben vielleicht deutlich vor Augen, was Sie tun müssen, um dieses Ziel zu erreichen. Vermutlich entdecken Sie dann, dass ein besserer Mensch freundlicher, geduldiger, weniger wertend, hilfsbereiter, großzügiger und liebevoller ist. Sobald Sie herausgefunden haben, welchen Aspekt genau Sie verbessern möchten, können Sie die notwendigen Schritte einleiten. Sie denken, handeln und fühlen und schwingen dann besser. Sie verströmen eine spirituellere Aura.

Die innere Betrachtung der Göttlichen Kraft ist stark, mächtig und heilig. Vielleicht drängt sich Ihnen ja die Frage auf, wie man die Göttliche Kraft denn eigentlich betrachten kann? Wie bei der Meditation sollten Sie sich ein behagliches, ruhiges Plätzchen suchen. Sobald Sie es gefunden haben, visualisieren Sie ein Bild, in dem Sie sich selbst überaus zuversichtlich, furchtlos, gesund und glücklich sehen. Untersuchen Sie dieses Bild genau. Alles Glück hat seinen Ursprung in Gedanken, die aus der Göttlichen Kraft entstammen.

Während die Meditation unsere Aufmerksamkeit auf die Göttliche Kraft richtet, können wir mit Hilfe der Innenschau uns selbst innerhalb dieser Göttlichen Kraft sehen. Die Begriffe Innenschau und Meditation werden oft verwechselt. Viele Menschen glauben, dass sie das Gleiche bedeuten. Das stimmt jedoch nicht. Die Innenschau ist aktiver, Meditation passiver.

Wenn Sie sich in der Innenschau üben, betrachten Sie verschiedene Aspekte eines Objekts. In der Meditation wird unser Geist dagegen nur auf eine Sache ausgerichtet. Beide Methoden sind wirkungsvoll und helfen uns, unsere Verbindung mit der Göttlichen Kraft zu spüren.

Diese innere Betrachtung lässt uns die Wurzeln von vielen Problemen erkennen, für die wir dann einfacher eine Lösung finden. Wenn Sie sich beispielsweise leicht provozieren lassen und keinen Grund dafür erkennen können, beobachten Sie Ihr Verhalten. Das schärft Ihren Geist für dieses Problem. Sobald Sie fokussiert sind, können Sie über Ihre Haltung nachdenken. Dann erkennen Sie vielleicht, was Sie tun können, um Ihr Verhalten zu verändern. Jede Veränderung, die sich ergibt, hat Ihren Ursprung in unserem Denken. Wenn wir uns unseren Problemen stellen und Lösungen diskutieren, verstärkt sich unsere Verbindung mit der Göttlichen Kraft. Unsere Gedanken werden ausgewogener, und die Handlungen, die sich daraus ergeben, bringen uns Glück. Wenn wir mit der Göttlichen Kraft denken und handeln, wird alles einfacher.

Übung: Mit der Göttlichen Kraft atmen

Atmen ist Leben. Setzen Sie sich mit gerade aufgerichteter Wirbelsäule hin, die Füße flach auf dem Boden. Entspannen Sie zuerst Ihren Körper. Atmen Sie tief ein, während Sie bis sieben zählen, und denken Sie dabei: »Ich bin eins mit der Göttlichen Kraft.« Halten Sie diesen Gedanken fest, während Sie wieder bis sieben zählen, und atmen Sie dann aus, indem Sie erneut bis sieben zählen und dabei sagen: »Ich bin eins mit der Göttlichen Kraft.« Wiederholen Sie diese Abfolge viermal. Die Zahl Sieben ist die Zahl der Schöpfung. Alles auf Erden ist aus der Göttlichen Kraft geschaffen.
Die Göttliche Kraft ist überall.

3 DIE FÜNF REGELN DER GEDANKEN

Hier finden Sie nun die fünf Regeln des Denkens, die Sie befolgen sollten, wenn Sie bekommen wollen, was Sie sich wünschen, und ein glückliches Leben führen wollen. Wenn Sie sich genau an sie halten, führen diese Regeln immer zum Erfolg

Nutzen Sie Ihre Willenskraft, Konzentration, Geduld, Ausdauer und den entsprechenden Glauben. Außerdem sollten Sie viel üben, um mit Hilfe Ihrer Gedanken Ihre Wünsche Wirklichkeit werden zu lassen. Gedanken sind eine kreative Kraft im Universum. Es gibt nichts, das machtvoller wäre.

Diese Regeln lehren Sie, wie Sie Ihre Gedanken kontrollieren können. Sobald Sie dazu in der Lage sind, können Ihre Ideen in der materiellen Welt Gestalt annehmen. Sie lernen dann, wie Sie Bilder schaffen können, die Sie geistig festhalten.

Die Regeln folgen den Gesetzen des Kosmos. Gedanken sind Energie und Schwingung, denn alles schwingt mit einer bestimmten Frequenz und Geschwindigkeit. Es gibt einen unsichtbaren Einfluss, nämlich die Göttliche Kraft, die uns anleitet.

REGEL 1:
ENTSCHEIDEN SIE, WAS SIE WIRKLICH WOLLEN

Bestimmen Sie klar und eindeutig, was Sie wollen. Sicher wollen Sie alles Mögliche wie Geld, ein neues Haus, eine Beförderung, einen anderen Beruf, einen durchtrainierteren Körper, eine persönliche Beziehung oder Ehe. Aber Sie müssen sich darauf nacheinander konzentrieren – immer eins nach dem andern. Das ist von grundlegender Bedeutung. Wenn Sie mehrere Wünsche haben, müssen Sie festlegen, was Ihnen am wichtigsten ist. Vielleicht wollen Sie ja »alles«. Nun gut, aber das lässt sich nur erreichen, wenn Sie sich auf jeden einzelnen Wunsch individuell konzentrieren.

Möglicherweise fragen Sie sich ja, weshalb das so wichtig ist. Die Antwort lautet, dass Energie erforderlich ist, um Ihrem Wunsch physische Form zu verleihen. Wenn Sie versuchen, an zwei Sachen gleichzeitig zu denken, verliert jeder der beiden Gedanken an Kraft. Durch die mangelnde Kraft wird es dann extrem schwierig, überhaupt etwas umzusetzen. Die Gedanken sind dann schlichtweg zu schwach, um sich manifestieren zu können.

Entschlossenheit bündelt unseren Geist und verleiht unseren Gedanken Energie. Wir glauben, wir können unsere Ziele erreichen. Sind wir entschlossen, schaffen wir etwas. Entschlossene Gedanken weisen eine schnellere Schwingung auf als unentschlossene. Wenn Sie wissen, wohin Sie zum Abendessen gehen wollen, dann gehen Sie einfach in das entsprechende Lokal. Wenn Sie sich nicht entscheiden können, haben Sie Zeit und Energie verschwendet und die von anderen Leuten womöglich gleich mit. Wie oft im Lauf eines Tages hören Sie die Worte: »Jetzt entscheide dich endlich.« Entweder jemand sagt das zu Ihnen oder Sie äußern sich selbst in dem Stil. Entschlossene Gedanken führen zu entschlossenem Handeln. Wir erreichen unsere Ziele dann relativ leicht. Wenn Sie entschlusslos sind, ist Ihr Denken in jeder Hinsicht chaotisch. Chaotischem Denken fehlt es an Willensstärke, es führt zu rein gar nichts und verschwendet Ihre Energie. Sie schaffen nicht das Geringste.

Fred

Fred arbeitete für eine Werbeagentur als Grafikdesigner. Er bekam den Auftrag, die Verpackung für das Produkt eines Klienten zu entwerfen. Dazu hätte er ein paar Stunden brauchen sollen, denn schließlich hatte er ja Routine. Doch seine Gedanken standen ihm im Weg. Fred konzentrierte sich zwar geistig auf das Projekt, doch dann fiel ihm plötzlich ein, dass er seine Mutter nicht angerufen hatte. Er dachte: »Das mach ich später«, und richtete seine Gedanken wieder auf das Projekt. Dann fing er an nachzusinnen, dass er gern am Abend ausgehen wollte. Sollte er mit seiner Freundin etwas ausmachen? Aber er hatte sie ja erst gestern Abend gesehen. Vielleicht sollte er lieber seinen Freund Bill anrufen und mit ihm einen Happen essen gehen? »Nein, ich gehe lieber ins Studio, ich habe seit drei Tagen nicht trainiert.«
Dann richteten sich Freds Gedanken wieder auf das Projekt. Er konzentrierte sich auf die Farbe und überlegte: »In welcher Farbe soll ich die Verpackung gestalten?« Daraufhin blätterte er die Farbpalette durch. Er sah Orange und dachte an den orangefarbenen Minirock, den das Mädchen hinter dem Tresen in dem Bistro in der Nähe seines Apartments letzten Freitag angehabt

hatte. Ihm ging durch den Kopf, ob er sie vielleicht einladen sollte, mit ihm auszugehen. Dann wandte er sich wieder seinem Projekt zu und beschloss, die Verpackung grün zu machen. Da fiel ihm ein, dass er vergessen hatte, seine Pflanzen zu gießen. Das Telefon läutete. Sein Freund Bill war dran und wollte wissen, ob er Lust habe, mit ihm am Samstag ein Fußballspiel anzusehen. Er sagte ihm, er wisse nicht recht, was er am Samstag tun wolle, würde sich aber noch bei ihm melden. Er müsse im Büro ein Projekt zu Ende bringen. Nachdem er aufgelegt hatte, dachte er an das Fußballspiel und welche Mannschaft wohl gewinnen würde. Gedanklich mit Fußball beschäftigt, hörte er, wie die Empfangsdame sagte: »Tschüs, Fred. Bis morgen dann!« Er warf einen Blick auf die Uhr und stellte fest, dass es eigentlich Zeit zum Heimgehen war. Aber er hatte ja seine Arbeit nicht annähernd beendet. Er fing also an, über die möglichen Folgen nachzusinnen. Seine Gedanken überschlugen sich schier. Er dachte: »Wenn ich das hier nicht fertig kriege, verliere ich meinen Job. Vielleicht sollte ich ja morgen in aller Frühe kommen und das Projekt beenden. Nein, das ist zu riskant. Ich bleibe lieber hier, bis alles erledigt ist.«
Mit diesen Gedanken verschwendete er immer mehr Zeit, denn Freds chaotische Denkweise verzögerte alles noch zusätzlich. Bis neun Uhr abends musste er schließlich im Büro bleiben, um das Projekt zu beenden, das sich in zwei Stunden hätte erledigen lassen.

Chaotisches Denken führt immer zu Verzögerungen, wenn nicht gar zu Schlimmerem. Es hindert uns daran, wirklich das zu bekommen, was wir uns wünschen. Dieses ungeordnete

Denken ist energielos und bringt keine klar definierten Gedankenformen hervor. Die einzige Möglichkeit, sich von derart chaotischem Denken zu befreien, ist, sich zu konzentrieren und seine Gedanken zu bündeln. Fred musste also lernen, wie man das macht. Mit fokussierten Gedanken wäre es Fred möglich gewesen, sein Projekt rasch zu erledigen. Fred hätte nur so lange an sein Projekt denken müssen, bis es vollendet war.
Wenn wir fokussieren, stoppen wir unser chaotisches Denken mit unserer Willenskraft. Wir befehlen unserem Geist, sich auf einen Gedanken oder eine Idee auszurichten. Alles andere wird ausgeblendet. Es existiert nichts außer diesem einen Gedanken beziehungsweise dieser Idee. Um diese Fertigkeit zu beherrschen, braucht es allerdings etwas Zeit und Übung. Ein zielgerichteter Gedanke hat Kraft. Wenn wir unsere Aufmerksamkeit auf einen Gedanken oder eine Idee ausrichten, schaffen wir ein Bild in unserem Geist. Je intensiver wir uns fokussieren, desto klarer wird dieses Bild. Das alles dient als Vorbereitung für die Konzentration, denn intensives Fokussieren ist Konzentration. Konzentrierte Gedanken bilden die Basis, und zu fokussieren ist die einzige Möglichkeit, unsere Wünsche Realität werden zu lassen.

Übung: Das Buch

Wollen Sie sich darauf fokussieren, zu bekommen, was Sie sich wünschen, müssen Sie lernen, einen Gedanken zu isolieren. Planen Sie zehn Minuten ein, um diese Übung gewissenhaft durchführen zu können. Sie werden wahrscheinlich eine Küchenuhr oder einen Wecker brauchen, damit Sie wissen, wann genau die zehn Minuten um sind. Suchen Sie sich nun einen ruhigen, behaglichen Platz.

Nehmen Sie ein Buch und halten Sie es auf Augenhöhe vor sich. Positionieren Sie das Buch so, dass Sie es deutlich sehen, wenn Sie es anschauen. Stellen Sie den Timer jetzt auf zehn Minuten. Setzen Sie sich mit aufgerichteter Wirbelsäule hin, die Füße flach auf den Boden gestellt. Schließen Sie die Augen. Atmen Sie tief. Atmen Sie ein – und wieder aus. Spüren Sie beim Einatmen, wie Ihre Körperspannung nachlässt. Atmen Sie weiterhin ein und aus, wobei sich Ihr Körper immer besser entspannt. Lassen Sie alle Ihre Probleme los. Genießen Sie einfach die Tatsache, dass Sie weiter nichts zu tun haben. Das sind Ihre zehn Minuten. Sobald Sie sich entspannt fühlen, öffnen Sie die Augen und schauen das Buch an. Ihr Geist denkt jetzt an das Buch und wirklich nur an dieses Buch und nichts anderes. Richten Sie sich geistig auf das Buch aus. Wenn Ihnen ein anderer Gedanke in den Sinn kommt, betrachten Sie wieder das Buch. Denken Sie an nichts anderes als an das Buch. Schauen Sie weiterhin ausschließlich das Buch an. Sie isolieren einen Gedanken, während Sie das Buch ansehen. Das Buch ist Ihr isolierter Gedanke. Ihr Geist kann nur an eine Sache auf einmal denken. Wir lernen so, wie wir eine Gedankenform in unserem geschäftigen Geist isolieren und sie zum absoluten Fokus, zum Mittelpunkt von allem machen können. Zwingen Sie Ihren Geist, ausschließlich an das Buch zu denken, bis die Uhr läutet.

Sie werden mit der Zeit feststellen, dass Sie sich geistig immer leichter auf das Buch konzentrieren – es wird wie eine Meditation sein. Wenn wir unseren Verstand tatsächlich nur auf eine Sache ausrichten, magnetisieren wir diesen einen Gedanken. Wir energetisieren ihn und verleihen ihm zusätzliche mentale Kraft und Macht. Das ist der erste Schritt zur Manifestation. Sobald Sie in der Lage sind, diese Übung zehn Minuten lang durchzuführen, sind Sie auf dem besten Weg zu bekommen, was Sie sich in Ihrem Leben wünschen.

Nicht jeder weiß allerdings, was er wirklich will. Viele Menschen haben nicht die geringste Ahnung. Sie verbringen ihr Leben damit, sich zu beklagen, dass sie nicht glücklich sind, wissen aber nicht, was sie überhaupt glücklich machen würde. Und wenn man sie explizit danach fragt, haben Sie keinen Schimmer. Das ist wirklich tragisch. Aber das muss nicht sein, denn jeder kann lernen, eine Entscheidung zu treffen.

Shelly

Ich saß im Flugzeug nach Santa Fe. Mein Terminkalender war überaus voll gewesen, und so freute ich mich auf den Flug. Nun hatte ich Zeit zum Lesen, Nachdenken und Entspannen. Ein paar Minuten vor Abflug stürzte eine Frau herein und suchte ihren Platz. Sie saß neben mir. Bevor sie noch ihren Sicherheitsgurt angelegt hatte und ohne zu berücksichtigen, dass ich in mein Buch vertieft war, sprach sie mich an. Es war unglaublich! Ein Redeschwall ging auf mich nieder. Sie stellte sich vor und erzählte mir, wie schrecklich unglücklich sie sei. Ich hörte ihr zu, wie sie ohne Punkt und Komma von ihrem elenden Leben erzählte. »Ich weiß nicht, was ich will. Ich habe noch nie gewusst, was ich will. Ich hasse meinen Job, aber eine Alternative fällt mir auch nicht ein. Mir gefällt nicht, wo ich wohne, aber ich wüsste nicht, wo ich hinziehen soll. Ich führe eine grauenhafte Ehe, aber ich habe Angst, nach der Scheidung auch keinen besseren Mann zu finden. Ich weiß nicht, was ich tun soll.«

Shelly ist das perfekte Beispiel für einen Menschen, der ein Gefangener seiner eigenen Entschlusslosigkeit ist. Die Wurzel ihres Problems ist, dass sie keine Ahnung hat, was sie überhaupt will. Die Welt ist voll von Leuten wie Shelly. Sie kommen einfach zu keiner Entscheidung, was sie wirklich wollen.

»Shelly, Sie sind über vieles in Ihrem Leben unglücklich, aber Sie müssen entscheiden, was sich am einfachsten verändern lässt. Sie müssen sich auf jedes Ihrer Probleme getrennt konzentrieren, um dann zu beschließen, welches Sie als erstes lösen wollen. Außerdem sollten Sie Ihren hektischen Geist entschleunigen. Sie können erst dann eine friedliche Lösung finden, wenn Sie lernen, sich auf den Teil Ihres Lebens zu fokussieren, an dem Sie momentan etwas verändern können.«

Shelly ließ sich diese Worte einen Moment durch den Kopf gehen. »Ich weiß nicht.«

Mir wurde klar, dass Shelly leider nicht in der Lage war, eine derartige Entscheidung zu fällen. »Shelly, mir scheint, Sie wären besser mit sich im Reinen und glücklicher, wenn Sie sich eine Arbeit suchen würden, die interessant, stimulierend und erfüllend

ist. Das gäbe Ihnen die Kraft, Entscheidungen zu Ihrer Ehe und Ihrem Zuhause zu treffen. Sie sollten sich immer nur auf eine Sache konzentrieren, sonst werden Sie verrückt. Denken Sie über einen neuen Job nach, Shelly. Lassen Sie ein geistiges Bild entstehen, wie Sie zur Arbeit gehen und glücklich mit Ihrem Job sind.«
Shelly wirkte verwirrt, erwiderte dann aber: »Ich will versuchen, mir das mit dem Job durch den Kopf gehen zu lassen.« Anschließend sagte sie während des ganzen Fluges kein Wort mehr.

Ob Sie nun so entschlusslos wie Shelly sind oder nicht wissen, welcher Ihrer Wünsche Ihnen am wichtigsten ist, versuchen Sie auf alle Fälle, Ihren Geist zu fokussieren. Dieses Fokussieren bedeutet, sich auf einen einzigen Gedanken zu konzentrieren oder auch auf eine Idee. Setzen Sie Prioritäten. Shelly war unglücklich in ihrem Job, zu Hause und in ihrer Ehe.
Ich riet Shelly, zuerst einmal eine Entscheidung wegen Ihrer Stelle zu treffen. Die Lösung dieses Problem würde ihr genug Selbstvertrauen geben, um auch das nächste Problem in ihrem Leben konzentrierter in Angriff zu nehmen. Kurz gesagt: Probleme lassen sich nur lösen, wenn man sich immer nur auf eine Sache konzentriert.

Dennis

Dennis war schon seit achtzehn Jahren verheiratet. Er hatte seine Frau Kim bereits im Gymnasium kennengelernt. Kurz nach dem Schulabschluss heirateten sie und hatten inzwischen zwei Töchter im Teenageralter.

Dennis suchte mich auf, weil Kim aus dem gemeinsamen Haus ausgezogen war, und er unbedingt wollte, dass sie zurückkam. Es war ihm allerdings nicht klar, dass seine Gedanken seinem Wunsch im Weg standen. Er dachte, er würde sich auf seinen Wunsch konzentrieren, doch als ich ihn beobachtete, fielen mir Ärger, Verwirrung und Enttäuschung in seiner Aura auf. Er war so aufgeregt, dass er nicht einmal ein paar Sekunden lang in der Lage war, sich auf einen bestimmten Gedanken zu fokussieren. So erzählte er mir zum Beispiel, er würde Kim lieben, doch im nächsten Atemzug erklärte er, sie sei oberflächlich. Dann sagte er, sie sei schön, dass aber ihre Figur besser sein könnte. Und dann meinte er noch: »Mir ist das egal. Mein einziger Wunsch ist, dass sie zurückkommt.«
Anschließend erzählte mir Dennis zehn Minuten lang, wie verraten er sich fühle. Er sagte, seine Töchter seien ebenfalls am Boden zerstört und dass allein Kim die Schuld an alldem trage. Am Ende der Tirade wiederholte er jedoch seine Worte: »Mein einziger Wunsch ist, dass sie zurückkommt.«
Ich saß nur ruhig da, denn manchmal suchen mich Klienten auf, die sich aussprechen wollen und gar nicht so sehr an meiner Vorhersage interessiert sind. Dennis war offensichtlich jemand, der sich unbedingt seinen Kummer von der Seele reden musste, und ich fungierte dabei als Fokus. Ich wusste, dass es nur eine Möglichkeit gab, ihm zu helfen: Ich musste ihm beibringen, seine Gedanken unter Kontrolle zu bringen. Er glaubte zu wissen, was er wollte – er wollte Kim wiederhaben. Aber er hatte an diesem Wunsch noch nicht lange genug festgehalten, um ihm die notwendige Energie zu verleihen, damit er auch in Erfüllung ging.
Er musste diesen Gedanken isolieren. Dennis' Wunsch, dass Kim zu ihm zurückkommen solle, wurde gestört von starken wider-

sprüchlichen Gedanken und Gefühlen, die sich auf Kim bezogen. Er musste also aufhören, sich zu beklagen und Kim zu kritisieren. Stattdessen sollte er seine Gedanken auf das Bild ausrichten, wie Kim wieder bei ihm war. Sein Entschluss war nicht stark genug, um das gewünschte Ergebnis hervorzubringen. Dennis meinte, die Entscheidung, Kim wieder bei sich haben zu wollen, sei klar, fest und unerschütterlich. Dennoch fokussierte er sich nicht auf dieses Bild, es wurde getrübt von Dennis' Gefühlen. Wenn er wirklich wollte, dass Kim zu ihm zurückkam, musste er all seinen Groll und seine Kritik ziehen lassen und sich ausschließlich auf das Bild fokussieren, wie Kim bei ihm zu Hause war.
Ich erklärte Dennis das alles, und er hörte mir zu. Als ich ihn auf den Konflikt hinwies, hatte ich den Eindruck, dass er verstand, worum es mir ging. Dennis beschloss also, sein Denken effizient zu nutzen. Er fokussierte sich darauf, Kim bei sich zu Hause zu sehen, und hörte auf, negativ über sie zu denken. Sich auf das Bild von seiner Frau zu konzentrieren, wie sie bei ihm zu Hause war, machte ihn glücklich, denn es funkten keine negativen Gefühle mehr dazwischen. Dieses Glücksgefühl schuf dann positive Gedankenformen, die von Kim empfangen wurden. Das Gefühl, ihren Mann zu vermissen, wurde mit der Zeit immer stärker bei ihr, und schließlich konnten die beiden ihre Probleme lösen.

Sobald Sie entschieden haben, was Sie wollen, müssen Sie an diesem Entschluss festhalten und ihn von allen anderen Gedanken isolieren, die Sie vielleicht hegen. Fokussieren Sie Ihren Geist auf diesen Entschluss. Das Isolieren und Festhalten des Gedankens ist notwendig, um ihm Energie zu verleihen.

Ein Gedanke braucht Energie, um sich manifestieren zu können.

Halten Sie einen Gedanken fest, entsteht ein Bild. Wenn Sie zum Beispiel »Baum« denken, bringen Sie das Bild eines Baumes hervor. Sie produzieren nicht das Bild eines Autos. Um etwas zu bekommen, müssen Sie zuerst ein Bild davon schaffen. Dazu ist Fokussierung notwendig. Je öfter Sie sich auf das Bild, das sie sich wünschen, konzentrieren, desto schneller sehen Sie die Ergebnisse. Stellen Sie sich das Bild möglichst oft vor. Ihr Geist lässt sich darin schulen, sich auf Ihr Bild zu fokussieren. Das ist nicht ganz einfach, aber wenn Sie sich darum bemühen, wird es klappen.

REGEL 2: STELLEN SIE SICH VOR, IHR WUNSCH WÄRE BEREITS WIRKLICHKEIT

Fokussieren Sie Ihren Geist auf das erreichte Ziel, nicht auf die einzelnen Schritte, die dazu führen. Nehmen Sie den direkten Weg zu Ihrem Wunsch. Wenn Sie beispielsweise irgendwo hinfahren wollen, sehen Sie sich die Landkarte an, suchen den Zielort und entscheiden dann, welche Route Sie am einfachsten nehmen. Sie sehen sich vor der Abfahrt zuerst den Zielort an. Sie wissen, wohin Sie wollen, bevor Sie wissen, wie Sie genau dorthin kommen. Sie sehen die Sache als bereits realisiert.

Das gleiche Prinzip gilt, wenn Sie über Ihr persönliches Ziel nachdenken. Wenn Sie sich vorstellen, dass Sie etwas, das Sie sich wünschen, bereits haben, werden Sie überrascht feststellen, wie viel einfacher es sich erlangen lässt. Wollen Sie eine

Reise nach Marokko unternehmen, dann stellen Sie sich vor, wie Sie am Flughafen bei der Einreise einen Stempel in den Pass bekommen. Wenn Sie heiraten wollen, sehen Sie sich bei Ihrer Hochzeit. Wenn Sie Ihren Magister machen wollen, sehen Sie sich bei der Abschlussfeier an der Uni. Wenn Sie den Mount Everest besteigen wollen, stellen Sie sich vor, wie Sie auf dem Gipfel stehen. Kurz gesagt: Sie sollten immer das Ziel vor Augen haben, bevor Sie sehen, wie Sie hinkommen.

Nehmen wir zum Beispiel einmal an, Sie müssen einen Vortrag halten und sind nervös. In der Öffentlichkeit zu sprechen ist nicht gerade Ihre Stärke. Stellen Sie sich den Raum vor, in dem Sie Ihren Vortrag halten. Sehen Sie sich, wie Sie diesen Raum betreten. Ergänzen Sie jetzt alle möglichen Einzelheiten. Wenn Sie einen Blick aufs Publikum werfen, sehen Sie, dass alle erfreut sind, an dieser Veranstaltung teilzunehmen. Die Aura des Raums fühlt sich bestens an. Sehen Sie, welche Farbe die Kleidung hat, die Sie tragen. Sehen Sie, wie Sie dem Publikum zulächeln, während Sie Ihren Vortrag halten. Machen Sie sich klar, dass Ihr Vortrag hervorragend war. Sie haben alles gesagt, was Sie sagen wollten, und das Publikum war begeistert. Hören Sie den Applaus am Ende Ihres Vortrags. Verbeugen Sie sich und verlassen Sie den Raum. Je detaillierter Sie das Bild vor Ihrem geistigen Auge gestalten, desto realer erscheint es Ihnen. Auf diese Weise wird die Problemlösung mit der notwendigen Energie versehen, so dass Sie Ihr Ziel erreichen.

Wenn Sie sich vorstellen, etwas sei bereits Wirklichkeit, hat Ihr Geist ein starkes Bild in die Atmosphäre projiziert. Dieses Bild sorgt dafür, dass Sie Ihr Vorhaben auch wirklich umsetzen können. Es sendet eine starke Energie aus, die auf das

Tempo einwirkt, mit dem das Gewünschte in Ihrem Leben dann in Erfüllung geht. Je länger Sie ein und dasselbe Bild visualisieren, desto klarer wird es. Es wird immer realer. Die intensive Konzentration auf Ihr bereits erreichtes Ziel bringt zusammen mit dem leidenschaftlichen Wunsch der Verwirklichung eine andere Art von mentaler Energie hervor. Sie hat keine Ähnlichkeit mit der Energie, wie wir sie beim alltäglichen Denken nutzen.

Für unsere alltäglichen Gedanken benutzen wir physische und emotionale Energie. Wenn wir zum Beispiel zu Fuß gehen oder mit dem Rad fahren, machen wir dies mit Hilfe physischer Energie. Empfinden wir so etwas wie Angst oder Freude, ist dazu emotionale Energie erforderlich. Wenn wir uns etwas als bereits realisiert vorstellen, nutzen wir die spirituelle Energie. Wir setzen diese Energie frei, wenn wir uns mit extremer Klarheit und höchster Intensität auf unsere Gedanken fokussieren.

Diese Energie steht jedem zur Verfügung, der willens und entschlossen ist, sie sich zunutze zu machen. Aber Sie müssen natürlich wirklich den Willen haben zu lernen, Ihr Denken auf diese neue, machtvolle Weise einzusetzen. Dazu sollten Sie üben, etwas als bereits realisiert zu sehen – so wie Sie ja auch trainieren, wenn Sie Tennis oder Golf spielen wollen. Übung macht den Meister. Fokussieren und konzentrieren Sie sich, und entwickeln Sie eine Vision. Je länger Sie ein bestimmtes Bild in Ihrem Geist festhalten können, desto schneller wird es in diese Welt eingebracht.

Die Qualität des Gedankens, wie lange und mit welcher Klarheit und Intensität Sie an ihm festhalten, bestimmt, wann und wie er sich verwirklicht. Es ist eine andere Art Energie notwendig, um beispielsweise eine Rakete abzuschießen, als um von der Küche zur Haustür zu gehen. Man braucht mehr Kraft und Stärke, um die Rakete ins All zu katapultieren, und auch Gedanken brauchen einen Anschub, um sich materialisieren zu können. Sie müssen über die normalen Grenzen der physischen Welt hinausgesandt werden. Vielen von unseren Gedanken fehlt es jedoch an Energie und Kraft. Solche Gedanken sind dann nicht in der Lage, in einen Bereich des Raums zu gelangen, der sie über physische Schranken erhebt. Diese Ebene des Denkens führt dann leider zu gescheiterten Träumen und verpassten Zielen. Wenn wir es hingegen schaffen, Gedankenformen zu kreieren, die auf einer Ebene jenseits der Norm Bestand haben, lassen sich unsere Ziele erstaunlich leicht realisieren.

Wenn Sie etwas als bereits verwirklich ansehen, haben Sie eine spirituelle Energie in Gang gesetzt, die für Sie arbeitet. Befreien Sie sich von wirren Gedanken. Sie können nicht chaotisch denken und gleichzeitig erwarten, dass sich etwas klar Definiertes in Ihrem Leben manifestiert. Denken Sie praktisch und mit gesundem Menschenverstand. Manches lässt sich einfach bekommen, manches weniger leicht. Manches dauert länger, anderes geht rasch in Erfüllung. Wichtig ist, immer weiterzuüben und sich so lange vorzustellen, dass etwas schon Wirklichkeit ist, bis sich Ihre Zielvorstellung dann schließlich erfüllt. Eins nach dem andern, lautet das Motto. Setzen Sie Ihre Energie so effizient wie nur möglich ein, um Ihre Wünsche in der physischen Welt zu manifestieren.

Es braucht Zeit und Geduld, um die Fähigkeit zu entwickeln, etwas als bereits realisiert zu sehen. Fokussierung, Konzentration und kreative Visualisierungen sind die Mittel, die uns dabei helfen, unseren Geist zu trainieren, anders zu denken. Sobald wir gelernt haben, den Gedanken zu isolieren, in dem sich unser Wunsch befindet, und sobald wir in der Lage sind, diesen Gedanken dann festzuhalten, werden wir mit der Zeit auch fähig sein, ihn uns geistig als Bild vorzustellen. Das tun wir dann, bis wir das Gewünschte in unser Leben einbringen können. Wenn Sie sich also zum Beispiel wünschen, ein Restaurant zu besitzen, müssen Sie sich zuerst einmal die Zeit nehmen, an das Restaurant zu denken – und an nichts anderes sonst. Sie müssen sich auf dieses Restaurant konzentrieren. Der nächste Schritt ist dann, vor Ihrem geistigen Auge ein klares Bild von sich als Restaurantbesitzer zu sehen. Um das zu erreichen, müssen Sie fokussiert und konzentriert sein und lernen, wie man visualisiert.

Übung: Kreatives Visualisieren

Im Grunde visualisieren wir ständig. Wir überlegen uns, was wir gern zu Abend essen würden, und schaffen dann ein geistiges Bild davon. Dekorateure visualisieren, wie ein Haus aussehen soll, wenn es fertig eingerichtet ist. Wir visualisieren, wenn wir lesen. Wie oft denken wir an jemanden, wenn wir verliebt in ihn sind? Jeder visualisiert, doch wir wollen hier eine tiefere Art des Visualisierens erlernen. Dabei handelt es sich um eine Technik, mit der wir lernen, wie wir die Bilder, die wir im Geist hervorbringen, zum Bestandteil der physischen Welt werden lassen können.

Sie sollten für diese Übung fünfzehn Minuten Zeit einplanen. Wichtig ist, dass Sie dabei nicht unterbrochen werden. Suchen Sie sich also ein ungestörtes Plätzchen. Setzen Sie sich mit aufgerichteter Wirbelsäule in einen bequemen Sessel, die Füße flach auf den Boden gestellt. Schließen Sie die Augen und lassen Sie die Schultern nach unten sinken. Lassen Sie Ihre Hände locker. Legen Sie sie bequem in den Schoß oder seitlich an den Körper. Atmen Sie tief. Beim Ausatmen sehen Sie, wie jegliche Spannung aus Ihrem Körper weicht. Atmen Sie siebenmal ein und aus. Sieben ist die Zahl der Schöpfung. Konzentrieren Sie Ihren Geist auf Ihre Atmung. Vielleicht stellen sich ja Gedanken ein. Lassen Sie sie ziehen. Richten Sie Ihren Geist wieder auf die Atmung. Sie sollten sich nun langsam entspannter fühlen. Wenn nicht, atmen Sie erneut siebenmal tief ein und aus.

Selbst wenn Sie noch etwas angespannt sind, machen Sie nun mit dem nächsten Schritt der Übung weiter. Nur keine Sorge – Sie können die Visualisierung machen, auch wenn Sie sich nicht im Zustand absoluter Entspannung befinden. Versuchen Sie einfach Ihr Bestes, um so entspannt wie nur möglich zu sein.

Jetzt, entspannt und mit geschlossenen Augen, sind Sie bereit, mit Ihrer kreativen Visualisierung zu beginnen. Da es schwierig ist, seinen Geist zu verlangsamen und sich auf eine Sache oder Idee zu konzentrieren, brauchen Sie so etwas wie einen Bildschirm. Das kann der Monitor eines Fernsehers oder Computers sein. Richten Sie

Ihren Geist völlig auf den leeren Bildschirm vor sich. Denken Sie daran, dass Sie womöglich vielerlei Wünsche haben. Sie müssen jedoch festlegen, welcher Wunsch Ihnen am wichtigsten ist.

Sehen Sie vor Ihrem geistigen Auge einen leeren Bildschirm. Schauen Sie den Monitor an. Schaffen Sie nun allmählich auf dem Bildschirm ein Bild, in dem Sie bereits haben, was Sie sich wünschen. Wenn Sie zum Beispiel ein Haus wollen, stellen Sie sich vor, wie Sie den Schlüssel zu Ihrem Heim in der Hand halten. Sehen Sie sich, wie Sie in das Haus hineingehen. Sehen Sie sich, wie Sie die Hypothek bezahlen. Stellen Sie sich vor, wie Sie glücklich und zufrieden sind, weil Sie nun das Haus besitzen, das Sie sich schon immer gewünscht hatten. Wenn Sie möchten, können Sie sich auch Ihr physisches »Traumhaus« vorstellen. In jedem Fall sollten Sie aber ein Bild erzeugen, das Ihnen hilfreich ist. Während Sie dieses Bild nun festhalten, gewinnt es an Klarheit. Sie können ruhig alle möglichen Details ergänzen wie Rosenbüsche vor dem Haus oder einen Zaun, der es umgibt, oder vielleicht auch Fensterläden. Solche Einzelheiten machen das Bild klarer. Und je klarer das Bild, desto realer wird es in Ihrem Geist. Das Wichtigste ist jedoch, dass Sie Ihre Aufmerksamkeit darauf gerichtet halten, sich als Hausbesitzer zu sehen. Es ist Ihr Haus! Viel Spaß bei der Übung.

Es kann durchaus sein, dass es eine Weile dauert, bis Sie Ihren Gedankenstrom kontrollieren können. Haben Sie

Geduld. Sobald ein unerwünschter Gedanke auf Ihrem geistigen Monitor auftaucht, lassen Sie ihn ziehen und konzentrieren Sie Ihr Denken auf das Bild von dem gewünschten Objekt. Richten Sie sich geistig wieder auf das Haus aus. Denken Sie daran, ein Bild zu sehen, wie sich Ihre Wünsche bereits realisiert haben. Das passiert in Ihrem Geist. Nachdem Sie möglichst lange an dem Bild festgehalten haben, lassen Sie es los. Sie sollten diese Übung oft wiederholen. Man braucht Entschlossenheit und Disziplin, um sich auch wirklich die Zeit dafür zu nehmen. Es gibt nur eine Möglichkeit, die Gedanken so zu schulen, damit Sie auch genau das bekommen, was Sie sich in Ihrem Leben wünschen: Führen Sie diese Übung immer wieder durch.

Und natürlich sollten Sie Ihr Bestes geben, damit Sie dieses Ergebnis erreichen. Warten Sie nicht, handeln Sie! Gehen Sie in die Welt hinaus, damit sich in Ihrem Leben Möglichkeiten ergeben, das gewünschte Haus auch wirklich zu bekommen. Vielleicht lernen Sie ja jemanden kennen, der von einem Haus zum passenden Preis weiß. Oder Sie suchen sich einen Zusatzjob, der Ihnen weitere Einnahmen beschert. Aber vielleicht verlieben Sie sich auch in jemanden und kaufen das Haus dann gemeinsam. Seien Sie allen Möglichkeiten gegenüber offen. Geistige Flexibilität ist wichtig.

Debra

Debra konnte keine Diät durchhalten. Als sie zu mir kam, zeigte ihre Aura, dass sie verzweifelt und absolut enttäuscht von sich war. Ihr Denken kreiste nur um ihr Übergewicht. Obwohl sie auch andere Probleme hatte, stand dieses Thema an erster Stelle. Sie hatte an Silvester den festen Entschluss gefasst, endlich ihre Traumfigur in Angriff zu nehmen. Diesen guten Vorsatz hielt sie aber nicht einmal eine Woche durch. Sie nahm nicht nur nicht ab, sondern reagierte auf den Nahrungsentzug mit reinsten Fressanfällen: Sie stopfte alles in sich hinein, was dick machte. Debra empfand ein Gefühl völliger Hoffnungslosigkeit. Sie war am Ende ihrer Weisheit. Seit zehn Jahren in Folge schaffte sie es nun schon nicht, ihren guten Vorsatz in die Tat umzusetzen.

Debra hatte es in früheren Zeiten schon mit diversen Diäten versucht, um endlich schlank zu werden – wenig Fett, wenige Kohlehydrate, Kalorienzählen, Flüssigkeitsdiät, Akupunktur, Hypnose und auch Heilfasten. Ich sagte zu Debra, dass nicht das Essen, sondern ihr Denken ihr Problem sei. Sie musste ihre Vorgehensweise ändern, um ihr Ziel erreichen zu können. Debra fragte mich, was sie denn tun solle. Als Erstes bat ich sie zu sehen, wie sich ihr Wunsch bereits realisiert hatte. Sie sollte ein klares, präzises Bild von sich entwerfen, das sie als gesunde, schlanke Frau zeigte. Dieses Bild sollte sie festhalten und sich viele Male am Tag vor Augen führen, und zwar jeweils mindestens zwei Minuten lang. Das Bild konnte sie mit allen möglichen Details ausstatten. Sie konnte sich zum Beispiel am Strand im Badeanzug sehen, bei einer Verabredung mit einem sagenhaften Typen oder wie sie richtig tolle Klamotten einkaufte. Sie durfte nicht zulassen, dass das Bild an Intensität verlor. Egal was geschah, selbst wenn es mit ihrer Standhaftigkeit vorbei war und sie Sachen aß, die dick machten, sollte sich Debra trotzdem die Zeit nehmen, ihren Wunsch als bereits realisiert zu sehen – das heißt sich selbst mit ihrer Traumfigur. Je länger und öfter sie sich auf das Bild von sich selbst als schlanke, attraktive Frau konzentrierte, desto stärker würde ihr guter Vorsatz werden.

»Debra, glauben Sie, dass Sie es verdient haben, so auszusehen, wie Sie gern möchten?«, fragte ich sie.

»Wie meinen Sie das?«, antwortete sie sichtlich verwirrt.

»Debra, erzählen Sie mir von Ihrer Mutter. Ich sehe, dass Sie Ihr Aussehen kritisiert hat, als Sie ein junges Mädchen waren. Sie hat Ihnen gesagt, dass Sie nie schlank sein würden. Mit der Zeit haben Sie dann geglaubt, dass das stimmt. Diese Überzeugung hat in Ihrem Geist ein falsches Konzept geschaffen. Natürlich können Sie schlank sein! Sie müssen nur das falsche Konzept, das sich in Ihrem Kopf immer wieder abspult, durch das richtige ersetzen. Sie müssen das negative Bild austauschen, das Sie sich geistig ausgemalt haben. Ich weiß, dass Sie dazu in der Lage sind. Sobald das Bild verändert ist, werden Ihre guten Vorsätze auch den gewünschten Erfolg zeigen.«

Debra fing an zu weinen und zu schluchzen. Ich hatte den Nagel auf den Kopf getroffen. Debra hatte die Worte ihrer Mutter nie verwinden können. Sie glaubte, dass sie scheitern würde – und genau so war es dann ja auch gekommen. Das war im Grunde die Ursache für ihre Unfähigkeit, ihre guten Vorsätze fürs neue Jahr auch wirklich umzusetzen.

»Debra«, sagte ich, »Sie können die Vergangenheit nicht verändern, aber Ihre Zukunft können Sie sehr wohl gestalten. Wenn Sie wissen, was Sie wollen, und Ihren Wunsch als bereits realisiert sehen, sind Sie schon zur Hälfte am Ziel. Ihr Geist schafft das

Bild, und Ihre Ausdauer verstärkt die Kraft dieses Bildes. Das Bild bringt Sie dann weiter. Die ideale Methode, damit Ihr Wunsch in Erfüllung geht, wird auf Sie zukommen. Das kann sofort der Fall sein oder auch eine Weile dauern, aber wenn Sie nicht aufgeben, dann eröffnet sich Ihnen ein Weg. Gestatten Sie sich nicht, ins Negative abzugleiten, Debra. Wenn Sie das Gefühl haben, schwach zu werden, denken Sie einfach schnell an das Bild, wie Sie aussehen wollen – das hilft Ihnen dann.«

Ein Jahr verging, dann konsultierte mich Debra noch einmal. Sie sah phantastisch aus. Die Erkenntnis, zugelassen zu haben, dass die negativen Worte ihrer Mutter ihr Leben bestimmen, hatte wie ein Weckruf gewirkt. Nach unserer letzten Sitzung hatte sie noch am gleichen Tag damit begonnen, ein Bild von sich als schlanke Frau zu visualisieren. Ihr guter Vorsatz ging diesmal nicht daneben. Selbst wenn Sie einmal schwach wurde und Kuchen und Kekse aß, zwang sie ihren Geist, sich wieder auf das positive Bild von sich zu fokussieren. Diese mentale Übung hielt sie davon ab, Ihre Diät abzubrechen. Debra wusste, dass man durch Walken gut abnehmen konnte. Eines Tages beschloss sie, nach der Arbeit zu Fuß nach Hause zu gehen. Unterwegs traf sie zufällig eine junge Frau, die sie lange nicht gesehen hatte und die fünfzig Pfund abgenommen hatte. Debra fragte sie, wie sie das geschafft habe. Sie antwortete, mit Hilfe der Weight Watchers. Debra trat also den Weight Watchers bei. Sie visualisierte sich weiterhin als schlanke Frau. Diese Visualisierung in Verbindung mit der Diät und dem Walken führte dann dazu, dass ihr Neujahrsvorsatz Wirklichkeit wurde.

Vorsätze fürs neue Jahr sind eine gute Sache, weil sie eine geistige Orientierung darstellen. Sie können den Willen stärken. Jede Entscheidung, die mit Überzeugung getroffen wird, schafft im Geist ein machtvolles Bild. Aber warum halten sich so viele Leute dann nicht an ihre Vorsätze? Sie fangen mit dem guten Glauben an, dass sie ihr Vorhaben durchziehen werden. Doch schon bald gerät ihre Entschlossenheit ins Wanken. Wenn Sie Ihren Geist darin schulen, das Ergebnis als bereits realisiert anzusehen, werden Sie Erfolg haben. Selbst wenn Sie in der Vergangenheit versagt haben, sollten Sie weiterhin gute Vorsätze haben, denn indem Sie Ihr Denken auf eine positive Veränderung in Ihrem Leben ausrichten, erreichen sie einen tiefgreifenden Effekt. Und wenn Sie keinen Erfolg haben, versuchen Sie es ganz einfach noch einmal. Und noch einmal. Sehen Sie, wie sich Ihr Wunsch bereits realisiert hat.

Lou

Lou rief mich an, weil er keine Arbeit fand und deshalb meinen Rat brauchte. Er war besorgt und deprimiert. Ich sagte ihm, er solle sich im Berufsalltag sehen. Er solle ein geistiges Bild entwerfen, wie er das Haus verlässt und zur Arbeit geht. Er solle sich vorstellen, wie er den Gehaltsscheck bei der Bank einreicht. Dieses Bild sollte er möglichst oft visualisieren und weiterhin aktiv eine Stelle suchen. Ich erklärte ihm, dass es leichter wäre, wenn er sähe, wie er die passende Stelle bereits gefunden habe.
Lou befolgte meinen Rat. Er sah das Bild von sich, wie er fröhlich arbeitete und so viel Geld verdiente, dass er keine finanziellen Sorgen mehr hatte. Dieses Bild ließ er wie einen Film immer wieder auf seinem geistigen Monitor ablaufen. Ein paar Wochen

später rief er mich erneut an. Er war einem alten Schulfreund über den Weg gelaufen, der von einer offenen Stelle erfahren hatte – und Lou hatte den Job bekommen. Lou war erstaunt, wie rasch sich die Umstände verändert hatten. »*Das hat nichts mit Zauberei zu tun*«, *sagte ich zu ihm.* »*Das ist das Ergebnis Ihres richtigen Denkens.*«

REGEL 3: ZWEIFELN SIE NICHT

Zögern bedeutet zu zaudern, seine Meinung zu ändern, sich nicht festzulegen. Wir zögern, weil wir uns unsicher sind, und diese Unsicherheit bringt unsere Gedanken in Wanken. Versagensängste und Enttäuschungen kommen uns in den Sinn. Lassen Sie diese Gedanken los. Bleiben Sie standhaft. Andernfalls halten Sie nicht lange genug an einem bestimmten Gedanken fest, um ihn in diese Welt einzubringen. Wie ein Pendel, das in der Luft hin- und herschwingt, erreichen wir gar nichts, wenn unser Geist vor- und zurückschweift. Wenn Sie versuchen, an einer Tasse den Henkel anzukleben, müssen Sie die Tasse lang genug festhalten, damit der Klebstoff hart wird – wenn nicht, fällt der Henkel wieder ab.

Nehmen wir nun einmal an, Sie wünschen sich die wahre Liebe. Sie sind einsam und glauben, dass es Zeit ist, nun endlich der Liebe Ihres Lebens zu begegnen. Doch anstatt sich bewusst auf die Liebe zu fokussieren und zu visualisieren, wie Sie glücklich und verliebt sind, kommen Sie geistig vom Hundertsten ins Tausendste: »Ich lerne eh niemanden kennen.« »Bei mir klappt das ja sowieso nicht.« »Ich bin zu alt.« »Ich habe keine Ahnung, wo ich jemanden kennenlernen könnte.«

Oder aber: »Ich bin super. Wer mich kennenlernt, kann sich glücklich schätzen.« »Ich werde im Club Med Urlaub machen.« »Ich gehe mit einer Freundin in eine Kneipe.« »Nein, ich wende mich lieber an eine Partnervermittlung.« »Ich gehe in den Park und schaue, was für Typen dort Fußball spielen.« Und so weiter und so fort. Womöglich gehen Sie gedanklich alle Liebesbeziehungen durch, die ein trauriges Ende genommen haben. Dann erinnern Sie sich an ihre große Liebe in der Schule. Doch all diese Gedanken führen zu rein gar nichts. Sie müssen sie stoppen. Die einzige Möglichkeit, mit dem chaotischen Denken aufzuhören, ist, sich zu fokussieren.

Sorgen können uns zögern lassen. Wenn Sie mitten in einem Marathon sind und in einem Augenblick denken: »Den Marathon laufe ich locker zu Ende«, im nächsten aber: »Das schaffe ich nie. Ich bin jetzt schon fix und fertig. Das klappt nicht«, dann werden Sie Schwierigkeiten haben, die Ziellinie zu erreichen.

Durch Ihr Zögern schwächen Sie Ihren Vorsatz und verlieren an Willenskraft. Ohne starken Willen lässt sich jedoch nichts erreichen. Ein Gedanke wird schwach, sobald der Geist zögert und ins Wanken gerät. Zweifel machen sich breit. Das ist gefährlich, weil dann nämlich das genaue Gegenteil von Ihrem ursprünglichen Ziel eintreten kann. Das in Ihrem Geist dominante Bild wird Wirklichkeit, denn das Stärkere beherrscht stets das Schwächere. Zögern bedeutet, dass Sie Ihre Entscheidung in Frage stellen.

Wenn Sie zögern, wissen Sie nicht, was Sie wollen, Sie zweifeln an Ihren Fähigkeiten, das Gewünschte auch bekommen zu können, oder Sie glauben, die Realisierung Ihres Wunsches nicht verdient zu haben. Siegertypen zögern nicht, nur Verlierer tun das. Erfolg haben Menschen mit Entschlusskraft. Wer entschlussfreudig ist, hegt keine Selbstzweifel. Diesen Menschen ist sonnenklar, was sie wollen und dass sie auch die Fähigkeit haben, es sich zu verschaffen.

Typische Gedanken, die einer zögerlichen Geisteshaltung entspringen, sind:

»Ja, das kann ich – oder nein,
das kann ich eigentlich doch nicht.«
»Ja, das kriege ich locker hin – nein, eher wohl doch nicht.«
»Ja, das kriege ich geregelt – nein, es ist zu schwierig für mich.«
»Das will ich – aber so ganz sicher bin ich mir nicht.«
»Ich glaube, das wird klappen – aber vielleicht auch nicht.«
»Soll ich das jetzt machen – oder lasse ich es lieber bleiben?«
»Er liebt mich – nein, welch ein Unsinn.«

Carol

Das Erste, was mir auffiel, als ich Carol in mein Sprechzimmer kommen sah, war, dass ihre Aura in einem gelblichen Farbton strahlte, der auf ihre große Begabung und auf ihren Intellekt schließen ließ. Carol wollte ein Buch schreiben; es war ihr Herzenswunsch. Sie machte einen Termin bei mir, weil sie hoffte, dass ich in ihrer Zukunft einen Bestseller sehen würde. Aber Carol war unentschlossen. Zuerst wollte sie einen Roman schreiben, aber nein: »Romane sind zu lang.« Dann wollte sie ein Sachbuch verfassen, wusste aber nicht, zu welchem Thema. Anschließend überlegte sie, es vielleicht mit einem Kinderbuch zu versuchen. Da wurde ihr klar, dass sie von Kindern keine Ahnung hatte. Sie beschloss daraufhin, ein Buch mit Kurzgeschichten zu schreiben.

Doch bei genauerem Nachdenken merkte sie, dass es ihr keinen Spaß machte, Kurzgeschichten zu lesen – wozu dann aber welche schreiben?
Carols unglaubliche Unfähigkeit, zu einem Entschluss zu gelangen, was für ein Buch sie schreiben wollte, machte mich schwindelig. Ich sah kein fertiges Buch in Carols Zukunft. Ich sah ihr Talent und ihre Fähigkeit. Sie hatte die Disziplin und die Zeit, aber es fehlte ihr an Entschlusskraft.
»Entscheiden Sie sich, Carol!«, sagte ich. »Sobald der Entschluss gefallen ist, welche Art Buch Sie gern schreiben möchten, werden Sie es auch schnell fertigstellen. Wenn Sie aber weiterhin nur Gedanken hin und her wälzen, werden Sie nie etwas veröffentlichen. Das wäre aber sehr schade, denn ein Talent wie das Ihre zu vergeuden ist wirklich tragisch. Konzentrieren Sie sich darauf, Ihr bereits veröffentlichtes Buch zu sehen, auf dem Ihr Name steht. Den Titel des Buches müssen Sie nicht sehen. Visualisieren Sie einfach, wie Sie eine Lesereise machen und Ihr Buch in der Hand halten und sich freuen. Halten Sie dieses Bild mindestens zwei Minuten lang fest. Sie sollten diese Übung öfter wiederholen. Wenn Sie mit Üben fertig sind, lassen Sie das Bild los. Es kann durchaus eine Weile dauern, bis Sie entschieden haben, welche Art Buch Sie gern schreiben möchten. Aber wenn Sie an diesem Entschluss festhalten, ein Buch zu schreiben, und das Buch bereits realisiert sehen, werden Sie Erfolg haben. Es liegt in Ihrer Hand, Carol. Ich kann nicht vorhersagen, ob Sie die Disziplin aufbringen werden, eine Entscheidung zu finden. Sie haben kein Problem, abgesehen von Ihrem Mangel an Selbstvertrauen, und dieses negative Denken lässt Sie dann in Ihrer Entschlusslosigkeit verharren.«
Carol muss sich meine Worte sehr zu Herzen genommen haben. Zwei Jahre später, als ich einmal in einer Buchhandlung stand,

sah ich in der Rubrik »Neuerscheinungen Belletristik« einen Titel, den sie geschrieben hatte.

Sie dürfen sich nicht den unentschlossenen Gedanken anderer oder unterschiedlichen Meinungen beugen. Wenn Sie sich Ihrer Sache wirklich sicher sind, dann nichts wie ran! Hören Sie nicht auf Leute, die anderer Auffassung sind. Lassen Sie nicht zu, dass negative Gedanken in Ihre Aura gelangen. Umgeben Sie sich mit einem mentalen Schutzschild, damit disharmonische Gedanken Sie nicht beeinträchtigen können. Das bedeutet natürlich nicht, dass Sie in einer Phantasiewelt leben sollen und sich generell nicht um andere Meinungen kümmern. Es bedeutet, dass Sie nicht Unkenrufen zum Opfer fallen sollen. Außerdem sollten Sie nicht zögern, nur weil Sie auf Leute gehört haben, die von Ihrer Entscheidung eigentlich gar keine Ahnung haben. Solche Gedanken entspringen in der Regel dem Geist von neidischen, unsicheren, ungebildeten oder entschlusslosen Menschen.

Thomas

Thomas, ein achtundzwanzig Jahre alter Handelsvertreter, lebte zu Hause bei seinen Eltern. Er wollte unbedingt eine eigene Wohnung haben und beschloss, ein Apartment zu kaufen. Eines Tages erzählte er seinem Freund Michael von seinem Vorhaben. Michaels Reaktion war nicht gerade hilfreich. Er sagte zu Thomas: »Du bist wohl verrückt! Das kannst du dir doch unmöglich leisten. Du verdienst doch gar nicht genug.«

Daraufhin legte Thomas seine Pläne auf Eis, um seinen Entschluss noch einmal zu überdenken. Schließlich unterhielt er sich mit einem anderen Freund über das Thema. Er hatte viel Erfahrung mit Immobilien, da er in dieser Branche tätig war. Er sagte zu Thomas: »Aber natürlich kannst du dir ein Apartment kaufen. Sprich doch einfach mal mit einem Makler.« Thomas fühlte sich jetzt wohler, denn dieser Rat bekräftigte, was er sich selbst vorgenommen hatte.

Thomas fiel ein, dass seine Schwester eine Freundin hatte, die Maklerin war. Er rief sie an, die beiden trafen sich, und die Maklerin meinte: »Nur auf Grundlage Ihres Einkommens wird der Kauf schwierig werden. Haben Sie vielleicht einen Bürgen oder jemanden, der Ihnen Geld leihen könnte für die Anzahlung? Lassen Sie uns das einmal durchrechnen und dann die Möglichkeiten abwägen.«

Gemeinsam erarbeiteten sie die Kriterien für einen möglichen Kauf; dazu gehörten der angestrebte Kaufpreis, die Größe der Wohnung, die monatliche Belastung und die Anzahlung. Die Maklerin zeigte Thomas dann einige Apartments, die diesen Kriterien entsprachen. Thomas wusste, dass er seinem Wunsch, die Sache unter Dach und Fach zu kriegen, näher kam. Aber am Ziel war er noch nicht. Woher sollte er das Geld für die Anzahlung nehmen oder einen Bürgen?

Er ging nach Hause und fragte seine Eltern, ob sie ihm helfen könnten, aber sein Vater weigerte sich. Er erklärte Thomas, er sei noch zu jung, um sich ein eigenes Apartment leisten zu können. Das war ein harter Schlag. Thomas fühlte sich eine Weile ziemlich entmutigt. Welche Möglichkeiten blieben ihm noch? Er hatte keine Antwort, behielt aber den Gedanken im Kopf, sich ein Apartment zu kaufen. Er sah seinen Wunsch als bereits realisiert.

Ein paar Wochen später ging Thomas zu einem Familientreffen. Seiner Großmutter fiel auf, dass er irgendwie anders war. »Du wirkst besorgt. Was ist denn los mit dir?« Er erzählte ihr von seinem Wunsch, ein Apartment zu kaufen. Sie hörte ihm aufmerksam zu und sagte dann: »Ich helfe dir.« Damit hätte er nie gerechnet. Die Großmutter willigte ein, die Bürgschaft zu übernehmen, und Thomas war überglücklich. Er fing an, sich nach einem Apartment in der richtigen Preislage umzuschauen. Was er zu sehen bekam, war enttäuschend, aber er suchte weiter, bis er schließlich ein hübsches Apartment fand, das er sich auch leisten konnte. Alles war perfekt. Seine Großmutter übernahm die Bürgschaft für die Hypothek. Doch im letzten Moment packte Thomas die Panik, denn es wurde ihm klar, dass die Kosten für den Kaufvertrag höher ausfallen würden als erwartet. Und er konnte seine Großmutter doch nicht um noch mehr Geld bitten! Thomas war sich nicht sicher, ob er das notwendige Bargeld würde auftreiben können. Im letzten Moment bot sein Onkel Jack, der zufällig von dem Wohnungsdrama erfahren hatte, Thomas an, ihm das restliche Geld zu geben, um den Handel perfekt zu machen. Thomas bekam sein Apartment.
Wenn Thomas auf Michaels negatives Gerede gehört oder aufgegeben hätte, als sein Vater ihm nicht hatte helfen wollen, wäre aus dem Kauf nichts geworden. Allein schon die Tatsache, dass sein Gehaltszettel nicht für ihn sprach, hätte ihn von seinem Vorhaben abbringen können. Doch schließlich konnte Thomas, allen Widrigkeiten zum Trotz, seinen Wunsch Wirklichkeit werden lassen, denn er zögerte nie. Er fasste einen Entschluss und ließ nicht zu, dass die negativen Gedanken von anderen sich auf ihn übertrugen. Er hatte seine Hausaufgaben gemacht und genügend Informationen gesammelt, um sicher zu sein, dass er sich das

Apartment auch leisten konnte. Einfach war die ganze Sache nicht, und bis zum letzten Moment sah es so aus, als wäre alles zum Scheitern verurteilt. Aber Thomas hielt an seiner Überzeugung fest, dass sich irgendwann schon ein Weg finden würde, um den Kauf perfekt zu machen. Und genau so war es dann auch.
Wenn wir in unserem Geist ein Bild von dem jeweiligen Objekt schaffen, das wir uns wünschen, entsteht in uns auch ein Bild, in dem wir diesen Gegenstand haben – oder eben auch nicht haben.

Clara

Clara war zweiundvierzig und hatte noch nie eine längere Beziehung, wäre aber gern verheiratet. Sie war hin- und hergerissen zwischen der Überzeugung, dass sie eines Tages heiraten würde, und dem Gefühl, dass nie etwas daraus würde. Ein Bild in ihrem Kopf zeigte sie als verheiratet, glücklich, in gesicherten Verhältnissen lebend und verliebt. Das andere Bild von sich zeigte sie als eine alte Jungfer, unglücklich, pleite und einsam.
Clara versuchte, sich auf die Ehe zu konzentrieren. Doch dann las sie in einer Zeitschrift einen Artikel über Singles. Dort stand geschrieben, dass, statistisch gesehen, die Chancen für eine Eheschließung im Alter von über vierzig nicht gut standen. Ihre Gedanken an eine mögliche Hochzeit wurden dadurch geschwächt, und sie hatte wieder das Bild von sich als alleinstehende Frau vor Augen. Doch irgendwann schaffte sie es, sich wieder auf ihr Bild auszurichten und zu sehen, wie sie eine Ehe einging. Dieses Denken führte sie zu einer Veranstaltung für heiratswillige Singles. Leider wollte keiner der Männer, die ihr gefielen, mit ihr reden, und als sie die Veranstaltung verließ, war das dominante Bild in ihrem Geist wieder da: die unverheiratete, einsame, alte Frau.

Doch Clara gab nicht auf. Sie konzentrierte sich wieder aufs Heiraten und beschloss, sich auf einer Website für Heiratswillige anzumelden. Auch nach sechs Monaten hatte sich kein Mann gefunden, der einen brauchbaren Kandidaten abgegeben hätte. Wieder machte sich das Bild von einer alten Jungfer breit.
Clara erzählte ihren Freundinnen von ihren gescheiterten Versuchen, einen Ehemann zu finden. Immer wenn sie mit jemandem über ihre Misserfolge bei der Partnersuche sprach, hielt sie geistig an dem Bild von sich als unverheiratete Frau fest.
Clara ist noch immer Single.

Die Lektion, die wir alle aus Claras Beispiel lernen können, ist folgende: Wenn wir uns ständig als einsam, schwach, unglücklich, arm oder krank sehen, dann machen wir es diesen Eigenschaften erheblich leichter, sich zu manifestieren. Wie ein Bäcker, der den Teig in die Backform gießt, schaffen wir eine Form für Negatives, das sich dann in unserem Leben festsetzt. Beschäftigen sich unsere Gedanken hingegen mit Harmonie, Gesundheit, Liebe, Fröhlichkeit und Glück, dann treten diese Qualitäten mit der gleichen Selbstverständlichkeit auch ein.

REGEL 4: GLAUBEN SIE FEST DARAN

Glaube bedeutet Überzeugung. Nichts lässt sich ohne Glauben erreichen. Viele Menschen ringen mit dem Glauben, doch wäre das vielleicht gar nicht erforderlich, wenn sie sich einen Moment Zeit nähmen, um sich einmal durch den Kopf gehen zu lassen, wie viel wir tun, das auf Glauben beruht. Wir handeln ständig auf der Basis unseres Glaubens, und zwar ohne darüber nachzudenken. Wir laufen, weil wir der absoluten Überzeugung sind, dass wir dazu in der Lage sind. Wir überqueren die Straße, wenn die Ampel Grün anzeigt, weil wir glauben, dass die Autos anhalten werden. Wir gehen zum Arzt in dem Vertrauen, dass er unser gesundheitliches Problem behandeln kann. Wir reichen ein Rezept ein in dem Vertrauen, dass der Apotheker die richtige Medizin für uns zubereitet. Wir unterschreiben Verträge in dem Glauben, dass sie erfüllt werden. Wir nehmen die Dienste eines Steuerberaters in Anspruch, weil wir darauf vertrauen, dass er unsere Einkommensteuererklärung richtig ausarbeitet. Wir gehen zur Beichte, weil wir glauben, dass uns die Sünden vergeben werden. Es gibt unzählige Handlungen am Tag, die auf Glauben beruhen. Glaube gibt uns Vertrauen. Er fokussiert uns. Er stärkt den Willen. Der Glaube gestattet dem Willen, ohne Spannung zu agieren. Der Glaube lässt uns bestimmte Ergebnisse erwarten. Wollen wir, dass etwas geschieht, richten wir unsere Aufmerksamkeit auf das gewünschte Ziel. Dazu einige Beispiele: »Ich will aufhören zu rauchen.« »Ich will abnehmen.« »Ich will befördert werden.« »Ich will einen Weg finden.« Je stärker der Wille, desto mehr Energie haben wir angesammelt. Diese Energie ist direkt auf unser Ziel fokussiert.

Haben wir den Glauben, etwas schaffen zu können, finden wir auch einen Weg dazu. Wir haben dann keine Zweifel an unserem Erfolg. Glaube schafft Vorstellungen auf einer höheren Ebene, die uns dann helfen, auf die entsprechenden Ideen zu kommen, damit das Gewünschte auch eintritt. So erreichen wir unsere Ziele leichter.

Glaube, also konstruktives Denken, hilft dabei, dass Wünsche Wirklichkeit werden. Glaube lässt sich erwerben. Positives Denken stärkt den Glauben. Konzentration und Fokussierung stärken den Glauben ebenfalls. Diese Art Denken ist konstruktiv und zeigt uns den Weg, auf nützliche Weise zu handeln, was uns wieder das Gefühl vermittelt, etwas geleistet zu haben. Dieses Gefühl baut Selbstvertrauen auf und stärkt unser Engagement, unserere Ziele zu verfolgen. Zweifel lähmen uns und führen zu Fehlern und Tatenlosigkeit.
Der Glaube stärkt den Willen und erlaubt uns, auf einem höheren Niveau zu denken. Aus dieser Kombination geht etwas hervor, das noch nicht erkennbar ist. Der Wille ist eine Macht, die durch Konzentration entsteht. Willenskraft ist ein wichtiges Element, um unsere Wünsche in unserem Leben Realität werden zu lassen. Die absolute Überzeugung, dass etwas eintreten wird, fokussiert den Willen auf das Erreichen des jeweiligen Ziels. Der Glaube vermittelt uns ein Gefühl von Frieden, Sicherheit und Vertrauen. Er ermöglicht dem Willen, ohne Spannungen zu agieren, und der Wille findet so Möglichkeiten, etwas Realität werden zu lassen. Er gibt nicht auf, bis der Erfolg sich in vollem Umfang eingestellt hat. Mit wahrer Willenskraft ist etwas auf einer höheren geistigen Ebene gemeint, das mit der Göttlichen Kraft spirituell verbunden ist. Nichts lässt sich ohne Glauben erreichen.
Die Hoffnung bewirkt dagegen ungläubige Gedanken, die Sie und Ihre Ziele unterwandern. Der Glaube ist es, der den Gedanken bekräftigt, dass Sie etwas bekommen werden – und davon profitieren Sie dann.
Man hat mich schon oft gefragt: »Wie lässt sich Glaube erwerben?« Meine Antwort lautet: »Die einzige Möglichkeit,

Glauben zu entwickeln, besteht im Handeln.« Glaube bringt einflussreiche, produktive Gedankenformen hervor. Jede Handlung, die aus Überzeugung entsteht, lässt sich einfacher umsetzen, und schon allein der Wunsch, Glauben zu haben, bewirkt, dass Ihnen Glauben zuteil ist. Wenn Sie Zweifel haben, sollten Sie Ihr Denken auf die Göttliche Kraft richten.

Übung: Glauben erlangen

Atmen Sie tief ein und bitten Sie die Göttliche Kraft, Ihnen beizustehen:
»Göttliche Kraft, gib mir Vertrauen.«
»Göttliche Kraft, stärke meinen Willen.«
Zweifel können nur dann ihre Macht über Sie ausüben, wenn Sie ihnen diese Macht auch geben. Schreiben Sie alles auf, was Ihnen einfällt, wozu Glauben erforderlich ist. Lernen Sie von anderen. Beobachten Sie, wie sich gläubige Menschen verhalten, und versuchen Sie, so wie sie zu handeln.

Darla

Glaube gibt uns Mut. Darla, eine dreißigjährige Frau aus Nashville, war einmal in den Rocky Mountains im Urlaub. Dort kam sie zu dem Schluss, dass sie gern eine Bergtour machen würde. Sie hatte zwar wenig Erfahrung, war aber, wie Sie meinte, gut in Form, da sie zu Hause regelmäßig zum Fitnesstraining ging. Darla kaufte sich einen Wanderführer und suchte sich einen

scheinbar einfachen, gut markierten Weg aus. Die Tour machte ihr solchen Spaß, dass sie, am Ziel angekommen, beschloss, noch ein Stück weiterzuwandern. Ein Schild verwies auf einen anderen Wanderweg auf eine Anhöhe mit noch schönerer Aussicht.
Da Darla keine Erfahrung hatte, konnte sie nicht abschätzen, wie lange sie bis zu ihrem neuen Ziel und wieder zurück brauchen würde. Und es war ihr natürlich auch nicht klar, wie schnell in den Bergen das Wetter umschlagen konnte. Ein paar Wolken zogen auf, und die Temperatur fiel. Darla wurde immer kälter. Beim Aufbruch war es noch warm gewesen, deshalb hatte sie ihre dicke Jacke im Auto gelassen. Als sie in den Himmel hinaufblickte, bemerkte sie, wie immer mehr Wolken aufzogen. Wenig später stellte sie erstaunt fest, dass es angefangen hatte zu schneien.
Darla erkannte, dass sie so schnell wie möglich den Berg hinuntermusste. Bald würde sie in der Dunkelheit nichts mehr sehen können. Es fiel immer mehr Schnee, und ihre Kleidung wurde nass. Ihre mangelnde Erfahrung hatte sie in eine heikle Situation gebracht. Sie hatte keine Ahnung gehabt, dass es so früh im Jahr schneien konnte; darauf war sie nicht vorbereitet. Ihr lief die Zeit davon. Da sie nur eine Tour von zwei Stunden geplant hatte, hatte sie nicht genügend Wasser und Essen mitgenommen. Sie hatte Hunger und Durst. Der nasse Schnee ließ sie bis auf die Knochen frieren. Sie wurde langsam müde und war verwirrt. Sie war schon so durchnässt, dass sie überlegte, sich einen Unterstand zu suchen. Aber dann dachte sie, es sei doch besser, sich an den Anstieg zu machen.
übermüdet, wie sie war, verpasste sie eine Abzweigung und kam vom Weg ab. Fast eine Stunde verging, bis ihr erste Zweifel kamen, ob sie überhaupt in die richtige Richtung ging. Das Wetter wurde immer schlechter. Darla bekam es mit der Angst zu tun.

Sie beschloss, sich einen Unterschlupf zu suchen, eine Weile zu rasten und zu warten, bis der Schnee nachließ; dann würde sie den Weg hinunter ins Dorf bestimmt besser finden. Doch ein Unterschlupf war weit und breit nicht in Sicht.

Darla beschloss, sich unter einen Baum zu setzen. Es fiel immer mehr Schnee. Panik packte sie. Sie hatte sich noch nie so allein gefühlt. Sie wusste, dass sie nichts anderes tun konnte, als um Hilfe zu beten. Das Beten beruhigte Darla, und die Panik wich dem Entschluss, einen Weg zu finden, um sich aus dieser schrecklichen Situation zu befreien. Zu diesem Zeitpunkt war es schon dunkel und noch kälter geworden. Doch Darla verlor den Glauben nicht, dass alles ein gutes Ende nehmen würde. Sie stand auf und trat aus dem Windschatten des Baumes. Dann fing sie an, auf und nieder zu hüpfen, damit mehr Blut durch ihren Körper zirkulierte. Auf diese Weise wurde ihr etwas wärmer.

Dann fing Darla an, aus voller Kehle zu singen – sie hatte Angst vor wilden Tieren. Durch das Singen beschäftigte sie sich geistig mit etwas Positivem. Sie sang also jedes Lied, das ihr gerade in den Sinn kam. Als es ihr zu kalt wurde, unterbrach sie ihre Lieder und hüpfte wieder herum. Sie konnte nicht abschätzen, wie lang das so ging, und sie bemerkte nicht, dass bereits Stunden verstrichen waren. Da Sie an ihrem Glauben festhielt, kamen ihr die verschiedensten Ideen in den Sinn. Jedenfalls war es klug, sich möglichst nah an dem Baum zu halten, der ihr zumindest etwas Schutz bot. Als sie hundemüde wurde, dachte Darla immer an all die Dinge, die sie tun wollte, sobald sie wieder unten im Tal war.

In der Zwischenzeit machte sich der Besitzer der kleinen Pension, in der Darla wohnte, Gedanken, als er sie abends nicht sah. Sie hatte eine kurze Nachricht hinterlassen, dass sie eine Bergtour

unternehmen wolle. Gegen sechs Uhr begann er sich zu fragen, wo Darla wohl abgeblieben war. Dann dachte er, dass sie ja nach der Bergtour zum Essen gegangen sein könnte und später zurückkäme. Als es aber elf Uhr nachts war und sie immer noch nicht zurück war, machte er sich ernsthaft Sorgen. Er kannte einen Ranger mit einem Rettungstrupp und rief ihn an, um ihn zu informieren. Der Ranger sagte: »Warten wir noch eine Stunde ab, ob sie auftaucht. Wenn nicht, sollten wir lieber nach ihr suchen. Weißt du, wo sie hingegangen ist?«
Der Pensionsbesitzer war sich nicht sicher, aber er hatte Darla einen Wanderweg vorgeschlagen, der ihr vielleicht gefallen könnte, denn er war malerisch und nicht sonderlich schwierig. Als Dana nach einer Stunde wirklich noch nicht zurück war, ging der Ranger mit zwei anderen Männern los, um nach ihr zu suchen.
Nachdem sie den besagten Berg ein paar Stunden lang abgesucht hatten, hörte einer der Ranger des Rettungstrupps jemanden laut singen. Er rief die anderen Ranger. Sie konnten es anfangs nicht glauben, aber es stimmte wirklich. Sie brauchten eine Weile, um genau zu orten, von wo die Stimme kam. Dann machten Sie sich in Richtung der Stimme auf den Weg, brüllten und riefen Darla beim Namen. Als sie bei Darla ankamen, war sie – den Umständen entsprechend – in erstaunlich guter psychischer Verfassung. Die Männer gaben ihr sofort eine warme Decke, Wasser und etwas zu essen. Einer der Ranger sagte zu ihr: »Wie um alles in der Welt sind Sie denn mit dieser üblen Situation klargekommen?«
»Ich habe um Hilfe gebetet – und da sind Sie jetzt. Ich habe nicht eine Minute meinen Glauben verloren, dass ich wieder von diesem Berg ins Tal hinunterkomme.«
Darla hatte an ihrem Glauben trotz Kälte, Verwirrung und Desorientierung festgehalten. Sogar als ihre Lage fast ausweglos schien

und die Panik sie packte, verlor sie ihren Glauben nicht. So kam sie auf Ideen, die ihr Überleben sicherstellten. Darla ist der beste Beweis, dass der Glaube den Willen stärkt und die Vorstellungskraft fördert.

Owen

Owen besaß in Ohio eine Holzfabrik. Vor ein paar Jahren hatte er enorme Probleme. Ein Brand auf dem Firmengelände hatte sein ganzes Lager zerstört, und er versuchte, von der Versicherung Geld zu bekommen, doch der Schaden wurde nicht beglichen. Das Versicherungsunternehmen behauptete, Owen verfüge nicht über die entsprechenden Aufzeichnungen, um die Lagerbestände zu belegen. Das Ergebnis war, dass die Versicherung sich weigerte zu zahlen.

Owen war geschockt und verwirrt. Er war sich sicher, dass er die Bedingungen der Versicherungspolice erfüllt hatte. Er hatte eine sehr hohe Prämie bezahlt, um seinen Lagerbestand in vollem Umfang zu versichern. Also blieb ihm keine andere Wahl, als sich einen Anwalt zu nehmen und das Versicherungsunternehmen zu verklagen. Der Rechtsanwalt hielt Owens Forderungen für berechtigt, meinte allerdings, dass es eine gute Weile dauern könnte, bis seine Zahlungsforderungen beglichen würden. Nachdem er sich alles angeschaut hatte, sagte der Anwalt schließlich zu Owen: »Ich übernehme den Fall, aber wir müssen wahrscheinlich klagen. Das kostet Zeit und Geld.«

Doch Owen hatte weder Zeit noch Geld. Der Verlust seines Lagerbestands machte es ihm unmöglich, seine Aufträge einzuhalten. Aber ohne geleistete Aufträge kam auch kein Geld herein. Zudem hatte Owen kurz vor dem Brand den Zuschlag für einen ausge-

schriebenen Großauftrag bekommen und Privatvermögen investiert, um seinen Lagerbestand zu erhöhen. Seine Bankkonten waren leer, weil er seinen Arbeitern den Lohn weiterhin ausbezahlt hatte. Er versuchte, sein Vollzeitpersonal weiterzubeschäftigen, denn er wusste, dass die Leute in der Kleinstadt keinen anderen Job finden würden. Da aber kein Geld in die Kasse kam, konnte er seine Rechnungen nicht bezahlen.

Als Erstes versuchte Owen, seine Bank um einen Kredit zu bitten. Die wollte ihm zwar helfen, doch er hatte keine Sicherheiten. Also bot Owen sein Haus als Sicherheit an, doch der Wert des Gebäudes deckte die Summe nicht ab. Auf diese Weise ließen sich Owens Probleme nicht lösen. Also wandte er sich an seine Zulieferer. Er bat sie, ihm einen langfristigen Kredit einzuräumen, damit er Material kaufen konnte. Doch auch daraus wurde nichts, denn sie hatten den Eindruck, Owen stünde kurz vor dem Konkurs.

Doch Owen gab nicht auf. Er spürte in seinem tiefsten Inneren, dass er diese Krise durchstehen würde, und dachte über seine Vermögenswerte nach. Was könnte er verkaufen, um an das notwendige Bargeld zu kommen? Er besaß diverse Sägen und Gabelstapler, um das Holz hin und her zu schaffen, doch er bekam keine Angebote für sie. Seine Situation verschlechterte sich zusehends. Irgendwann konnte er die Gehälter nicht mehr bezahlen, doch Owen kämpfte weiter. Er war überzeugt, dass es einen Weg geben musste. Seiner Buchhalterin Mayme, die schon seit dreißig Jahren für ihn arbeitete, war das ganze Ausmaß des Problems bewusst. Sie ging zu ihm, um ihm zu sagen, dass sie weiterhin für ihn arbeiten wolle und er sie bezahlen solle, sobald es dem Geschäft wieder bessergehe. Diese Großzügigkeit berührte Owen zutiefst. Und dann folgten auch noch drei weitere Angestellte Maymes Beispiel. Auch sie boten an, bei ausgesetzter Lohnfortzahlung weiterzuar-

beiten, was sehr hilfreich war. Doch das Problem war dadurch nicht gelöst – Owen brauchte dringend Geld.
Was der Anwalt zu berichten hatte, hörte sich nicht schlecht an, allerdings wurde immer deutlicher, dass mit keiner schnellen Lösung zu rechnen war. Sie konnten schon froh sein, wenn sie den Rechtsstreit innerhalb eines Jahres gewannen.
Owen war wirklich besorgt, aber irgendwie wusste er in seinem tiefsten Inneren, dass alles gut werden würde. Er würde das Geld bekommen und sein Unternehmen retten. Unter den anderen Geschäftsleuten in der Stadt kursierten schon Gerüchte. Alle dachten, dass Owens Firma würde schließen müssen. Er selbst war gern gesehen und als ehrenwerter Geschäftsmann bekannt. Doch niemand verfügte über die Mittel, um ihm aus der Klemme zu helfen.
Als letzte Zuflucht zog Owen in Betracht, sich einen Partner zu suchen und die Hälfte seines Unternehmens zu verkaufen. Ihm fiel ein, dass nur eine Autostunde entfernt in einer größeren Stadt ein Makler wohnte. Also machte er einen Termin mit ihm aus. Der Makler versicherte, ihm helfen zu können; ein solches Geschäft abzuwickeln würde im Schnitt allerdings acht bis zwölf Monate in Anspruch nehmen. Als Owen aus der Besprechung kam, war ihm klar, dass ihn diese Alternative nicht retten würde. Ihm blieb keine Zeit mehr.
Dennoch er verlor den Glauben nicht und konzentrierte sich auf die Lösung seines Problems. Etwa eine Woche nach dem Termin mit dem Makler lud Mayme Owen zu einem Picknick bei sich zu Hause ein – ihr vierzigster Hochzeitstag sollte gefeiert werden. Owen war ziemlich deprimiert und eigentlich nicht in Stimmung hinzugehen. Doch er wollte Mayme zu diesem besonderen Anlass nicht enttäuschen und zwang sich hinzugehen. Als echter Gentleman gab Owen natürlich sein Bestes, um zur allgemeinen Gesel-

ligkeit beizutragen. Nach einer Stunde hatte er mit den meisten Gästen geplaudert und dachte, dass er nun wohl langsam wieder nach Hause gehen könne. Da hörte er, wie jemand seinen Namen rief. Er drehte sich um und sah einen Mann, den er nicht sofort erkannte. Der Mann kam näher und sagte: »Erinnerst du dich noch an mich? Ich habe dich beim Ringen in der Oberschule immer besiegt.«
»Na, aber klar doch, Norm Hansen. Wir haben uns ja fünfunddreißig Jahre nicht mehr gesehen! Was machst du denn hier?«
»Ich bin mit dem Ehemann verwandt. Setz dich doch und trink noch ein Bier mit mir. Du kannst jetzt nicht gehen. Ich bin doch gerade erst gekommen.«
Owen nahm Platz und freute sich, seinen alten Kumpel zu sehen. Sie unterhielten sich lange, und schließlich erzählte er Norm von seinen Problemen mit der Holzhandlung. Norm wollte unbedingt alle Einzelheiten erfahren. Bevor das Picknick zu Ende war, bot Norm Owen ein Darlehn an, das hoch genug war, um die Firma zu retten. Wie sich herausstellte, hatte Norm soeben sein sehr lukratives Unternehmen verkauft. Ein Jahr später gewann Owen den Rechtsstreit und gab Norm das Geld zurück. Die Holzhandlung gibt es bis heute.

Glauben erlangen wir in den meisten Fällen durch Erfahrung. Es kann gar nicht genug betont werden, wie wichtig es ist, Glauben zu haben. Allein schon sich Glauben zu wünschen lässt Sie Erfahrungen machen, die Ihnen dann den Glauben geben, den Sie erstreben. Glaube versetzt unsere Vorstellungskraft in einen höheren Zustand. Diese höher stehende Form von Vorstellungskraft erlaubt es uns, Dinge zu sehen, die dem physischen Auge verborgen bleiben. Der Glaube stärkt den Willen, schaltet Zweifel aus und hilft uns dabei, uns zu fokussieren. Glaube gibt uns Vertrauen, Sicherheit und eine offene Geisteshaltung. Wir glauben daran, in die Richtung geleitet werden, die am besten für uns ist – und das werden wir dann auch.

REGEL 5: IHRE BEHARRLICHKEIT WIRD FRÜCHTE TRAGEN

Mit Beharrlichkeit ist die Fähigkeit gemeint, seine Ziele allen Widrigkeiten zum Trotz zu verfolgen. Dies bedeutet, niemals aufzugeben, egal welche Hindernisse es zu überwinden gilt, denn Beharrlichkeit baut eine Art Kraftfeld um Ihre Gedanken auf. Dazu ein Beispiel: Sie sind nicht in der Lage, sich zu fokussieren, zu konzentrieren und etwas zu visualisieren. Vielleicht fühlen Sie sich entmutigt, weil Sie keine Ergebnisse sehen, Sie verlieren den Glauben, haben das Gefühl, dass die jeweilige Aufgabe zu schwierig für Sie ist, oder wollen aufgeben.
Wie oft haben Sie schon etwas begonnen, ohne es zu Ende zu bringen? Anfangs waren Sie aufgeregt, voller Tatendrang, entschlossen und optimistisch. Vielleicht ging es darum, eine Fremdsprache oder ein Instrument spielen zu lernen, Tangostunden zu nehmen, oder um sonst ein Vorhaben. Dann hat Ihr Interesse mit der Zeit nachgelassen, und Sie haben aufgehört. Haben Sie sich dann später manchmal gesagt, dass es besser gewesen wäre durchzuhalten?

Man braucht Beharrlichkeit, um etwas gründlich zu erlernen. Um die Magie der Gedanken zu nutzen, müssen Sie Ihr Ziel immer wieder aufs Neue visualisieren, bis es schließlich Realität wird. Gedanken gewinnen an Leben durch Klarheit, Intensität und Wiederholung. Ihre Beharrlichkeit verleiht dem Gedanken Energie, und diese Energie trägt Früchte, wenn sie klar auf das Ziel ausgerichtet ist.

Janet

Vielleicht ist Ihnen ja nicht klar, dass es einfacher ist, übers Wasser zu wandeln, als für ein Apartment mit Preisbindung in New York City einen Mietvertrag zu bekommen. Jeder wird Ihnen erklären, dass Sie in einer Traumwelt leben, wenn Sie sagen, dass Sie so eine Wohnung suchen. Meine Klientin Janet hat allerdings unter Beweis gestellt, dass Träume Wirklichkeit werden können, wenn man nur nicht aufgibt.

Janet kam aus Ohio nach New York, denn sie wollte Schauspielerin werden. Ihr Traum war, am Broadway aufzutreten und in Greenwich Village zu leben. Sie hatte als junges Mädchen viele Filme über New York City gesehen. Ihr Lieblingsfilm »Ein süßer Fratz« spielt in Greenwich Village. Dieser Film mit Audrey Hepburn in der Hauptrolle hatte sie für immer und ewig beeindruckt. Greenwich Village bedeutete für Janet Spannung und Romantik, Spaß und Bohemienleben. Kurz gesagt: Dort spielte sich das wahre Leben ab.

Als Janet nach New York kam, erlebte sie jedoch ein böses Erwachen. Es gab in Greenwich Village so gut wie keine freien Wohnungen, und wenn wirklich einmal eine leer stand, dann zu exorbitanten Preisen.

Janet legte ihren Traum also auf Eis und mietete ein Ein-Zimmer-Apartment in Flushing, Queens.
Wie viele Schauspielerinnen hatte Janet hart zu kämpfen und musste zuerst einmal einen Job als Kellnerin annehmen. Die flexiblen Arbeitszeiten machten es ihr möglich, Schauspielunterricht zu nehmen und zum Vorsprechen zu gehen. Sie verlor nicht einen Augenblick den Glauben, dass sie irgendwann Karriere machen und auch eine Wohnung in Greenwich Village beziehen würde. Sie fragte jeden, dem sie begegnete, ob er vielleicht ein Apartment mit Preisbindung wisse. Oft wurde sie einfach ausgelacht, was wirklich nicht gerade ermutigend war.
Jeden Morgen blätterte Janet die Zeitungen durch, checkte die Angebote im Internet und warf einen Blick auf die Aushänge am Schwarzen Brett. Das ging zwei Jahre lang so. Es gab Zeiten, da fühlte sich Janet müde und ausgelaugt, doch es kam ihr nie in den Sinn aufzugeben. Eines Tages beschloss sie, einen Tanzkurs auszuprobieren, denn sie hatte nur Gutes darüber gehört. Am Tanzen lag ihr zwar nicht viel, aber es machte ihr Spaß, sich zu bewegen. Am Ende der Stunde bemerkte sie, wie ein Mädchen sich den Knöchel rieb, als würde er ihr weh tun. Janet stellte sich vor und fragte das Mädchen, ob sie Hilfe brauche. Sie hieß Marci und wirkte irgendwie bedrückt. Janet schlug ihr vor: »Gehen wir ins Starbuck's, ich spendiere dir eine Tasse Kaffee.«
Marci erzählte von ihrem Frust. Sie ging seit Monaten immer wieder zum Vorsprechen und hatte noch nie eine Rolle bekommen. Der Knöchel tat ihr ziemlich weh, was alles nur noch schlimmer machte. Janet nannte Marci einen Allgemeinarzt – einen Chinesen, der mit dieser Art Verletzung viel Erfahrung hatte. Nachdem sie eine Stunde geplaudert hatten, fiel Marci auf, dass sie gar nichts von Janet wusste. Sie stellte Janet also die übli-

chen Fragen, die New Yorker eben so stellen: »*Was machst du beruflich? Wo wohnst du?*« *Janet erzählte ihr natürlich von ihrem Wunsch, ein preisgebundenes Apartment in Greenwich Village zu finden. Marci erwiderte:* »*Ich kenne da ›zufällig‹ jemanden, der so ein Apartment hat und es nicht mehr braucht. Möchtest du es dir vielleicht einmal ansehen?*« *Janet war so perplex, dass es ihr schier die Sprache verschlug.* »*Ja, sicher!*«*, sagte sie dann.* »*Aber warum brauchst du es nicht mehr?*« »*Ach, mein Mann und ich besitzen eine Wohnung in der Upper West Side. Wir haben uns gut etabliert. Meine Tante hat dieses Apartment dreißig Jahre lang genutzt. Sie heiratet jetzt und zieht zu ihrem Mann nach Connecticut. Es gefällt ihr hier in der Stadt nicht mehr; sie hält sich kaum noch in dem Apartment auf und will es loshaben.*«
Janet bekam das Apartment. Es befand sich in einem der seltenen Gebäude, in dem leerstehende Apartments mit Preisbindung neu vermietet werden. Am Anfang lag die Mieterhöhung bei zwanzig Prozent, anschließend wurde die Miete im Rahmen bestimmter Richtlinien angepasst. Janet war total begeistert. Ihre Freunde wollten ihr nicht glauben, was für ein Glück sie gehabt hatte, bis sie ihr Apartment gesehen hatten. Ihre Beharrlichkeit hatte sich gelohnt.

Jedes Jahr hört man von kleineren Betrieben, die Pleite machen. Oft mussten diese Firmen aufgrund äußerer Umstände schließen, für die sie nichts konnten. Schaut man sich die Fälle näher an, zeigt sich, dass die Besitzer nicht beharrlich genug waren und das zum geschäftlichen Flop führte. Diese Leute gaben auf, als sie eigentlich hätten weitermachen sollen.

Vincent

Als Vincent mich aufsuchte, war er ein erfolgreicher Immobilienmakler in New York. Wegen der Rezession stand er kurz vor dem Bankrott, kämpfte jedoch und rette sein Unternehmen. Mit vielen anderen in dieser Branche ging es den Bach hinunter. Ich fragte Vincent: »Wie haben Sie überlebt?« Er erzählte mir, dass ihm die Banken keine Kredite mehr gegeben hatten. Einige seiner Mieter waren ausgezogen; andere waren geblieben, konnten jedoch die Miete nicht mehr bezahlen. Nichts ließ sich verkaufen, und Vincent konnte seine Rechnungen nicht begleichen. Dennoch weigerte er sich, seine Immobilien mit hohem Verlust einfach zu verhökern. Er war der Überzeugung, dass sich Immobilien letztendlich doch immer wieder erholen, wenn man sie nur lang genug behielt. Sein Glaube, einen Weg zum Überleben zu finden, geriet nie ins Wanken.

Von Verwandten lieh Vincent sich so viel Geld, wie er nur bekommen konnte. So gelang es ihm, sich über Wasser zu halten und sich einen gewissen zeitlichen Spielraum zu verschaffen. Doch es stand weiterhin alles auf des Messers Schneide. Es fehlte nicht viel, und er hätte klein beigegeben. Aber er fokussierte sich geistig darauf, eine Lösung zu finden. Er schloss sein Büro in der Fifth Avenue und richtete zu Hause ein Arbeitszimmer ein, was ihm viel Geld sparte.

Dann kam ihm in den Sinn, dass er bei dem Kampf, die Rezession durchzustehen, schließlich nicht alleine dastand. Viele Geschäfte brauchten dringend Geld. Nachdem er in sich gegangen war, kam ihm plötzlich ein Gedanke: Warum nicht Leuten, die wie er Geschäftsimmobilien zu vermieten hatten, Hypothekenkredite vermitteln? Dazu benötigte er allerdings eine Zulassung.

Vincent absolvierte einen Crash-Kurs, für den er Tag und Nacht pauken musste. Am Ende war er fix und fertig, aber die Prüfung hatte er in der Tasche. Er trat in eine bekannte Kanzlei ein, die sich mit Hypothekenkrediten beschäftigte, und handelte einen Vertrag aus, der ihm einen Vorschuss auf künftige Abschlüsse einräumte. Dieser Vorschuss war ausreichend, um ihn über Wasser zu halten.

Vincent ließ jeden wissen, dass er nun im Geschäft mit Hypothekenkrediten tätig war, und nutzte konsequent alle seine Kontakte. Es dauerte nicht lange, bis er über eine ansehnliche Liste künftiger Klienten verfügte. Er wusste, dass die New Yorker Banken zögern würden, seinen Klienten Geld zu borgen, deshalb konzentrierte er sich darauf, Banken in anderen Bundesstaaten in den USA zu finden, die diese Finanzmittel zur Verfügung stellten. In einem Fall stieß er nach langer, mühevoller Suche auf eine Bank in Arizona, die den Kredit einräumen wollte. Sobald Vincent seinen ersten Abschluss unter Dach und Fach hatte, ging es beim nächsten schon einfacher.

Für Vincent war das der Anfang einer lukrativen zweiten Karriere. Als die Rezession zu Ende war, musste er nicht mehr als Makler für Hypothekenkredite arbeiten. Er ging wieder voller Kraft in seine alte Branche zurück: Immobilien. Obwohl er in dem neuen Bereich Fuß gefasst hatte, hatte er das ursprüngliche Vorhaben, sein Unternehmen zu retten, nie aus den Augen verloren. Dank seiner Entschlusskraft meisterte er all seine Schwierigkeiten.

Wer lernen will, wie sich die Regeln anwenden lassen, damit Wünsche in Erfüllung gehen und man ein glückliches Leben führen kann, braucht Ausdauer, also Beharrlichkeit. Lernen Sie, sich auf Ihr Ziel zu fokussieren, zu visualisieren und keinesfalls ins Wanken zu geraten. Sie müssen an Ihrem Glauben festhalten, positiv bleiben und dürfen nicht aufgeben. Mit der entsprechenden Ausdauer lernen Sie, Ihre Gedanken zu kontrollieren – und dann verändert sich Ihr Leben.

Vielleicht kommt Ihnen das alles ein bisschen zu simpel vor. Womöglich weckt diese Einfachheit auch Zweifel bei Ihnen. Doch genau deshalb sind anfangs einige Bemühungen erforderlich. Zweifel lähmen nämlich den Willen, was dann dazu führt, dass der Betreffende keinen Erfolg hat. Man muss bewusst und energisch den Vorsatz fassen, sein Denken zu verändern und seine Gedanken zu schulen. Sie haben dann das Gefühl, Sie würden die verschiedenen Muskeln in Ihrem Gehirn trainieren – und das ist ja auch wirklich der Fall. Erlauben Sie Ihrem Geist als höherem Teil des Gehirns, das Denken zu übernehmen. Diese Gedankenformen weisen eine schnellere Schwingung auf als unser normales Denken, weil sie feinstofflicher sind – nicht so materiell und fest. Geschwindigkeit und Anziehungskraft sind eine kraftvolle Kombination, um Objekten Form zu verleihen. Es ist beeindruckend, plötzlich die Resultate des eigenen Denkens zu sehen.

Ich weiß das aus persönlicher Erfahrung, denn ich habe vier Bücher geschrieben und hatte stets ein klares Bild von dem fertigen Buch vor Augen, bevor ich mit dem Schreiben begonnen habe. Kurz gesagt: Ich habe die Bücher als bereits realisiert gesehen. Das hat mir sehr geholfen, mich auf die Entwicklung der einzelnen Ideen eines jeden Buches zu konzentrieren. Ich habe auch immer das klare Bild von mir selbst gesehen, wie ich im Buchhandel diverse Exemplare für meine Leser signiere.

Alles in Ihrem Leben wird durch Ihre neue Denkweise beeinflusst. Das Denken wird zur Kunstform erhoben, und um Kunst – welcher Art auch immer – zu perfektionieren, sind Konzentration, Entschlossenheit, Visionen und Beharrlichkeit erforderlich. Seien Sie geistig flexibel, seien Sie Neuem gegenüber offen. Sie werden erstaunt sein, was sich Ihnen alles präsentieren wird.

4 HILFSMITTEL ZUR UMSETZUNG DER REGELN

Wer etwas Neues lernen will, braucht dazu Disziplin. Mit der Zeit und zunehmender Übung lassen sich die Regeln einfacher befolgen, bis sie irgendwann fester Bestandteil des Lebens werden. Sobald die Regeln also integriert sind, ist Disziplin gar nicht mehr notwendig. Sie werden dann feststellen, dass es Ihnen Freude bereitet, das Gelernte zu nutzen. Hilfsmittel können uns diesen Prozess jedoch erleichtern und sind oft eine wertvolle Unterstützung.

Sie helfen dabei, die Regeln in die Tat umzusetzen. Die Hilfsmittel, die ich Ihnen an die Hand geben möchte, sind überaus wirksam; ich weiß das, denn ich nutze sie selbst. Sie unterstützen Sie dabei, einen Gedanken zu isolieren, sich auf Ihr Ziel zu fokussieren und sich über einen längeren Zeitraum auf einer intensiveren Ebene zu konzentrieren. Sie helfen Ihnen auch, nicht ins Wanken zu geraten, und erleichtern Ihnen die Visualisierungen. Natürlich müssen Sie nicht alle Hilfsmittel verwenden. Vielleicht wollen Sie es ja bei einigen belassen. Sie sind jedenfalls dazu gedacht, Ihnen zu helfen, wenn Sie es möchten.

MUSIK VON MOZART

Mozart macht die Menschen glücklich. Im Jahr 2006 besuchte ich Wien während der Feier anlässlich seines zweihundertfünfzigsten Geburtstags. Die Festlichkeiten fanden das ganze Jahr über statt. An die dreihunderttausend Menschen besuchten das neu renovierte Mozarthaus. In diesem Haus hatte Mozart die längste Zeit seines Lebens gewohnt, und es vibrierte vor solch außergewöhnlicher Energie, dass es mich nicht gewundert hätte, wäre er plötzlich durch die Tür spaziert. Wien war erfüllt von Mozart. Eines der schönsten Denkmale, die ich je gesehen habe, steht im Garten der Habsburger-Winterresidenz: die herrliche Statue des jungen, energiegeladenen Mozart. Die Statue befindet sich auf einem Podest. Vor dem Denkmal erstreckt sich eine schöne Grünfläche mit einem Blumenbeet in Form eines Notenschlüssels. Links und rechts von den Blumenbeeten gibt es diverse Sitzgelegenheiten. Ich setzte mich also auf eine der Bänke und beobachtete den ständigen Strom der Leute, die die Statue anschauten und sich vor ihr fotografieren ließen. Die Leute kamen aus allen Gesellschaftsschichten und aus allen Ländern der Welt. Alle waren glücklich, lächelten und umarmten einander. Sie konnten gar nicht nah genug an die Statue herangehen; sie legten ihre Wange an sie, wollten sie umarmen. Es war ganz offensichtlich, dass alle Mozart liebten. Mozart macht die Menschen glücklich. Mozarts Gedanken leben durch seine Musik fort.
Musik ist Denken mit Melodie. Musik hat Schwingung, Farbe und Form. Menschen mit übersinnlichen Gaben können eine Farbe sehen, wenn sie einen Akkord hören. Musik ist die Manifestation von Emotion. Musik spricht die Seele an. Sie

schafft Stimmungen und verfügt über heilende Kräfte. Pythagoras fand heraus, dass sich mit Musik Geisteskrankheiten kurieren lassen, wenn man auf einer Lyra – einem siebensaitigen Instrument – bestimmte Akkorde zum Klingen bringt. Heute setzt die Medizin Musik gezielt im OP-Saal oder auch in der Physiotherapie ein.

Es gibt eine Form der Inspiration, bei der der Geist eines Menschen auf eine spirituelle Ebene erhoben wird, so dass dieser Mensch dann zum direkten Kanal für die Göttliche Kraft wird. Die großartigste Inspiration entspringt direkt der Göttlichen Kraft. Mozart ist ein Beispiel für einen derartigen Kanal.

Während meines Aufenthalts in Wien machte ich diese Erfahrung. Es gibt dort einen Konzertsaal, die Sala Terrena. Sie gilt als der älteste Konzertsaal der Stadt, in dem Mozart 1781 im Dienst von Erzbischof Colloredo tätig war und auch spielte. An den Konzertsaal angeschlossen ist ein Haus, in dem Mozart vom 16. März bis zum 2. Mai 1781 wohnte. Die Sala Terrena ist prachtvoll. Wände und Decke sind mit floralen Gemälden geschmückt. Ich fühlte mich an Bauwerke erinnert, die ich in Venedig gesehen hatte. Die Akustik ist vom Feinsten und das ganze Ambiente schlichtweg herrlich. Die vier Kammermusiker trugen Gewänder wie zu Mozarts Zeiten. Sie spielten zuerst das Divertimento in D-Dur, KV 136, dann »Eine kleine Nachtmusik«, KV 525, sowie das Dissonanzen-Quartett, KV 465. Von dem Augenblick an, als der erste Akkord erklang, bis dann der letzte Ton des Konzerts verklungen war, sah ich mit meinen seherischen Gaben, wie weißes Licht den Raum erfüllte, das von der anderen Seite der Decke zu kommen schien. Die Kraft, die von diesen Noten ausging, brachte Oktaven von reinem Violett mit goldenen

Sternen hervor. Im weiteren Verlauf des Konzerts sah ich alle Regenbogenfarben. Ich kann seit meiner frühen Kindheit Auren sehen. Ich hatte schon öfter gesehen, wie aus musikalischen Klängen Formen entstehen. Doch noch nie hatte ich solch göttliche Farbschattierungen in Verbindung mit den erstaunlichsten, dramatischsten Formen gesehen, allesamt in strahlend weißes Licht getaucht. Ich hatte die Musik von Mozart schon immer geliebt und gefühlt, wie spirituelle Schwingungen von ihr ausgingen. Doch diese Erfahrung vermittelte mir eine erheblich tiefere Einsicht in diesen Komponisten. Seine Musik besitzt eine überirdische Kraft. Deshalb heißt es auch, dass sie Einfluss auf Denken, Gesundheit und Kreativität nimmt. Ich hatte ein mystisches Erlebnis, als ich zuhörte und als Hellsichtige sah, wie die Göttliche Kraft aus den Noten strömte. Der Saal hatte das Seine dazu beigetragen, um diese Wirkung noch zu intensivieren, denn schließlich hatte Mozart einst höchstpersönlich dort gespielt. Auf diese Weise wurde mir also klar, dass Mozart ein Kanal für die Göttliche Kraft war.

Die Göttliche Kraft wirkte die ganze Zeit durch Mozart. Mozart hatte in seinem Kopf alle Kompositionen vollendet. Oft versetzte er die Musiker in Schrecken und Frustration, weil sie ad hoc eine seiner Symphonien spielen sollten. Er gab ihnen dann manchmal die Notenblätter erst zwanzig Minuten vor Beginn der Vorstellung. Manchmal war sogar die Tinte noch feucht, wenn die Musiker einen ersten Blick auf die Musik warfen, die sie im Rahmen eines Konzerts spielen sollten. Mozart hatte den absoluten Glauben, dass er seine Musik für das jeweilige Konzert rechtzeitig zu Papier bringen würde. Und so war es ja auch.

Für viele Leute ist es sicher eine erstaunliche Neuigkeit, wenn sie erfahren, dass Mozart gern geschrieben hat, während um ihn herum alle möglichen Aktivitäten in Gang waren. Er hasste es, allein zu sein. Er konnte eine seiner Opern schreiben und gleichzeitig eine Partie Billard spielen. Er legte dann einfach immer seine Feder und das Papier kurz zur Seite, um seinen Stoß auszuführen. Anschließend machte er sich sofort wieder ans Werk und schrieb eine herrliche Arie nieder. Die Göttliche Kraft strömte so machtvoll durch Mozart, dass er überall und jederzeit komponieren konnte. Er brauchte dazu keine geordneten Verhältnisse.

Mozart wurde mehr als einmal von jemandem aus dem Publikum gebeten, einen Blick auf das Notenblatt werfen zu dürfen, nachdem er auf dem Cembalo ein Stück gespielt hatte. Mozart zeigte dann ein weißes Blatt Papier – er hatte das Stück auswendig gespielt, denn er hatte die Noten nie zu Papier gebracht. Auf Wunsch war er jedoch in der Lage, das Musikstück noch einmal ganz genauso zu spielen wie zuvor. Die Musik entsprang seinem Geist. Wurde Mozart gefragt, wie er das mache, erwiderte er oft: »Ich weiß nicht, wo die Musik herkommt. Sie ist einfach da – in meinem Kopf.«

Ist jemand krank, heißt es oft: »Ruhe.« Wenn Sie etwas lernen oder sich konzentrieren wollen, sagen Sie häufig: »Hör mit dem Lärm auf, ich kann sonst nicht richtig denken.« Solche Worte sind aber nie zu vernehmen, wenn Mozart gespielt wird. Die Musik von Mozart stimuliert die Konzentration. Sie schafft eine Stimmung, die einen zur Innenschau anregt. Einige seiner Stücke geben eine wunderbare Hintergrundmusik während der Meditation ab. Hören Sie also Mozart und wählen Sie Stücke aus, die Ihnen das Gefühl vermitteln, in Ihrer Mitte zu ruhen.

Mozarts Musik besitzt übersinnliche Macht. Diese Klänge haben schon viele Menschen inspiriert, beruhigt und geheilt. Sie haben eine hypnotische Wirkung. Als Sehende vermag ich herrliche Farben und Gedankenformen zu erkennen, die von dieser Musik ausströmen. Falls Sie also Schwierigkeiten mit den Regeln haben – sei es, einen Gedanken zu isolieren, zu entscheiden, was Sie wollen, etwas als bereits verwirklicht zu sehen, sich zu fokussieren (und nicht ins Wanken zu geraten), sich Ihren Glauben zu bewahren oder Beharrlichkeit an den Tag zu legen –, hören Sie Mozart. Seine Musik ist Magie.

Es gibt über sechshundert Stücke von Mozart, aus denen Sie sich etwas aussuchen können. Dabei kommt es nicht darauf an, ein bestimmtes Stück für ein bestimmtes Problem oder eine bestimmte Regel zu finden. Jedes Musikstück von Mozart, das Ihnen gefällt, wird seine Wirkung zeigen. Kaufen Sie sich eine CD. Hören Sie Mozart beim Autofahren, zu Hause oder im Büro. Spielen Sie Ihren Kindern Mozart vor. Die Musik hilft den Kleinen, zur Ruhe zu kommen; sie lernen, sich zu konzentrieren, und wachsen mit mehr Harmonie heran. Zudem erzielen sie bessere Noten in der Schule, und mit anderen Kindern kommen sie auch besser zurecht.

Ich habe für jede Regel mein Lieblingsstück ausgewählt, weil die folgenden Stücke von Mozart mir persönlich immer eine besondere Stütze gewesen sind. Im Lauf der Jahre haben viele meiner Klienten und Freunden diesen Musikvorschlag für sich übernommen. Sie können aber natürlich auch jede andere Musik für sich auswählen, solange Sie Ihnen gefällt und eine ähnliche Wirkung auf sie ausübt.

Regel 1: Entscheiden Sie, was Sie wirklich wollen
Klavierkonzert No. 23, KV 488, Adagio.
Dauer: etwa sechs Minuten
Das Stück hat einen erhabenen Klang, der einen in tiefe Innenschau beziehungsweise »Kontemplation« versetzt. Ich finde, dass es sich wunderbar eignet, um sich zu konzentrieren und zu entscheiden, was man gern haben möchte. Sie werden auch feststellen, dass dieses Stück besonders gut dabei hilft, um über die Göttliche Kraft zu meditieren.

**Regel 2: Stellen Sie sich vor,
Ihr Wunsch wäre bereits Wirklichkeit**
Concerto für Flöte, Harfe und Orchester, KV 299.
Dauer: etwa neun Minuten
Die Musik ist elegant, und das Verhältnis zwischen Flöte und Harfe ist perfekt ausgewogen. Die Komposition vermittelt geistige Klarheit.

Regel 3: Zweifeln Sie nicht
Klavierkonzert No. 21, KV 467, Andante
Dauer: etwa sieben Minuten
Die Kombination der Noten hat einen fokussierenden Effekt und hilft Ihnen, nicht zu zweifeln und zu zögern. Die Musik fängt romantisch an, bekommt dann aber etwas Mystisches. Sie hilft bei der Meditation zur Göttlichen Kraft und beim Lösen von Problemen.

Regel 4: Glauben Sie fest daran
Violinkonzert No. 3 in G-Dur, KV 216
Dauer: achteinhalb Minuten
Das Stück ist klar, direkt und sanft. Die Violine scheint den Zuhörer in eine visionäre Welt zu entführen und tritt mit der Flöte in eine Art Kommunikation. Das Konzert eignet sich auch zur Stärkung des Glaubens.

Regel 5: Ihre Beharrlichkeit wird Früchte tragen
Adagio für Violine und Orchester, KV 261
Dauer: gut sieben Minuten
Sie haben das Gefühl, als würde die Violine Sie auf einem Pfad weitergeleiten – auf einem optimistischen Weg. Die Musik hilft Ihnen, wenn Sie schwierige Zeiten durchstehen müssen.

Meditation

Flötenquartett No. 1, KV 285, Adagio
Dauer: knapp drei Minuten
Die Musik hat etwas Mystisches. Sie führt das Denken auf eine andere Ebene und bringt Sie durch ihren Klang wie aus einer anderen Welt in Stimmung zum Meditieren.

Andante für Flöte und Orchester, KV 315
Dauer: sechseinhalb Minuten
Die Musik ist beruhigend, wobei die Flöte den Hörer in ihren Bann zieht – wie der Rattenfänger von Hameln. Sie fühlen sich durch das Stück stark und positiv.

ATMEN ZUR ENTSPANNUNG UND FOKUSSIERUNG

Die Atmung hilft uns beim Entspannen. Sind wir entspannt, können wir uns besser fokussieren, wodurch wiederum unsere Konzentration steigt. Diese Übung entspannt Sie und hilft Ihnen, sich auf Fokussierung und Konzentration einzulassen. Sie ist auch hilfreich, wenn Sie sich in einer Situation befinden, die Anspannung und Negativität in Ihnen auslöst.
Setzen Sie sich mit aufrechter Wirbelsäule auf einen Stuhl. Stellen Sie die Füße flach auf den Boden. Schließen Sie die Augen und atmen Sie ein, wobei Sie bis drei zählen. Halten Sie dann die Luft an – wiederum, indem Sie bis drei zählen. Atmen Sie anschließend aus und zählen Sie erneut bis drei. Entspannen Sie. Konzentrieren Sie sich ausschließlich auf Ihre Atmung. Schweifen Ihre Gedanken ab, richten Sie sie wieder auf das Zählen während des Atmens. Machen Sie das fünfmal.
Hier nun noch eine Übung, die allerdings etwas anspruchsvoller ist: Stellen Sie sich hin, die Beine in Hüftbreite. Heben Sie langsam die Arme über den Kopf und atmen Sie ein, wobei Sie bis sieben zählen. Atmen Sie aus und zählen Sie wiederum bis sieben. Atmen Sie ein, wobei Sie – bis sieben zählend – die Arme über dem Kopf in die Höhe strecken. Atmen Sie aus, während Sie die Arme seitlich neben dem Köper – bis sieben zählend – wieder nach unten bringen. Wiederholen Sie diese Übung mehrere Male.

KERZE

Eine Kerze ist ein wunderbares Hilfsmittel, um sich zu fokussieren, denn Feuer steht in Verbindung mit dem Spirituellen. Denken wir auf einer geistig-spirituellen Ebene, denken wir mit einer höheren Schwingungsfrequenz. Diese Schwingungsfrequenz wirkt auf die Energie, aus der unsere Gedanken bestehen. Um einer Sache eine Form zu geben, müssen wir uns fokussieren. Je intensiver wir uns fokussieren können, desto rascher stellt sich der Erfolg ein.

Eine einzige Kerze

Stellen Sie eine Kerze auf eine freie Fläche in einer Entfernung, die Ihnen angenehm ist. Zünden Sie die Kerze an. Richten Sie Ihre Aufmerksamkeit jetzt auf die Flamme – auf die Flamme und wirklich auf nichts anderes sonst. Denken Sie »Flamme«. Wenn Sie abgelenkt werden und Ihnen andere Gedanken in den Sinn kommen, zwingen Sie Ihr Denken, sich sofort wieder auf die Flamme auszurichten. Betrachten Sie die Kerze. Sie ist Ihr Fixpunkt, um sich zu fokussieren. Wiederholen Sie das Wort »Flamme« im Geist, damit Sie sich besser fokussieren können. Jedes Mal, wenn Sie diese Übung machen, verbessert sich Ihre Fähigkeit, einen Gedanken zu isolieren. Sie reinigen Ihre Gedanken vom Chaos und verstärken Ihre Fokussierung. Machen Sie diese Übung anfangs drei Minuten lang. Stellen Sie sich einen Wecker, falls nötig. Später können Sie diese Übung dann auch ausdehnen. Je länger Sie Ihre Aufmerksamkeit auf die Kerze richten, desto besser wird Ihre Fähigkeit, sich zu fokussieren.
Es dauert sicher einige Zeit, bis Sie in der Lage sind, Ihre Auf-

merksamkeit uneingeschränkt auf die Flamme zu richten. Lassen Sie sich nicht entmutigen. Mit Hilfe dieser Übung erlernen wir mit der Zeit, wie man mit dem Geist denkt und nicht mit dem Gehirn. Der Geist ist der spirituelle Anteil in uns und wird nicht durch Emotionen und Empfindungen beeinflusst.

Es kann sein, dass Ihnen diese Übung anfangs recht schwierig erscheint. Mit der Zeit fällt sie Ihnen aber sicherlich immer leichter, und irgendwann macht Sie Ihnen dann sogar Spaß. Ihr Geist wird die Harmonie genießen, die entsteht, wenn Sie sich nur auf einen einzigen Gedanken fokussieren – auf die Flamme und nichts weiter. Je öfter Sie diese Übung durchführen, desto besser lernen Sie, einen Gedanken zu isolieren, und dies ist der erste Schritt in die richtige Richtung, um dann das Denken unter Kontrolle zu bringen.

Wasser, Feuer, Glas

Schwimmkerzen sind kleine Kerzchen, die an die fünf Zentimeter groß sind und auf dem Wasser schwimmen können; sie sind in so ziemlich jedem Geschäft erhältlich. Um diese Übung durchzuführen, benötigen Sie zwölf solcher Kerzen. Verwenden Sie eine Glasschale, die mindestens sieben Zentimeter hoch ist und gut fünfzehn Zentimeter Durchmesser hat. Füllen Sie diese Schale mit Leitungswasser. Legen Sie die Kerzen in die Schale und zünden Sie sie an. Schalten Sie dann im Zimmer das Licht aus oder drehen Sie es zumindest herunter. Setzen Sie sich so hin, dass Sie auf die Schale hinunterblicken können. Das schafft eine mystische Aura. Sie verfügen nun über eine wirkungsvolle Kombination aus Feuer, Wasser und Glas. Wenn Sie die Kerzen im Wasser betrachten, tritt eine beruhigende Wirkung ein, und Ihre Konzentration erhöht sich. Lassen Sie nicht zu, dass Ihre Gedanken sich von den

Kerzen entfernen. Schweift ein Gedanke in eine andere Richtung ab, führen Sie ihn zurück. Denken Sie immer an das Wort »Kerze«. Machen Sie diese Übung zehn Minuten lang.

EIN GLAS WASSER

Menschen mit seherischen Gaben verwenden seit langem Wasser und Kristallglas als Hilfsmittel, um ihren Geist so zu fokussieren, dass er klare Bilder erkennen kann. Das Lesen einer Kristallkugel ist eine bekannte Methode, um in die Zukunft zu sehen. Wasser wird als Fixpunkt benutzt, um den Geist zur Ruhe zu bringen. Es weist eine mystische Schwingung auf. Die heilige Jungfrau Maria wird auch gern als heilige Mutter des Wassers bezeichnet, denn Wasser steht schon immer mit dem weiblichen Prinzip in Verbindung. Intuition ist ein weibliches Prinzip. Wird Wasser auf Kristallglas geschüttet, geht davon eine subtile Magnetkraft aus. Wasser und Kristallglas ergeben zusammen ein wirksames Hilfsmittel, und zwar in doppelter Hinsicht.

Der erste Teil dieser Übung besteht nun darin, einen Gedanken zu isolieren; der zweite darin, ihn bereits als verwirklicht zu sehen.

Einen Gedanken isolieren

Wollen wir wirklich bekommen, was wir uns wünschen, darf nur ein einziger Wunsch vorhanden sein. Wir müssen also als Erstes genauestens wissen, was wir überhaupt haben wollen. Wir müssen unseren Geist reinigen und nur einen einzigen Gedanken festhal-

ten. Dieser Gedanke enthält dann unseren Wunsch. Es erfordert einiges an Übung, nur einen dominanten Gedanken festzuhalten. Dabei hilft erstaunlicherweise ein Glas Wasser, um unseren Geist besser auf einen einzigen Gedanken zu fokussieren.

Nehmen Sie ein durchsichtiges Kristallglas zur Hand. Das Glas sollte rund sein – also zum Beispiel ein Glas, wie man es zum Weintrinken verwendet. Die Form eines solchen Glases ähnelt einem Ball. Füllen Sie das Glas mit Wasser, und zwar so, dass etwa ein halber Zentimeter bis zum oberen Rand frei bleibt. Stellen Sie das Glas auf einen Tisch und achten Sie darauf, dass sich die Mitte des Glases auf Augenhöhe befindet.

Sie können das Glas auf ein Buch oder einen anderen Gegenstand auf dem Tisch stellen, damit es die richtige Höhe hat, um den Blick darauf ruhen lassen zu können. Setzen Sie sich an den Tisch. Ihre Entfernung zum Glas sollte Ihnen angenehm sein. Wenn Sie nun Ihre Aufmerksamkeit auf das Glas mit dem Wasser richten, atmen Sie tief ein und aus und fangen Sie an, sich auf das Glas mit dem Wasser zu konzentrieren. Betrachten Sie das Wasser. Denken Sie das Wort »Wasser«. Wenn Sie geistig abschweifen, lenken Sie Ihre Aufmerksamkeit wieder auf das Wasser. Atmen Sie weiterhin tief, während Sie sich auf das Glas mit dem Wasser fokussieren – und auch wirklich auf nichts anderes sonst. Konzentrieren Sie Ihren Geist auf das Glas Wasser.

Tun Sie das jeweils zwei Minuten lang. Wenn Sie in der Lage sind, sich länger auf das Wasser zu fokussieren, ist das natürlich auch in Ordnung. Aber zwei Minuten lassen sich gar nicht so einfach bewerkstelligen. Wenn Sie fähig sind, sich völlig auf das Wort »Wasser« zu fokussieren – und nichts anderes als das Wasser –, haben Sie den Gedanken mit Erfolg isoliert. Sie können diese Übung wiederholen, dabei aber das Wort »Wasser« durch

Ihren sehnlichsten Wunsch ersetzen. Wenn Sie einen neuen Job wollen, konzentrieren Sie sich auf die Worte »neuer Job«. Schauen Sie das Glas mit dem Wasser an und denken Sie nur an Ihren neuen Job. Isolieren Sie diesen Gedanken. Richten Sie Ihre geistige Aufmerksamkeit weiterhin auf das Glas Wasser und konzentrieren Sie sich auf die Worte »neuer Job«. Wenn Sie geistig abschweifen, lenken Sie Ihre Aufmerksamkeit wieder auf den neuen Job. Haben wir den Geist durch unsere Konzentration auf eine bestimmte Sache entsprechend vorbereitet, sind wir bereit, auch das zugehörige Bild zu erzeugen.

Den Gedanken visualisieren

Das Glas Wasser dient nun als Hilfsmittel beim Visualisieren. Es fungiert als Ihr Monitor. Fokussieren Sie sich geistig auf das Glas mit dem Wasser. Während Sie sich auf das Glas Wasser fokussieren und konzentrieren, fangen Sie an, vor Ihrem geistigen Auge ein Bild von Ihrem speziellen Wunsch zu schaffen, wobei Sie das Glas mit dem Wasser weiterhin betrachten. Statten Sie das Bild mit allen möglichen Details aus. Es soll Sie dabei zeigen, wie Sie bekommen, was Sie sich wünschen. Setzen Sie Ihre Vorstellungskraft ein, um diesem Bild Form zu verleihen. Handelt es sich um einen neuen Job, sehen Sie, wie Sie in Geschäftskleidung zur Arbeit gehen. Sehen Sie den Gehaltszettel. Sehen Sie das Büro, das Sie betreten. Fokussieren Sie Ihren Blick weiterhin auf das Glas mit dem Wasser. Schauen Sie das Glas an und konzentrieren Sie sich auf Ihr Bild. Es ist eine Frage der Übung, aber wenn Sie es oft genug probieren, schaffen Sie es irgendwann. Die machtvolle Verbindung von Wasser und Kristallglas, die von Hellsichtigen gern verwendet wird, um einen Blick in die Zukunft zu tun, können auch Sie sich zu-

nutze machen. Sie können ein Bild von Ihrer Zukunft schaffen. Sie können sie als bereits verwirklicht sehen. Es gibt zig verschiedene Techniken, die Sie anwenden können, um ein Bild Ihrer Zukunft zu sehen. Halten Sie dieses Bild mindestens zwei Minuten lang fest. Ein Gedanke benötigt eine gewisse Zeitdauer, um in die physische Welt eintreten zu können. Je länger Sie in der Lage sind, das klare Bild von Ihrer Zukunft festzuhalten, desto schneller wird sie sichtbar. Dazu sind Fokussierung und Konzentration erforderlich.

PAPIER UND BLEISTIFT

Das geschriebene Wort verfügt über enorm viel Macht. Das Papier kann als Fixpunkt fungieren; es dient dann als eine Art Filmleinwand. Nehmen Sie einen Bleistift zur Hand und schreiben Sie Ihr Ziel mit Großbuchstaben mitten auf ein Blatt Papier. Wenn Sie zum Beispiel gern ein neues Haus hätten, schreiben Sie NEUES HAUS auf das Blatt. Betrachten Sie es. Nehmen Sie sich Zeit, um das Ziel, das Sie notiert haben, genau in Augenschein zu nehmen. Das geschriebene Wort verfügt über mehr Dichte als bloßes Denken. Wenn Sie Ihren Geist auf bestimmte Worte fokussieren, schaffen Sie ein Bild in Ihrem Kopf. Bewahren Sie dieses – reale – Blatt nun so auf, dass Sie es stets griffbereit haben – stecken Sie es also zum Beispiel in die Manteltasche, in die Geldbörse oder legen Sie es in eine Schublade, die Sie häufig öffnen. Schauen Sie das Papier mindestens siebenmal am Tag an. Sieben ist die Zahl der Schöpfung. Jedes Mal, wenn Ihr Geist diese Worte sieht, entsteht ein geistiges Bild. Die Wiederholung hilft Ihnen, auf Ihr Ziel fokussiert zu bleiben, und verstärkt auch den Gedanken an Ihren Wunsch in Ihrem Geist. Wiederholung ist ein wichtiges Element, wenn wir daran arbeiten, in unserem physischen Leben etwas zu manifestieren.

Sie machen sich eine Sache bewusster, wenn Sie sie niederschreiben. Sobald Sie etwas notieren und darüber nachdenken, wird dieser Gedanke vitalisiert. Diese vitalen Gedanken sind dauerhafter und bringen Bilder hervor, die länger anhalten. Denken ist Energie und Form. Wenn wir Wörter formen, die einen Gedanken definieren, wird dieser Gedanke lebendiger. Das hilft Ihnen dann, Ihren Wunsch schneller in Ihr Leben einzubringen.

ACHTEN SIE DARAUF, WAS SIE SAGEN

Suchen Sie sich irgendeinen Tag in der Woche aus und achten Sie dann einmal ganz sorgsam auf die Wirkung, die Ihre Worte auf andere haben. Machen Sie sich den Ton Ihrer Stimme ebenso bewusst wie den Inhalt Ihrer Worte. Jedes Mal, wenn Sie hören, dass Sie über jemanden verärgert sind oder auch kurz angebunden reagieren, halten Sie inne und schreiben es auf. Notieren Sie sich nur ein oder zwei Worte, um sich zu erinnern, dass Sie aus dem Gleichgewicht geraten sind. Machen Sie das vierundzwanzig Stunden lang. Diese Übung ist nicht einfach, zeigt aber eine erstaunliche Wirkung. Vergessen Sie dabei nie, dass Gleiches Gleiches anzieht – und zwar in allen Bereichen unseres Lebens. Jeder negative Gedanke, jedes negative Wort und jede negative Handlung fällt gleichermaßen auf Sie zurück. Diese Bewusstseinsübung soll Ihnen helfen, sich geistig auf Harmonie auszurichten.

NUTZEN SIE DAS TELEFON ALS HILFE

Wenn Sie versuchen, beim Denken neue Wege zu gehen, geraten Sie vielleicht ins Straucheln. Dann verfällt man nur allzu schnell wieder in seine alten Gewohnheiten, denn oft passieren Dinge, die enttäuschend, unangenehm, frustrierend oder schlichtweg ärgerlich sind. Dann wird Ihr Denken vom Kurs abgelenkt. Wie Leute, die Ihre Diät nicht einhalten und sie irgendwann ganz bleibenlassen, weil sie sich wieder einmal mit Essen vollgestopft haben, geben Sie womöglich Ihren Plan auf, Ihre Gedanken zu fokussieren und zu konzentrieren. Sorgen Sie dafür, dass Sie jemanden haben, den Sie anrufen können, wenn Ihre Gedanken abgelenkt werden. Versuchen Sie, jemanden im Hintergrund zu haben, der Sie unterstützt, wenn Sie das Gefühl haben, Ihren Kurs nicht beibehalten zu können. Suchen Sie sich jemanden, der Verständnis für Ihr Anliegen aufbringt. Idealerweise sollte es ein Mensch sein, der beim Denken ebenfalls gern neue Wege gehen möchte. Helfen Sie sich gegenseitig. Das ist äußerst wichtig, und zwar vor allem dann, wenn Sie das Gefühl haben, in einer Sackgasse festzustecken, weil Ihnen die Schwierigkeiten zu groß erscheinen, weil alles Mögliche nicht klappt oder Sie fürchten, dass Ihre Wünsche sowieso nie Wirklichkeit werden. Warten Sie nicht, bis Sie total negativ sind. Schon beim geringsten Anzeichen, dass Sie aufgeben könnten, greifen Sie zum Telefon. Wir alle brauchen Unterstützung. Keiner muss alles alleine schaffen. Das Telefon ist eine Rettungsleine. So klappt das – Sie werden sehen.

5 MIT HILFE DER MAGIE DER GEDANKEN SEINE WÜNSCHE VERWIRKLICHEN

Wir wünschen uns eigentlich alle das Gleiche. Es liegt in der Natur des Menschen, dass wir uns Dinge wünschen, die uns ein Gefühl von Sicherheit, Behaglichkeit und Glück vermitteln. An einem bequemen Leben ist generell nichts auszusetzen. Ja, ein Leben in gesicherten Verhältnissen kann dem Einzelnen mehr Zeit geben, sich der spirituellen Seite seines Daseins zu widmen. Je weniger Zeit wir damit vertun, unsere physischen Bedürfnisse zu befriedigen, desto mehr Zeit bleibt uns für die Beschäftigung mit Spirituellem. Ist ein Mensch gesund, lebt er in finanziell gesicherten Verhältnissen und in einer emotional stabilen Beziehung, ist er mit seiner Arbeit glücklich und zufrieden, dann stehen die Chancen gut, dass er mehr Zeit hat, sich Dingen zu widmen, die ihm zusätzliche Harmonie bringen.

Wie oft haben Sie schon gehört, dass jemand keine Zeit hatte, um zu meditieren, schöne Musik zu hören, sich im Denken zu üben oder gar einen kranken Freund zu besuchen? Sobald wir nicht dem Stress ausgesetzt sind, eine Krankheit bekämpfen und Rechnungen bezahlen zu müssen, unser Privatleben auf die Reihe zu kriegen oder einem Beruf gerecht zu werden, bleibt uns Zeit für Essentielleres.

Wer ein harmonisches Leben führt, hat das Glück gefunden. Dieser Zustand der Harmonie lässt sich jedoch nur durch eine bewusste Veränderung des Denkens erreichen. Alles, was wir in diesem Buch tun, soll uns unserem Ziel näher bringen, ein von Gutem erfülltes, harmonisches Leben zu führen. Eine bewusste Veränderung unserer Einstellung gegenüber dem Alltag verändert das ganze Leben. Wenn wir der Göttlichen Kraft erlauben, durch uns zu wirken, wird uns alles wesentlich leichter bewusst werden.

Manche Menschen müssen sich auf ihre Gesundheit fokussieren, bevor sie sich auf anderes konzentrieren können. Andere meinen vielleicht, zuerst ihre finanzielle Situation stabilisieren zu müssen. Und dann gibt es natürlich noch Unzählige, die glauben, ohne ein glückliches Privatleben nicht existieren zu können. Viele Menschen, die ich kennenlerne, wollen unbedingt den perfekten Job finden. Und manche sagen: »Ich will einfach nur glücklich sein.«

Entscheiden Sie zuerst, welcher Ihrer Wünsche Ihnen am wichtigsten ist. Vielleicht wollen Sie ja vieles. Das ist schon in Ordnung. Doch Ihr Motto sollte lauten: Immer eins nach dem anderen. Sobald Sie Ihren Herzenswunsch festgelegt haben, müssen Sie sehen, wie er bereits Wirklichkeit ist. Zweifeln Sie nicht. Fokussieren Sie sich völlig auf Ihr Ziel. Sehen Sie das klare Bild von sich, wie Sie bekommen, was Sie gern haben möchten. Von dem Augenblick an, in dem Sie aufwachen, bis zu dem Moment, wenn Sie einschlafen, müssen Sie sich stets Ihrer Gedanken bewusst sein. Und gleiten Sie nicht ins Negative ab. Richten Sie Ihre Gedanken in Harmonie mit der Göttlichen Kraft aus. Verschaffen Sie sich eine Zeit der Stille, um sich auf das Bild mit Ihrem Ziel zu konzentrieren. Je öfter Sie Ihr Ziel visualisieren, desto rascher gewinnt es an Form.

VORBEREITUNG

Für eine effiziente Durchführung der Visualisierungsübungen sollten Sie sowohl sich selbst als auch die physische Umgebung entsprechend vorbereiten. Das muss kein bestimmter Zeitpunkt sein; wir brauchen vielmehr mehrere Zeitspannen am Tag, in denen wir lernen, unsere Gedanken zu fokussieren. Sobald wir dazu in der Lage sind, können wir uns darin üben, klar zu sehen, wie sich unsere Wünsche bereits verwirklicht haben. Für die Visualisierungen des genauen Ziels brauchen Sie nur ein paar Minuten. Allerdings dauert es seine Zeit, bis ein Gefühl der Entspannung eintritt. Den meisten von uns fällt es schwer, all die Spannungen loszulassen, die mit zu unserem Alltag gehören. Ich möchte Ihnen deshalb vorschlagen, mindestens dreimal am Tag fünfzehn Minuten für das Training einzuplanen.
Vorbereitung bedeutet, dass wir uns zuerst einmal für unsere mentalen Hausaufgaben den passenden Platz suchen. Es sollte ein Ort sein, an dem wir uns wohl fühlen und ungestört sind. Manche Leute haben dafür ein eigenes Zimmer. Andere suchen sich einfach eine stille Ecke. Sind Sie unterwegs auf Reisen, nehmen Sie einfach die beste Stelle, die Sie finden können. In jedem Fall aber sollten wir diesem Training in unserem Tagesablauf oberste Priorität einräumen. Wenn Sie Ihre Visualisierung beendet haben, lassen Sie sie los und gehen Sie wieder zu Ihrem gewohnten Tagesablauf zurück. Bewahren Sie

sich Ihre positive Denkweise. Diese Art zu denken macht dann alles in Ihrem Leben einfacher.

Hier nun ein nützliches Hilfsmittel, um Ihr Denken auf einer höheren Ebene zu halten: Sobald Sie einen freien Augenblick haben, fokussieren Sie sich auf die Göttliche Kraft. Sie müssen sich im Geist die Worte »Göttliche Kraft« sagen. Sagen Sie »Göttliche Kraft« mit Ehrerbietung. Warum fokussieren Sie sich nicht auf die Göttliche Kraft, während Sie Kaffee kochen, auf den Zug warten, im Supermarkt Schlange stehen, mit dem Aufzug fahren, die Kinder von der Schule abholen oder auch in Ihrer Mittagspause? Dieser Fokus bewirkt, dass Ihre Gedanken auf Kurs bleiben. Sie haben dann außerdem das Gefühl, in Ihrer Mitte zu ruhen.

SIE WERDEN AUF DIE PROBE GESTELLT

Wenn Sie damit beginnen, Ihr Denken richtig zu nutzen, werden Sie irgendwann auf die Probe gestellt. Versagensängste werden versuchen, Ihre Gedanken zu erobern. Lassen Sie sie nicht ein. Dazu ein Beispiel: Sie wünschen sich einen bestimmten Geldbetrag und haben ein klares Bild vor Augen, wie Sie diese Summe bekommen. Sie visualisieren dreimal am Tag und sehen ganz klar, wie dieses Geld in Ihr Leben kommt. Dann stellen Sie fest, dass Sie Ihre Rechnungen nicht bezahlen können. Dass Sie denken, Sie seien töricht, und Sie meinen plötzlich, dass Sie das Geld nie und nimmer bekommen werden. Sie verlieren den Glauben. Sie sehen nur noch Misserfolge. In so einem Fall müssen Sie Ihren Geist zwingen, auf der Stelle damit aufzuhören, das Bild von irgendwelchen Misserfolgen zu sehen; solche negative Visualisierung sollten Sie sofort durch das Bild ersetzen, in dem Sie das benötigte Geld bekommen. Atmen Sie tief durch und bitten Sie die Göttliche Kraft um Beistand. Wählen Sie einen Geldbetrag, der Ihnen realistisch erscheint, und sehen Sie, wie das Geld auf ehrliche Weise zu Ihnen kommt. Tun Sie selbst auch etwas Unterstützendes dafür.

Steve, ein Kissenhersteller, bekam das gewünschte Geld, indem er ein Riesengeschäft unter Dach und Fach brachte. Seine Firma steckte in großen Schwierigkeiten und benötigte schnellstens finanzielle Hilfe. Der neue Abschluss kam gleichsam aus dem Nichts. Steve hatte noch nie mit einer großen Ladenkette Geschäfte gemacht – er hatte nicht einmal im Traum daran gedacht. Doch er lernte, sich zu fokussieren, und bemühte sich bewusst um eine positive Einstellung. Zudem hielt er sich an die Regeln und machte sich mit neuem Optimismus an die Arbeit. Steven kam zu dem Schluss, dass er sich insgesamt besser fühlte, wenn er seine Gedanken fokussierte. Seine Stimmung veränderte sich; er war nicht mehr nervös und aufbrausend, sondern ruhig und toleranter. Er fokussierte sich oft auf die Göttliche Kraft, vor allem aber bevor er zur Arbeit ging und vor dem Einschlafen. Steve arbeitete besonders hart, um wieder Geld in die Firma zu bringen. Er fokussierte sein ganzes Denken auf sein Ziel, bis er es schließlich erreichte. Auch heute noch arbeitet Steve daran, neue positive Denkgewohnheiten zu entwickeln. Alles, was er über die Kraft der Gedanken gelernt hat, hat er mittlerweile an seine Angestellten weitergegeben.

Ich möchte nun noch ein wichtiges Detail zum Thema Visualisierungen ergänzen: Wenn Sie ein Bild von dem schaffen, was Sie sich wünschen, sollten Sie dieses Bild in keiner Weise einschränken. Dazu ein Beispiel: Wenn Sie gern einen Ehemann hätten, sollten Sie nicht eine bestimmte Person vor Augen haben, selbst wenn Sie gerade einen Mann kennengelernt haben, der Ihnen passend erscheint. Halten Sie sich alle Möglichkeiten offen. Es kann schon sein, dass Ihr derzeitiger Lover Ihr Mann wird. Doch es ist auch möglich, dass das Universum Ihnen einen bessern präsentiert. Stellen Sie sich einfach vor, wie Sie Hochzeit feiern. Sehen Sie sich, wie Sie vor Glück strahlen, schön und verliebt sind. Bedenken Sie, dass viele Möglichkeiten auf Sie warten.

Tun Sie alles, was in Ihrer Macht steht, damit Ihr Wunsch in Ihrem Leben auch wirklich Gestalt annehmen kann. Stellen wir uns vor, Sie brauchen einen neuen Job. Sie beginnen also zuerst mit der Meditationsübung und tun dann anschließend noch etwas Konstruktives zur Unterstützung. Dabei ist alles zulässig, was Ihnen hilft, den gewünschten neuen Job in Ihr Leben einzubringen. Wenn Sie Ihre Bewerbung verschicken, Telefonate führen oder die Stellenangebote in der Zeitung lesen, so sind das praktische Schritte auf dem Weg, Ihren Job Wirklichkeit werden zu lassen. Sie wissen nie, von wo genau die Antwort kommen wird. Bleiben Sie also offen und seien Sie auf der Hut. Die Antwort wird mit Sicherheit kommen.

Wir wollen nun mit den sechs gängigsten Wünschen arbeiten, die Menschen aller Gesellschaftsschichten in ihrem Leben haben. Dabei werden wir die Regeln und Hilfsmittel nutzen, die wir bis jetzt kennengelernt haben. Wir erfahren, wie unsere Wünsche durch die Magie der Gedanken in Erfüllung gehen.

1. GESUNDHEIT

Viele Menschen verstehen nicht, in welchem Zusammenhang Denken und Gesundheit stehen. Sie begreifen vielleicht noch, dass Gedanken, die in eine bestimmte Richtung gelenkt werden, ihnen zu einem Auto, einem Haus, einem Job, Geld oder zu einer Liebesbeziehung verhelfen können. Doch wir wollen begreifen, wie das Denken Gesundheit oder eben auch Krankheit bedingen kann. Jede Form von Krankheit wie auch jegliches Wohlbefinden sind gleichermaßen Ergebnis unseres Denkens. Gedanken und Gefühle beeinflussen unseren Emotionalkörper und schaffen harmonische beziehungsweise disharmonische Schwingungen, die wiederum auf unseren Körper einwirken.

Sind unsere Gedanken konstruktiv, zentriert, freundlich und liebevoll, sind wir glücklich. Glück bringt ein Gefühl von Harmonie mit sich, und ein Leben in Harmonie ist die Basis für Gesundheit. Krankheit ist das Resultat eines disharmonischen Lebens. Ärger, Ängste, Frustration, Enttäuschung, Sorgen und Stress schaffen Gedankenformen, die den Körper schädigen. Sind diese negativen Gedankenformen zu intensiv, verliert der Körper vitale Kraft. Wir haben dann nicht genügend Energie, um negative Gedankenformen loszulassen und sie durch harmonische zu ersetzen. Immer wenn wir krank oder verletzt sind, schaffen wir ein geistiges Bild von unserem Problem. Fokussieren wir uns wiederholt darauf, haben wir dann oft große Schwierigkeiten, das Problem wieder loszuwerden.

Peter

Peter hatte einen Autounfall und erlitt eine schmerzhafte Nackenverletzung. Die zahlreichen Ärzte, die er konsultierte, verschrieben ihm Medikamente gegen Nervenschmerzen. Diese Medikamente verschafften ihm zwar eine gewisse Linderung, doch die Schmerzen blieben. Peter wurde sechsmal geröntgt, es wurden ein Kernspin und mehrere Ultraschalluntersuchungen gemacht, die alle ergaben, dass der Schmerz eigentlich nicht so intensiv sein dürfte. Doch Peters Schmerzen gingen nicht weg. Zweimal die Woche ging er zur Physiotherapie, bekam Massagen und Akupunktur, aber der Schmerz ließ nicht nach.

Als Peter mich aufsuchte, hoffe er, dass ich die Lösung seines Problems sehen würde. Er erzählte mir die Geschichte, wie es zu seiner Verletzung gekommen war. Mehrmals wiederholte er, dass ihm der Nacken weh tue. Ich konnte sehen, wie sich bei ihm Ängste aufbauten, wenn er sagte: »Mir tut der Nacken weh.«

Peter fügte hinzu: »Ich versuche mir immer einzureden, dass mir der Nacken nicht weh tut. Ich habe nämlich irgendwo einmal gelesen, dass man in seinem Kopf den entgegengesetzten Gedanken etablieren muss, damit der negative weggeht.«

»Peter, jedes Mal, wenn Sie an Ihr Problem mit dem Nacken denken – sei es nun ›er tut mir weh‹ oder ›er tut mir nicht weh‹ –, lassen Sie geistig das Bild von Ihrer Nackenverletzung entstehen. Das intensiviert den Schmerz, weil die Wiederholung des Bildes die Gedankenform verstärkt. Sie sind, was Sie denken. Sie müssen damit aufhören und das geistige Bild verändern. Das neue Bild muss mit Ihrem Nacken rein gar nichts zu tun haben. Jedes Mal, wenn Sie über das Nackenproblem nachdenken, verleihen Sie diesem Problem Kraft, Energie und Macht. Ich möchte, dass Sie Ihr

Denken auf die Göttliche Kraft fokussieren. Alles Gute – Gesundheit, Stärke und Harmonie – kommt von der Göttlichen Kraft. Die Göttliche Kraft hat keine gesundheitlichen Probleme. Ich möchte, dass Sie tief durchatmen, Ihre Augen schließen und Ihr Denken auf die Göttliche Kraft fokussieren. Sobald das Bild von Ihren Nackenschmerzen vor Ihrem geistigen Auge auftaucht, ersetzen Sie diesen Gedanken durch die Worte ›Göttliche Kraft‹. Setzen Sie Ihre Behandlung fort und denken Sie währenddessen immer daran, dass die Göttliche Kraft durch Sie wirkt. Tun sie, was sie können, um dabei zu helfen, Ihr Problem zu lösen. Aber lassen Sie nicht zu, dass Sie sich gedanklich mit Ihrem Nacken beschäftigen.«

Peter willigte ein, es auszuprobieren. Sechs Monate später kam er wieder zu mir. Sein Nacken war fast wieder normal. Hin und wieder hatte er noch Schmerzen, doch wenn das passierte, dachte er an die Göttliche Kraft und nicht an seinen Nacken. Er war verblüfft, wie sehr dieser Ansatz ihm geholfen hatte.

»Anscheinend ist allen aufgefallen, dass sich bei mir etwas verändert hat«, sagte Peter zu mir. »Es war interessant zu beobachten, wie mein Physiotherapeut und der Akupunkteur überrascht feststellten, dass es mir offensichtlich bessergehe.«

Peter ist ein gutes Beispiel für die Kraft und die Magie, die das Denken auf die Gesundheit ausübt. Er kann von Glück sagen, dass er sich schnell von seinem Schmerz befreien konnte. Das ist leider nicht immer so.

Haben Sie sich je überlegt, warum ein Mensch eine ansteckende Krankheit bekommt, ein anderer jedoch nicht? Wenn jemand hört, dass eine Krankheit grassiert, macht er sich Sorgen, sie womöglich aufzuschnappen: »Ach du meine Güte, wenn ich mich bloß nicht anstecke!« Solche Menschen sehen vor Ihrem geistigen Auge ein Bild, wie die Krankheit bereits voll ausgebrochen ist, und lassen dieses Bild immer wieder entstehen. Dann dauert es meist auch nicht mehr lang, bis derjenige wirklich krank wird.

Manchmal fangen wir uns natürlich auch etwas ein, obwohl wir nicht bewusst darüber nachdenken oder uns deswegen Sorgen machen. Gute Beispiele sind eine landläufige Erkältung oder auch die Grippe. So ziemlich jeder hatte sie schon. Oft stecken wir uns an, weil unser Immunsystem durch emotionalen Stress geschwächt ist. Die Wurzel für diesen emotionalen Stress liegt jedoch in unserem Denken. Wird ein Gedanke über einen längeren Zeitraum aufrechterhalten, nimmt er Gestalt an. Jeder Gedanke und jede Emotion, die festgehalten und wiederholt werden, führen zum entsprechenden Ergebnis. Ärger, Hass, Verbitterung, Groll, Neid und Eifersucht schaffen einflussreiche Gedankenformen und führen immer zu entweder physischen oder mentalen Leiden. Es kann einen Tag, eine Woche, einen Monat, ein Jahr oder dreißig Jahre dauern, bis der Einzelne die Resultate an seinem Körper feststellt. Sichtbar werden Sie aber allemal.

Unser Denken hat eine enorme Auswirkung auf unsere Gesundheit. Gesunde Essgewohnheiten, die Zufuhr von Vitaminen, Sport und der Verzicht auf Nikotin und Alkohol helfen Ihnen, gesund zu bleiben. Doch es sind richtiges Denken, Ausdauer, Motivation und Willenskraft erforderlich, um so eine Lebensweise auch durchzuhalten. Gesundheit beginnt mit dem Denken.

Manchmal müssen wir unser ganzes Leben lang mit einer bestimmten Krankheit leben. Manchmal lässt sich eine Krankheit aber auch heilen, und dann genießen wir unser Leben wieder. Viele schwere Krankheiten beruhen auf Sorgen, die über einen längeren Zeitraum anhalten. Die einzige Hoffnung auf Heilung besteht dann darin, sich von den negativen Gedanken, die diese Sorgen verursacht haben, zu befreien.

Becky

Becky suchte mich auf, weil sie in ihrer Ehe unglücklich war. Ihr Mann konnte ihr absolut gar nichts mehr recht machen. Er verdiente nicht genug Geld, ihr Sexleben war furchtbar, er machte ihr nie ein Kompliment, ließ seine Klamotten überall herumliegen, half ihr nie im Haushalt und verbündete sich auch noch immer mit der gemeinsamen Tochter gegen sie.

In all den Jahren hatte ich kaum jemanden in meiner Praxis gehabt, der in seiner Ehe so dahinvegetierte, aber trotzdem nicht an Scheidung dachte. Während ich mir Beckys Geschimpfe anhörte, beobachtete ich sie genau: Ich sah in ihrer Aura eine tiefverwurzelte Freundlichkeit. Doch die ärgerlichen Gefühle ihrem Mann gegenüber waren derart dominant – sie grenzten fast schon an Besessenheit.

»Ich will mich nicht scheiden lassen. Ich will, dass er sich ändert.« Becky brach in Tränen aus.

»Sie können das Benehmen eines anderen Menschen nicht ändern. Sie können nur an sich selbst etwas ändern. Becky, Sie werden sich noch ewig elend fühlen, oder, was schlimmer ist, Ihre Gesundheit nimmt Schaden, wenn Sie Ihr Denken nicht verändern.«

»*Und was ist mit seinem Denken?*«, *fauchte sie.* »*Er ist doch derjenige von uns beiden, der sich hier ändern muss.*« *Dann folgte ihre nächste Hasstirade.*

Drei Jahre vergingen, bis Becky mich noch einmal aufsuchte. Man hatte Brustkrebs bei ihr diagnostiziert, allerdings in einem sehr frühen Stadium. Sie wurde behandelt, eine Brust wurde entfernt, und dann traten keine Symptome mehr auf. Als ich Becky sah, waren rund sechs Monate seit der OP zur Wiederherstellung der Brust vergangen.

Sie sah super aus. Becky hatte sich immer sehr gepflegt. Sie lebte gesund, war schlank und trieb mit Feuereifer Sport, – aber nicht nur Aerobic, sondern auch Yoga. Sie nahm Vitamine ein und ging einmal jährlich zum Arzt, um sich durchchecken zu lassen. Kein Wunder, dass die Krebsdiagnose für Becky ein schrecklicher Schock gewesen war. Nachdem Sie mich auf den neuesten Stand gebracht hatte, fing sie sofort an, sich über ihren Mann zu beklagen. Ich erkannte, dass sie genau wieder an dem gleichen Punkt angelangt war, an dem wir damals in unserer ersten Sitzung aufgehört hatten. Becky ärgerte sich noch immer über die Fehler und Schwächen ihres Mannes. Ich fragte sie, ob er ihr während der Krebstherapie zur Seite gestanden habe.

Sie sagte: »*Nun, er hat mich zu den Behandlungen gefahren, abgeholt – herumkutschiert eben.*«

Ich wusste nicht, was ich sagen sollte. Sie hatte offensichtlich gar keine Ahnung, wie destruktiv ihre Gedanken waren. Sie war nicht fähig, ihr Denken auch nur ansatzweise zu verändern. Ich versuchte wieder, an sie heranzukommen, und riet ihr mit Nachdruck, ihr Denken bewusst vom Negativen zum Konstruktiven hinzulenken. Ich fürchtete, dass sie ansonsten ihre Gesundheit erneut aufs Spiel setzen könnte. Eine Stunde lang diskutierten wir,

was an ihrem Denken so fatal war. Als sie an dem Tag ging, sagte sie: »Ich verstehe jetzt, dass ich meine Denkweise ändern muss.«
In der Folgezeit bekam ich diverse Anrufe von Becky. Sie schaffte es nun tatsächlich, sich nicht ständig über ihren Mann zu beklagen. Zwar war das unglaublich anstrengend für sie gewesen, aber sie hatte eine Freundin gebeten, ihr dabei zu helfen, nicht mehr so negativ über ihren Mann zu denken.
Der Krebs ist bisher nicht zurückgekommen.

Die Nachricht, dass jemand durch zu viel Stress einen Herzinfarkt bekommen hat, ist eigentlich nichts Besonderes. Viele andere Leiden, wie verschiedene Krebsarten, Hautprobleme, Haarausfall, Magengeschwüre, Rückenschmerzen und Kopfweh (um nur einige zu nennen) haben ebenfalls oft ihre Ursache in einem zu stressigen Lebensstil.
Vielleicht denken Sie ja jetzt: »Na dann viel Glück bei dem Versuch, auf dieser Welt ein stressfreies Leben zu führen.«
Sicher ist es kaum möglich, Sorgen und Druck, die schließlich Bestandteil unserer Welt sind, einfach zu eliminieren. Aber wir können sehr wohl den Entschluss fassen, sinnvoll damit umzugehen. Ich bin gerade von London zurück nach New York geflogen. Die Sicherheitskontrollen am Flughafen Heathrow, die seit dem Attentat am 11. September schon umfassend waren, mussten wegen neuer Terrordrohungen noch einmal verschärft werden. Die Passagiere mussten bis zu zwei Stunden Schlange stehen. Sie waren erschöpft, verärgert, verwirrt – und einige hatten auch Angst. Der Flughafen hatte etwas von einem Dampfkochtopf.

Ein Mann vor mir wurde wütend, als man ihm nicht gestattete, einen bestimmten Durchgang zu benutzen, der eigentlich Passagieren der Ersten Klasse von British Airways vorbehalten war. Er war Erster Klasse mit einer anderen Fluglinie geflogen und meinte, nun den Durchgang nutzen zu dürfen. Doch man verweigerte ihm nicht nur, durch den schnelleren Durchgang zu gehen, er wurde auch noch von einer Sicherheitsbeamtin gebeten, sein Handgepäck in die Hand zu nehmen – einen Trolley mit Rädern –, denn Handgepäck musste getragen werden. Da flippte der Mann aus. Er hielt sich gerade noch in Zaum, als ich ihn auf ein Schild an der Wand hinwies, auf dem stand: »Beschimpfungen und jede Art von Gewalt gegen das Sicherheitspersonal werden gesetzlich geahndet.« Er hielt inne und dachte einen Auenblick nach. Ich konnte sehen, dass es ihm schwerfiel, aber er kam dann wohl zu dem Schluss, sich doch besser darauf zu konzentrieren, den Sicherheitscheck zu passieren. Und das tat er zum Glück auch.

Es gab noch weitere Passagiere, die ebenfalls ungehalten, ungeduldig und verärgert waren. Andere aber schienen die Situation nicht sonderlich ernst zu nehmen. Sie ließen sich von dem Chaos nicht aus der Ruhe bringen. Erst als ich die Sicherheitskontrolle passiert hatte, ließ der Druck nach. Während ich auf meinen Abflug wartete, wurde ich von verärgerten, verängstigten Gedankenformen, die das Terminal durchdrangen, schier bombardiert. Die Schwingung war schrecklich, und ich war überaus erleichtert, als ich endlich in mein Flugzeug einsteigen konnte.

Aber ich merkte gleich, dass auch hier verängstigte Gedankenformen durch die Kabine pulsierten. Ich las und meditierte, bis wir die entsprechende Flughöhe erreicht hatten. Das half

mir, im Gleichgewicht zu bleiben, bis ich meinen CD-Spieler herausholen und Mozart hören konnte. Die Musik übte sofort eine beruhigende Wirkung auf mich aus. Wieder einmal war Mozart das perfekte Rezept, um die Anspannung zu lösen. Wenn ich nur die Musik durch die ganze Kabine hätte schallen lassen können!
Reisen wird immer stressiger, deshalb sind die Menschen gezwungen, Möglichkeiten zur Stressbewältigung zu lernen. Wie viele sind nicht schon von einer Flugreise krank nach Hause gekommen? Manche meinen, die Kabinenluft sei ungesund oder gar giftig. Da mag etwas Wahres sein, ich glaube aber immer noch, dass Stress der wesentliche Faktor ist. Meditation und Musik von Mozart (oder jede andere Art von Musik, die Ihnen gefällt) sind zwei einfache, aber effiziente Methoden, um mit Reisestress jeder Art besser umgehen zu können.

Denken und Wohlbefinden

Zum Glück akzeptiert die Medizin nun langsam die bedeutende Rolle, die unser Geist bei unserem allgemeinen Wohlbefinden spielt. Viele Ärzte verschreiben Behandlungen, die eine heilende Wirkung auf Geist und Körper haben. Meditation, Yoga, Atemübungen, Massage, Akupressur, Akupunktur und Nahrungsergänzungsmittel, um nur einige zu nennen, gelten nicht mehr als »alternative« Heilmethoden oder esoterischer Hokuspokus. Sie kommen immer öfter zum Einsatz, da ihre positive Wirkung immer offensichtlicher wird. Diese Behandlungsmethoden helfen uns dabei, Gleichgewicht und Harmonie zu finden, denn Gesundheit ist das Ergebnis von harmonischem Denken und Leben.

Umgang mit Patienten

Wie vielen Patienten könnte geholfen werden, wenn der Arzt ein freundliches Wort für sie übrig hätte? Meine Klienten erzählen mir oft, wie frustriert sie sind, wenn sie das Sprechzimmer von ihrem Arzt verlassen. Sie berichten, dass der Arzt in Eile und kurz angebunden war oder dass sie ewig warten mussten, wenn sie überhaupt einen Termin bei ihm bekommen hatten. Viele Patienten geben auf, wenn ein Arzt ihnen sagt, dass wenig oder keine Aussicht auf Besserung besteht. Auf der anderen Seite weigern sich aber auch einige Leute einfach anzuerkennen, dass der Beruf des Mediziners extreme Anforderungen stellt. Die hohen Kosten, die anfallen, um eine Praxis zu betreiben, lassen dem Arzt wenig Zeit, sich um jeden Patienten individuell zu kümmern.

Ich bin kein Arzt und würde auch nie einem Klienten raten, wegen einer Diagnose oder eines Rezepts zu mir zu kommen, anstatt seinen Hausarzt aufzusuchen. Dennoch hat jeder zweite meiner Klienten auch Probleme mit seiner Gesundheit. Manchmal handelt es sich um Kleinigkeiten wie eine Erkältung im Winter oder eine leichte Allergie, andere Male hingegen ist es buchstäblich todernst. Wenn ich eine tödliche Krankheit sehe, kann ich so einem Menschen helfen, mit seiner Angst, seinen Sorgen, Qualen, dem Schmerz und Ärger besser umzugehen.

Das Erste, was ich tue, ist Folgendes: Ich rate diesem Menschen, sich selbst gegenüber Milde walten zu lassen. Wir können die Vergangenheit nicht ändern; wir können nur mit der Gegenwart und der Zukunft umgehen.

Die Betroffenen sollten sich auf etwas fokussieren, das sie

glücklich macht. Das kann ein Wochenende mit einem lieben Menschen sein, ein Opernabend, ein Essen im Lieblingsrestaurant oder ein Besuch von einem alten Freund. Sehen Sie sich, wie Sie solche Aktivitäten genießen.

Laurie

Laurie, eine meiner Freundinnen, hat Brustkrebs – und zwar schon zum zweiten Mal. Sie hatte eigentlich gedacht, geheilt zu sein. Dementsprechend groß war der Schock, als eine Untersuchung ergab, dass der Krebs wieder ausgebrochen war. Sie wurde operiert und unterzieht sich jetzt einer Chemotherapie und Bestrahlung.
Laurie ist eine bemerkenswerte Frau. Der Mut und Humor, mit dem sie gegen diese schreckliche Krankheit kämpft, und Ihre Würde, mit der sie ihr Schicksal trägt, beeindrucken mich. Ich fragte sie, wie sie sich denn bei Laune halte. Sie drehte sich zu mir um und sagte: »Das müsstest du doch wissen.« Ein Scherz, denn schließlich bin ich ja hellsichtig. Aber sie lächelte und fuhr fort: »Mary, du hast mir vor Jahren die Magie der Gedanken beigebracht. Meinst du etwa, ich hätte das alles ausgerechnet in dem Moment vergessen, in dem ich dieses Denken am nötigsten brauche? Wenn es wirklich schwierig wird, bitte ich die Göttliche Kraft, mir zu helfen, den besten Weg zu finden, um mit meiner Krankheit zurechtzukommen. Das beruhigt mich und hilft mir, meine Gedanken zu zentrieren. Ich vertraue meinem Arzt, der fast schon zu einem Freund für mich geworden ist, und ich weiß, dass es viele Menschen gibt, die sich ähnlichen oder gar schwierigeren Herausforderungen gestellt haben – auch das gibt mir Mut.«

Laurie führt ihr Leben weiterhin voller Hoffnung und Humor, obwohl die Behandlung an ihren Kräften zehrt und es ihr oft übel ist. Sie entfernt das Bild der Krankheit aus Ihrem Geist und ersetzt es durch Bilder, die Gesundheit und Harmonie zeigen. So meditiert sie viele Male am Tag. Immer wenn ihr der Sinn danach steht, geht sie ins Kino, in ein Theaterstück oder trifft sich mit Freunden beim Essen. Das ist gut für ihr Gleichgewicht und hilft ihr, eine positive Einstellung zum Leben beizubehalten. Sie bemitleidet sich nie selbst. Alle ihre Freunde – auch ich – fühlen sich immer besser, wenn sie eine Weile mit ihr zusammen waren. Uns fehlen nie die Worte, denn Laurie schafft es, dass wir alle uns in ihrer Gesellschaft wohl fühlen. Dabei weiß Laurie sehr wohl, welche Reaktionen Krebspatienten oft auslösen. Aber sie ist entschlossen, ihren Freunden und ihrer Familie dabei zu helfen, mit ihrer Krankheit umzugehen. Und dann wollen wir ihr auch alle unbedingt helfen, wo und wie wir nur können. Sogar ihr Chef tut alles, um ihr das Leben einfacher zu machen. Er erlaubt ihr zu arbeiten, wenn sie dazu in der Lage ist, und vermittelt ihr nie das Gefühl, womöglich den Job zu verlieren. Laurie ist uns allen eine Inspiration. Bislang läuft alles gut. Sie freut sich über jeden ihrer Tage – einen nach dem anderen.

2. TOLLER SEX

Manche Menschen glauben fälschlicherweise, dass toller Sex ausschließlich von der physischen Erscheinung abhängt. Viele Frauen und Männer verfolgt diese Idee geradezu. Zeitschriften, Filme, Fernsehen und Werbung projizieren Bilder, wie wir angeblich aussehen sollen, um sexuell attraktiv zu sein.

Diese Fokussierung auf die physische Erscheinung kann zur Folge haben, dass sich jemand unbegert und unbedeutend fühlt. Aber ein perfekter Körper ist keine Garantie für perfekten Sex. Oft sehen attraktive Menschen nur so aus, weil sie ständig über sich und ihr Äußeres nachdenken. Die Geschichte von Narziss ist Ihnen ja sicher bekannt: Er hat sein Spiegelbild im Wasser gesehen und sich in sich selbst verliebt. Er war seinem eigenen Spiegelbild geradezu verfallen. Wenn man aber all seine Gedanken auf sich selbst richtet, bleibt keine Energie mehr für Überlegungen, wie man seinen Partner im Bett glücklich machen kann.

Jake

Jake wollte eine Frau, die wie eine Sexbombe aussah. Das war der Schlüssel zu seinem Glück. Ich sagte Jake, dass er so eine Frau schon haben könne; er müsse nur an die Möglichkeit glauben. Ich riet ihm zu visualisieren, wie er mit einer Frau im Bett sei, die genau seinen Vorstellungen entsprach. Das solle er mindestens dreimal pro Tag machen. Dann solle er das Bild loslassen. Gedanken und Ideen, wohin er gehen, wen er anrufen und was er tun könnte, damit sein Wunsch in Erfüllung ging, würden ihm dann in den Sinn kommen. Daran sollte er arbeiten. Ungeduld könnte womöglich alles verderben, aber Beharrlichkeit würde sich bezahlt machen. Jake schrieb alles mit, was ich sagte. Er las mir dann meine Anweisungen vor, denn er wollte sich vergewissern, dass er auch alles richtig verstanden hatte.

1. Ich muss glauben, dass ich das haben kann.
2. Ich muss mir vorstellen, wie ich im Bett bin.

3. Ich muss das mindestens dreimal am Tag machen.
4. Dann muss ich das Bild loslassen.
5. Ich bekomme Ideen, was ich tun und wen ich anrufen soll.
6. Ich muss dementsprechend handeln.
7. Ich darf nicht ungeduldig sein, denn nur Ausdauer macht sich bezahlt.

Nach unserer Sitzung ging er nach Hause und stellte sich noch am selben Tag vor, wie er mit dieser erotischen, perfekten Frau im Bett liegt. Er visualisierte das Bild mehrfach und wurde dabei immer detaillierter. Diese Übung fiel ihm leicht, denn er brauchte keine besondere Konzentration, um sich vorzustellen, wie seine Sexphantasie in Erfüllung ging. Allerdings wartete noch einiges an Arbeit auf ihn, um diese Phantasie vom Geist ins Schlafzimmer zu verpflanzen. Eines Tages trainierte Jake in seinem Fitnesscenter und fing ein Gespräch mit einem der Trainer an. Jake fragte ihn, wo er diesen Typ Frau kennenlernen könnte.
Der Trainer antwortete: »Da sind Sie in diesem Studio hier total falsch. Sie müssen ins Equinox in der 75. Straße gehen. Dort finden Sie so heiße Weiber; die trainieren alle dort.«
Es war Jake nie in den Sinn gekommen, dass er im falschen Fitnesscenter trainieren könnte, wenn er eine Sexbombe aufreißen wollte. Am nächsten Tag wurde er Mitglied bei Equinox. Kurz danach lernte er in einer Yogastunde eine tolle vollbusige Blondine mit perfektem Körper kennen und lud sie ein. Sie gingen in einen Nachtclub. Die Stimmung war sexuell aufgeheizt. Sie tanzten, bis der Club zumachte, und landeten schließlich im Bett.
»Es hat doch geklappt, Jake, oder? Sie haben alle Regeln befolgt und bekommen, was Sie sich gewünscht hatten.«
»Was ich dachte, dass ich mir wünsche«, erwiderte er. »Der Sex

war schon okay, aber ich war irgendwie enttäuscht. Ich dachte, ich würde total abheben, aber der Sex war nicht befriedigend. Ich hatte das Gefühl, mit einer Schaufensterpuppe im Bett zu liegen. Sie war wirklich schön, hatte einen tollen Körper – aber absolut keine Leidenschaft. Sie hatte mehr Angst, dass ihr ein Fingernagel abbrechen könnte, als sonst was. Wir haben nicht viel geredet. Aber die paar Worte, die sie gesagt hat, gingen um Fitness und Diät. Es war langweilig, und ich war froh, als ich aus ihrem Apartment wieder draußen war und nach Hause gehen konnte.«
»Warum wollten Sie mich heute sprechen? Es kann ja wohl nicht sein, dass Sie mir nur mitteilen wollten, wie Sie mit Hilfe der Gedankenkraft bekommen haben, was Sie wollten?«
»Ich dachte, Sie könnten mir vielleicht sagen, wie ich das besser hinkriege. Irgendwas muss ich ja schließlich falsch gemacht haben, wenn der Sex nicht so toll war.«
»Jake, wann wachen Sie endlich auf? Was Sie glauben, haben zu wollen, macht Sie nicht unbedingt glücklich. Es ist nichts daran auszusetzen, wenn sich jemand ein tolles Sexleben wünscht. Wenn Sie allerdings immer noch glauben, dass allein eine Frau mit einem tollen Körper dafür sorgen würde, liegen Sie falsch. Sie müssen für die Person mit dem tollen Körper auch etwas empfinden, um wirklich guten Sex zu haben. Und andersherum gilt das natürlich genauso, denn dazu gehören zwei.«

Martha

Martha hatte Übergewicht, scherte sich nicht viel um Klamotten, ging nie in den Schönheitssalon, verdiente nicht viel Geld, hatte aber das beste Sexleben, von dem ich je gehört habe. Die Männer liebten Martha. Sie war eine unterhaltsame Gesprächspartnerin,

eine tolle Zuhörerin, und sie fand sich sexy. Sie erzählte mir, dass sie in jüngeren Jahren wenig Selbstvertrauen gehabt habe. Zum Glück hatte sie sich dann in einen älteren Mann verliebt, der ihr das Gefühl vermittelte, attraktiv und begehrenswert zu sein. Er hatte ihr gesagt, dass sie einfach immer von sich denken solle, sie sei einfach super.
»Du bist nur so toll, wie du selbst glaubst«, erklärte er ihr, und Martha schärfte sich diese Worte ein. Aber sie hatte auch noch die Fähigkeit, den anderen Menschen ein gutes Gefühl zu vermitteln. Es machte ihr Spaß, ihren Liebhabern das Gefühl zu geben, die wahren Supermänner zu sein. Sie ist das lebendige Beispiel dafür, dass ein perfekter Körper nicht Bedingung für tollen Sex ist. Ihre Gefühlstiefe durchflutete den physischen Körper – und das machte sie so anziehend. Sie selbst hatte immer Mitleid mit Frauen, die ständig Angst hatten, nicht sexy zu sein, und hungerten, wenn sie nicht wie die Models auf den Titelblättern aussahen. Marthas Denkweise sollte uns alle inspirieren.

Es gibt Frauen, die ein wahres Vermögen ausgeben, um ihren Körper durch Schönheitsoperationen aufmöbeln zu lassen, in der Hoffnung, dann sexuell attraktiver zu sein. So manche lässt nichts unversucht, um jünger, schlanker oder muskulöser zu sein. Das Geschäft mit der Schönheitschirurgie spielt im Denken der Menschen mittlerweile eine derart wichtige Rolle, dass es sogar Fernsehshows zu diesem Thema gibt – mit enormen Einschaltquoten. Schönheitschirurgen sind zu Berühmtheiten avanciert, haben Bücher geschrieben und vermarkten ihre »Schönheitsprodukte« im Fernsehen und in Zeitschriften.

Wohin wir uns auch wenden, die Botschaft scheint zu lauten, dass man nie gut genug aussehen kann – oder attraktiv genug. »Mit Botox will jeder Ihre Lippen küssen. Mit einer Brustvergrößerung liegen Ihnen die Männer zu Füßen. Wenn Sie sich die Augen korrigieren lassen, sehen Sie zehn Jahre jünger aus. Durch Aufspritzen der Lippen – oder eines anderen Körperteils – haben Sie im Handumdrehen einen begehrenswerten Körper, und zwar ohne aufwendige Diäten und Sport. Sie können jeden Körperteil von sich in Ordnung bringen lassen«, um sexuell attraktiver zu sein – sogar Körperteile, an die früher niemand nur zu denken wagte.« Aber Tatsache ist, dass Menschen, die so denken, nicht glücklich werden.

Anne

Ich lernte Anne 1978 im Schauspielunterricht kennen. Anne war frech und hübsch, hatte sehr viel Talent, glaubte aber nie an sich. Als ich sie kennenlernte, war ich erstaunt darüber, wie viel Selbsthass ihr Denken bestimmte. Sie fühlte sich fett, aber keine Diät auf der Welt hätte ihr das Gefühl geben können, wirklich schlank zu sein. Anne konnte wie ein Engel singen, wie eine Wilde tanzen und wie Sarah Bernhard schauspielern, aber Selbstvertrauen hatte sie trotzdem nicht. Sie hasste ihren Körper regelrecht und ließ sich noch vor ihrem dreißigsten Geburtstag die Nase richten, die Brüste vergrößern und die Zähne überkronen. Da sie ständig Selbstbestätigung brauchte, hatte sie zahlreiche One-Night-Stands, wobei sie immer hoffte, dass sich aus diesen sexuellen Begegnungen dauerhafte Beziehungen entwickeln könnten. Aber am Ende fühlte sie sich dann doch immer nur einsam und abgelehnt.

Anne versuchte nicht, ihr Verhalten von einem emotionalen oder spirituellen Standpunkt aus zu betrachten. Sie glaubte, dass diese Affären endeten, weil sie eben sexuell nicht attraktiv genug war. Alle ihre Freunde – und auch ich – wendeten Unmengen an Zeit auf, um Anne davon zu überzeugen, dass sie eine tolle Frau war und auch super aussah. Aber unsere Worte stießen auf taube Ohren. Mit der Zeit wurde sie emotional immer instabiler und entwickelte die reinsten Zwangsvorstellungen wegen ihres Aussehens. Anne suchte die Selbstbestätigung, die sie brauchte, weiterhin in schalen Sexbeziehungen. Schließlich wurde sie magersüchtig und bekam weitere gesundheitliche Probleme. Von der frechen, talentierten Schauspielerin, wie ich sie gekannt hatte, war dann leider keine Spur mehr. Gemeinsame Bekannte erzählten mir, dass Anne bis heute dieses Zwangsverhalten an den Tag legt.

Viele Menschen können den Zusammenhang, der zwischen Sex und dem Führen einer Beziehung besteht, nicht erkennen. Sie meinen, Sex könne an sich schon erfüllend sein. Das mag über einen kürzeren Zeitraum durchaus der Fall sein, aber letztlich braucht Sex den Rahmen einer Beziehung.

Dave

Als Dave – von Beruf Buchhalter – zu seiner Sitzung kam, wirkte er deprimiert. Er hatte wieder einmal mit einer Freundin Schluss gemacht. Die Beziehung war ihm anfangs sehr vielversprechend erschienen, denn die Frau war die schönste, die er je

kennengelernt hatte. Sie kleidete sich perfekt für die Bars und Clubs, in die er sie ausführte.
Anfangs war es aufregend, mit ihr Sex zu haben. Ein paar Monate später hatte er jedoch den Eindruck, dass ihr Sexualleben zur Routine verkommen war, und fühlte sich weniger zu ihr hingezogen. Schließlich sahen sich die beiden nicht mehr. Dave verstand nicht, warum ihm das immer wieder passierte. Ich sagte zu ihm, er müsse damit anfangen, sein Denken zu verändern. Er solle versuchen, die Frau kennenzulernen, bevor er mit ihr ins Bett ging, mit ihr reden, eine Verbindung zu ihr herstellen und mit ihr gemeinsam etwas unternehmen. Nur so konnten sich Gefühle entwickeln. Wenn die Gefühle dann stärker wären, käme der Sex von allein – und der wäre dann toll. Dave war verwirrt, weil er noch nie darüber nachgedacht hatte.
Mehr als ein Jahr hat es gedauert, bis Dave seine neue Denkweise umsetzen konnte, doch jetzt versteht er, was es bedeutet, ein tolles Sexualleben zu haben. Er führt inzwischen eine glückliche Beziehung.

Guter Sex beginnt im Kopf und hat seine Wurzeln darin, dass sich zwei Menschen geistig treffen. Dieses Treffen beginnt – wie generell jedes Treffen – mit Gesprächen. Je besser das Gespräch, desto besser das gegenseitige Verständnis. Dieser Austausch baut eine emotionale Verbindung auf, die durch Energie gespeist wird und tiefere Gefühle entstehen lässt. Ist man erst einmal so weit gekommen, zeigen sich die Ergebnisse sofort. Anstatt bloß Sex zu haben, kann man tollen Sex genießen. Allerdings kann es einige Zeit dauern, bis man so eine geistige Übereinstimmung findet. Und man muss sich mit vielen potentiellen Partnern unterhalten. Aber Sie dürfen sich nicht entmutigen lassen. Ihre Ausdauer und Beharrlichkeit macht sich irgendwann bezahlt. Irgendwo müssen Sie anfangen.

3. GELD

Geld ist in unserer Welt ein Symbol für Wert. Und dementsprechend räumen die meisten Menschen dem Geld auch den höchsten Stellenwert ein. In den letzten fünfundzwanzig Jahren hat mir jeder meiner Klienten mindestens eine Frage zum Thema Geld gestellt. Viele Leute wollen einfach wissen, ob sie je reich werden. Die Reichen fragen, ob sie ihren momentanen Wohlstand halten oder sie es zu noch mehr Vermögen bringen werden. Jeder wird irgendwie durch Geldfragen belastet. Im Prinzip ist nichts daran auszusetzen, wenn jemand Geld haben will. Doch ein Leben, das sich ausschließlich darum dreht Geld anzuhäufen, hat oft eine innere Leere zur Folge. Tag und Nacht nur an »Wohlstand« zu denken, kann ziemlich erschöpfend sein. Wir werden in die physische, materielle Welt hineingeboren, um zu lernen und zu wachsen. Geld ist ein Bestandteil dieses Wachstums. Es stellt uns alle auf die Probe. Geld als solches ist aber nicht die Wurzel allen Übels, sondern der egoistische Wunsch, alles zu tun, um es zu bekommen.

Wir müssen unser Denken in Sachen Geld unter die Lupe nehmen. Zuerst einmal gibt es drei Möglichkeiten, wie jemand zu Geld kommt. Er wird damit geboren, er verdient es oder erhält es durch äußere Umstände. Die dritte Alternative könnte beispielsweise eine Erbschaft sein oder gar ein Lottogewinn. Welche Möglichkeit trifft nun also auf Sie zu?

Die Seele wird nicht nach Besitztümern beurteilt, sondern vielmehr danach, wie sie mit Besitz umgeht. Wohin wir auch sehen, wohin wir uns auch wenden, unser Denken ist darauf ausgerichtet, in Besitz von immer mehr Geld zu kommen. Vielleicht haben Sie ja einen der Bestseller gelesen, die uns weismachen: »Reichtum ist der Wille Gottes.« Natürlich ist es klug, wenn wir unser Denken darauf ausrichten, wie wir mit wenig Aufwand zu Geld kommen können. Aber die Energie und der Fokus, die dafür notwendig sind, lassen uns wenig Zeit für Dinge, die wichtig für unsere Harmonie sind: zum Beispiel das Zusammensein mit der Familie, Sport für das körperliche Wohlbefinden, etwas lernen, Entspannung und Liebe. Das führt dazu, dass wir unglücklich sind, aus dem Gleichgewicht geraten und das Gefühl haben, alles wäre besser, wenn wir nur mehr Geld hätten.

Wie viele Beziehungen leiden unter Streitereien ums Geld? Geld kann zu Neid führen, Magengeschwüre auslösen, Bestechung und Nervenzusammenbrüche. Auf der anderen Seite kann ein angemessener und ausgewogener Umgang mit Geld uns ein Gefühl von Freiheit verschaffen. Wer ausreichend Geld hat, steht weniger unter Stress, wenn es darum geht, Rechnungen zu bezahlen.

Wie man es auch dreht und wendet, wir haben ständig Geld im Kopf.

Lester

Lester kam 1986 zum ersten Mal zu mir. Er war dreiundzwanzig, und seine Schwester hatte ihm eine Sitzung bei mir zum Geburtstag geschenkt. Die beiden standen sich sehr nah, da in den vergangenen zehn Jahren der Vater und auch die Mutter verstorben waren. Als er zu mir kam, hatte Lester einen Job in einem Lager; er verpackte Bücher. Rund achtzehntausend Dollar verdiente er im Jahr, viele Überstunden inbegriffen. Lester hatte etwas überaus Sympathisches an sich. Er strahlte eine Freundlichkeit und Ruhe aus, wie man sie bei Menschen seines Alters nicht oft findet, und er hatte angenehme Umgangsformen, die wirkten, als käme er aus einer anderen Zeit.
Lester erklärte mir, er wolle reich werden, und zwar sehr reich. Mit Bestimmtheit sagte er das und fragte mich dann: »Sehen Sie, wie ich das bewerkstelligen könnte?«
Ich fing an zu lachen, weil es sich anhörte, als würde er wissen wollen, wie er von meiner Praxis zur U-Bahn kam, während er in Wirklichkeit doch eine Wegbeschreibung zum Wohlstand wollte. »Lester, wie schnell wollen Sie reich werden, und was bedeutet ›sehr reich‹ für Sie?«
»Ich habe kein Problem damit, hart zu arbeiten, und ich habe Geduld. Ich will mindestens zwanzig Millionen Dollar. Das ist meine Vorstellung von ›sehr reich‹.«
»Ja, das ist nun wirklich sehr reich. Dann fangen wir also lieber gleich an.«
Ich wusste, dass Lester in der Lage sein würde, sich seinen Wunsch zu erfüllen. Aber ich sah auch, dass es nicht einfach werden würde und dass es länger dauern würde, als er meinte. Seine Geduld würde hart auf die Probe gestellt, denn ich sah einen Zeitraum

von zwanzig Jahren vor ihm liegen. Ich antwortete also: »Lester, ich kann Ihnen vorhersagen, dass Sie es schaffen, aber es wird eine gute Weile dauern. Sie werden zahlreiche Jobs haben, die Sie Ihrem Ziel näher bringen, und Sie werden reisen.« Ich erklärte ihm dann noch, was alles zu diesem Prozess gehörte.

Lester hörte mir aufmerksam zu und fragte mich, ob er sich Notizen machen dürfe. Er nahm Papier und Bleistift zur Hand, schrieb sich einiges auf und stellte mir dann die Frage: »Sehen Sie, wohin ich reisen werde?«

»An dem einen Ort ist es sehr, sehr kalt. Sie werden Kleidung brauchen, die Sie jetzt noch nicht besitzen. Dann sehe ich noch einen anderen Ort; dort haben Sie Strandklamotten an und verdienen sich Ihren Lebensunterhalt irgendwie mit Wasser. Der Ort sieht wie eine Insel in der Karibik aus, aber ich weiß nicht, welche. Zwischen diesen beiden Orten könnte noch ein dritter Ort liegen. Jedenfalls sehe ich, dass bei Ihrem Streben nach Reichtum ein Job Sie zum nächsten führt und immer so weiter.«

»Sie haben gerade gesagt, es würde von meinem Denken abhängen. Wie meinen Sie das? Was muss ich tun?«

Ich erklärte Lester also die Regeln des Denkens. Ich betonte, dass er nicht nur zu Hause sitzen und sich vorstellen könne, reich zu sein. Er musste handeln, körperlich arbeiten und sein Denken schulen.

Zwanzig Jahre vergingen, bis ich wieder von Lester hörte; es ist noch gar nicht so lange her. Er rief an, um mit mir einen Termin zu vereinbaren. Ich brauchte einen Moment, bis ich nach all den Jahren wusste, wer er war, aber schließlich kam er braungebrannt und in makelloser Kleidung von schlichter Eleganz durch die Tür spaziert.

»Wissen Sie noch, dass Sie mir vorhergesagt haben, dass ich wiederkäme, wenn ich reich wäre?«, fragte er mich.

»Ja, sicher, Lester. Und wie ich sehe, haben Sie wirklich Ihr Glück gemacht.«

Er nahm Platz und erzählte mir, wie alles gekommen war. Er hatte damals nach der Sitzung sofort angefangen, sich bewusst darum zu bemühen, alles was ich ihm gesagt hatte, in die Tat umzusetzen. Er visualisierte mindestens fünfmal am Tag, wie er ein sehr reicher Mann war. Anfangs fiel es ihm schwer, das Bild von seinem angestrebten Ziel länger als nur ein paar Sekunden festzuhalten. Aber er übte fleißig, bis er vor seinem geistigen Auge bewusst ein klares Bild hervorbringen konnte. Das dauerte mehrere Jahre. Zuerst musste er sich an einem physischen Ort aufhalten, wo er ungestört visualisieren konnte, wobei er das Bild nur mit geschlossenen Augen sah. Es fiel ihm schwer, andere Gedanken, die nicht zu dem Bild gehörten, abzuwehren, doch seine Ausdauer machte sich schließlich bezahlt.

Sechs Monate nach unserer ersten Sitzung arbeitete er noch immer im Lager; es war gerade Mittagspause. Er saß in der Kantine, und jemand fragte ihn, ob er sich zu ihm an den Tisch setzen dürfe, denn die Kantine war überfüllt. Der Mann hieß Pete und hatte in dem Lager gerade einen Job angenommen. Im Lauf der Zeit liefen die beiden einander öfters über den Weg und freundeten sich an. Pete erzählte Lester von seinem Bruder; er war nach Alaska gegangen, um eine Ölpipeline zu bauen, und verdiente dort viel Geld.

»Von wie viel Geld reden wir?«, wollte Lester von Pete wissen.

»Über fünfzigtausend Dollar pro Jahr.«

»Warum gehst du dann nicht auch nach Alaska?«

»Zu kalt. Ich könnte das nicht aushalten. Manchmal wacht mein Bruder mit Eiszapfen im Bart auf. Seine Geschichten, wie hart das Leben dort ist, sind schier unglaublich. Aber die Bezahlung ist super.«

»Wie kriegt man dort einen Job?«
»Ich kann meinen Bruder ja mal fragen. Manchmal dauert es ein paar Tage, bis er in der Nähe eines Telefons ist. Aber ich will ihn gern fragen, sobald ich ihn erreiche.«
Eine Woche verging, dann kam Peter auf Lester zu: »Ich habe die Nummer. Dort musst du anrufen, wenn du an der Pipeline mitarbeiten willst.«
Lester hatte im Lager viele Überstunden gemacht, obwohl ihm klar war, dass er dort keine Zukunft hatte. Er rief am nächsten Tag an. Innerhalb von zwei Wochen war der Vertrag unterzeichnet, und Lester packte seine sieben Sachen, um nach Alaska zu gehen. Als er im Flugzeug saß, fiel ihm meine Vorhersage wieder ein. Ich hatte damals zu ihm gesagt, dass einer seiner Jobs auf dem Weg zum Reichtum ihn an einen Ort führen würde, wo es sehr kalt sein würde.
Der Job war brutal. Lester wusste nicht, wie er die erste Woche überstehen sollte. Die Temperaturen waren eisig, die Unterkunft war scheußlich, das Essen ungenießbar, und einsam fühlte er sich auch. Aber er konnte auf diese Weise viel Geld verdienen und hielt deshalb durch. Seine Visualisierungen setzte er fort.
Auch in diesen schwierigen Zeiten verlor er nie den Glauben. Drei Jahre gingen ins Land, dann hatte er eine nette Summe Geld zusammengespart. Dann dachte er über seinen nächsten Schachzug nach. Er wollte nicht länger in Alaska bleiben, wusste aber nicht, wohin er gehen könnte. Jedenfalls konnte er die Kälte und Einsamkeit nicht mehr ertragen. Er war erschöpft, hielt aber an seinem Glauben fest, dass er eines Tages ein reicher Mann sein würde. Wohin könnte er gehen? Was sollte er tun?
An seinem freien Tag fuhr er nach Anchorage und ging in ein Restaurant, um einen Happen zu essen. Er fing ein Gespräch mit

der Kellnerin an; sie hieß Sally. Sie unterhielten sich eine Weile, und Lester ließ verlauten, dass er Alaska verlassen wolle und auf der Suche nach einem anderen gutbezahlten Job sei. Da erzählte sie ihm, dass ihr Schwager eine Baufirma in der Nähe von Chicago besaß.
»Haben Sie schon einmal auf dem Bau gearbeitet?«, fragte sie ihn.
Lester antwortete: »Nein, aber ich bin ein kräftiger Bursche mit guten Muskeln, weil ich ja an der Pipeline mitgearbeitet habe. Das kann ich bestimmt.«
So kam Lester also nach Chicago. Mit dem Geld, das er in Alaska gespart hatte, kaufte er zusammen mit einem anderen Arbeiter ein heruntergekommenes Gebäude; gemeinsam richteten sie es wieder her. Zwei Jahre später hatte Lester sein Geld verdoppelt und bekam langsam das Gefühl, dass er sich dem wahren Reichtum näherte.
Lester fuhr mit der Meditation fort und achtete auf Möglichkeiten, die ihn seinem Ziel näher brachten. Da er gelernt hatte, wie man kleinere Häuser mit Erfolg renoviert und verkauft, übernahm er weitere Projekte dieser Art – er kaufe eine Immobilie, renovierte sie und verkaufte das Gebäude dann weiter. Seine erste Million hatte er schon fast in der Tasche.
Lester hatte seit zehn Jahren keinen Urlaub mehr gemacht. Als seine Schwester ihn fragte, ob er mit ihr eine Kreuzfahrt in die Karibik unternehmen wolle, willigte er ein. Eines Tages ging das Schiff bei einer Insel vor Anker – und Lester lernte eine wunderschöne junge Frau kennen, Chloe, in die er sich unsterblich verliebte. Er beschloss, auf der Insel zu bleiben. Chloe war Malerin und verkaufte ihre Bilder in einem kleinen Laden auf der Insel; außerdem jobbte sie noch in einem Lokal. Ihr Laden brachte Les-

ter auf eine Idee. Warum sollte er nicht ein Geschäft auf der Insel eröffnen? Für seine Freundin wäre das auch prima. Sie könnte dort ihre Bilder ausstellen und gleichzeitig auch arbeiten. Dann müsste sie sich nicht mehr als Kellnerin durchschlagen. Er verkündete also, einen Laden kaufen zu wollen, und redete mit allen möglichen Leuten über dieses Projekt. Chloe sprach mit den Gästen im Restaurant, Und innerhalb von sechs Monaten hatte Lester seinen Laden. Aufgrund seiner Erfahrungen in der Baubranche konnte Lester das Geschäft schön ausstatten. Neben den Bildern boten sie auch künstlerisch gestaltete T-Shirts an, die Chloe selbst entworfen hatte. Die Shirts wurden zu absoluten Rennern und verkauften sich so schnell, dass sie kaum mit der Produktion nachkamen. Lester sagte zu mir: »Das Geschäft war die reinste Goldgrube; es kam immer mehr Geld in ins Haus.«

»Nun, Lester, Gleiches zieht eben Gleiches an.«

Er lachte und erzählte mir, dass er auf vielen der umliegenden Inseln weitere Läden eröffnete und die Waren sogar bis nach Europa verschiffte. Dann heiratete er Chloe. Mittlerweile haben sie zwei Töchter. Lester war in New York, weil er gerade einen Deal unter Dach und Fach gebracht hatte: Er hatte seine Ladenkette an einen Großkonzern verkauft.

»Mary, 1986 haben Sie mir Folgendes gesagt: dass ich das alles schaffe, wenn ich es als bereits verwirklicht sehe. Erinnern Sie sich, dass Sie mir damals in der Sitzung verkündet haben, ich würde reisen und an verschiedenen Orten arbeiten? Einer dieser Orte würde sehr kalt sein und der andere wäre in der Karibik. Und dann gab es dazwischen noch einen dritten Ort, aber sie wussten nicht, welchen. Nun, Sie hatten recht. Zwanzig Jahre hat es gedauert, aber nun habe ich gerade ein Geschäft besiegelt: Ich habe meine Läden verkauft und kassiere über zwanzig Millionen netto.«

Lester war mir außerordentlich dankbar. Er sagte, er wünschte sich, dass jeder erkennen würde, wie wichtig die Gedanken waren. Er hatte anderen immer erzählt, was ich zu ihm gesagt hatte – dass man sein Denken nutzen soll, um zu bekommen, was man sich im Leben wünscht. Lester war sich sicher, einigen Menschen dadurch geholfen zu haben. Doch nun wusste er nicht, welchen Schritt er als Nächstes tun sollte. Momentan freute er sich darauf, mit seinen Töchtern zusammen zu sein. Er wusste, dass sich die nächste Gelegenheit schon ergeben würde, insofern er sein Denken auf Kurs hielt. Daran glaubte er fest.

Lester hat zwanzig Jahre gebraucht, um zu bekommen, was er sich gewünscht hatte. Er erklärte mir, er wolle zwanzig Millionen Dollar, und ich sagte ihm, wie er sie kriegen konnte. Er hat die Arbeit getan – mit festem Willen. Er hat sich durch nichts von seinem Glauben abbringen lassen und nicht lockergelassen, bis das gewünschte Ergebnis erreicht war. Er strahlte noch immer die gleiche Freundlichkeit und Ruhe aus, die mir an ihm aufgefallen waren, als er dreiundzwanzig war. Der Reichtum hatte seinen Charakter nicht verändert. Ich konnte sehen, dass er mit seinem Geld Großes tun wollte und es ihm Freude bereitete, es auszugeben.

Natürlich wird nicht jeder gleich zwanzig Millionen verdienen. Viele Menschen nutzen jedoch die Magie der Gedanken, um ihre elementaren Bedürfnisse zu befriedigen. Andere können auf diese Weise eine finanzielle Krise abwenden. Und viele Leute haben so schon ihr Geschäft im letzten Moment gerettet, indem sie ein enormes Maß an Fokussierung, außergewöhnlichem Glauben und starkem Willen, sich auf die richtigen Gedanken zu konzentrieren, aufbrachten. Andere verbesserten einfach ihren Lebensstandard.

Lois

Lois, eine Freundin von mir, ist eine hervorragende Grafikdesignerin. Sie hatte allerdings Angst vor der Rente, da sie kaum Ersparnisse hatte. Ich riet ihr, ihr Denken zu fokussieren, um schnell zu Geld zu kommen, und gab ihr die entsprechenden Schritte vor: Sie musste sich sehen, wie sie ihr Rentenportfolio anschaut. Sie musste den Geldbetrag sehen, den sie benötigte, um in aller Ruhe in Rente gehen zu können. Ich erklärte ihr das Konzept der Visualisierung und sagte ihr, je mehr Einzelheiten sie visualisieren könne, desto besser sei es. Einzelheiten helfen uns nämlich, einen festeren Glauben zu entwickeln. Je deutlicher wir das Bild vor unserem geistigen Auge sehen, desto schneller kann es in der physischen Welt Gestalt annehmen. Lois visualisierte ihre Rentenfonds also fünfmal am Tag.
Ich fragte sie: »Lois, warum so oft?«
»Weil ich jetzt fünfzig werde und ich das auf die Reihe kriegen muss.«
»Du warst schon immer übergründlich!« Ich betonte, dass sie bei allem, was sie tat, eine positive Einstellung an den Tag legen müsse.
Durch ihre Arbeit als Grafikdesignerin besaß Lois eine hervorragende Konzentrationsfähigkeit. Sie konnte sich besser fokussieren als die meisten anderen Leute, die ich kannte. Außerdem hatte Lois Spaß an den Visualisierungssitzungen. Ich schlug ihr vor, auch Musikstücke wie beispielsweise von Mozart für sich zu nut-

zen – sie würden sich zusätzlich positiv auswirken. Lois wollte das gern ausprobieren und war gespannt. Ich erklärte ihr, dass jedes Stück von Mozart, das ihr wirklich gefiel, ihr von Nutzen sei. Lois stellte fest, dass die Visualisierung und die Musik von Mozart ihr ein Gefühl von Inspiration vermittelten. Sie legte sich verstärkt ins Zeug, um neue Kunden zu gewinnen. Zudem startete sie eine Werbeaktion und machte Termine mit potentiellen Auftraggebern aus. Ihr verstärkter Glaube war wie ein Magnet: Sie zog in flottem Tempo neue Aufträge an Land. Ihre Arbeit machte ihr mehr Freude denn je, was sich auch wieder auf die Geschäfte auswirkte. Die Kunden freuten sich, mit einer Frau ins Geschäft zu kommen, die so positiv und kreativ war, und Lois stellte fest, dass sie die ganze Zeit Musik von Mozart spielte. Ihre Ideen kamen ganz von allein. Es sollte nicht lang dauern, da sah sie auch finanziell Resultate. Lois ist nun auf dem besten Weg, in aller Ruhe in Rente gehen zu können.

Der Bezug, den jeder Einzelne zum Geld hat, ist höchst unterschiedlich. Jean, eine Frau, die ich vor Jahren kennenlernte, ist glücklich und zufrieden mit der Pension, die sie durch ihre Arbeit bei der Post bekommt. Sie hat wenige Wünsche und ist einfach nur froh, nicht mehr zur Arbeit gehen zu müssen. Für sie ist es ein Segen, ein stabiles Einkommen zu haben.

Leonard ist Multimillionär und befürchtet, seinen Lebensstil nicht halten zu können. Er besitzt Häuser in Manhattan, East Hampton und Florida. Doch selbst das ist noch nicht genug. Er braucht seinen Privatjet. Ich sagte ihm, dass es ihm doch

gutgehe, und schlug ihm vor, sich einfach auf noch mehr Geld zu fokussieren, dann würde er es schon kriegen.
John wäre ein glücklicher Mensch, wenn er mit seiner Kreditkarte keine Schulden gemacht hätte. Er lebte in Angst, pleitezugehen. Alle diese Leute haben einen anderen Bezug zum Geld; sie alle wünschen sich jedoch, ihren Maßstäben entsprechend ausreichend viel Geld zur Verfügung haben, um so leben zu können, wie sie gern möchten.
Heutzutage ist Geld auch ein Hilfsmittel, das uns spirituelles Wachstum ermöglicht. Wir entwickeln Charaktereigenschaften durch die Art, wie wir mit Geld umgehen. Bei unserem Tod nehmen wir unsere Gedanken mit, nicht jedoch unser Geld. Im Jenseits gibt es keine Banken. Einmal kam ein sehr reicher Klient zu mir in eine Sitzung. Er wollte wissen, ob ich ihm sagen könne, wann und wo er in seinem nächsten Leben geboren würde, damit er sich sein Geld weitervererben könne.

Claudia

Claudia hatte jedes Seminar, jeden Vortrag, jeden Kurs und jeden Workshop besucht und auch jedes Buch gekauft, das zum Thema Manifestierung von Geld erhältlich war. Als sie zu ihrem Termin bei mir kam, war sie noch immer auf der Suche nach der Antwort auf die uralte Frage, wie man Unmengen Geld verdienen kann. Nichts, was sie bislang ausprobiert hatte, hatte zum gewünschten Erfolg geführt.
Als ich sie ansah, war mir sofort klar, dass es ihr bei diesem Thema um alles ging, aber es fehlte ihr an Glauben. Ich sagte ihr, sie solle aufhören, immer nur im Kreis herumzurennen. Sie verschwende

ihre Energie und fokussiere sich nicht auf ihr Ziel. Sie solle die Kraft der Gedanken nutzen, um das gewünschte Geld in ihr Leben einzubringen. Sie müsse sehen, wie ihr Wunsch bereits verwirklicht war. Sie müsse ein Bild von sich als sehr reiche Frau schaffen. Wenn Sie dann mit ihrem gewohnten Leben fortfahre, würde sie feststellen, dass sich ihr immer wieder Gelegenheiten boten, Geld zu verdienen. Ich betonte ausdrücklich, wie wichtig hier der Glaube war, damit ihr Wunsch auch in Erfüllung ging. Sie müsste ohne Wenn und Aber an ihre Fähigkeit glauben, das gewünschte Geld auch zu bekommen. Dennoch war das Denken allein nicht ausreichend. Es mussten Taten folgen. Claudia sollte alles tun, was in ihrer Macht stand, damit der Gedanke in ihrer Welt Gestalt annehmen konnte.

Zwei Jahre später suchte Claudia mich erneut auf. Sie hatte meinen Rat bis aufs Wort befolgt. Eine unerwartete Sonderzahlung in der Arbeit war das erste Zeichen, dass mein Ansatz funktionierte. Sie nahm diese Sonderzahlung und investierte das Geld in eine Internetfirma, deren Aktien sich innerhalb eines Jahres vervierfachten. Claudia ist nun auf dem besten Weg, eine wirklich reiche Frau zu werden.

Diese Lektion hier ist sehr wichtig. Wie oft sind Sie schon Menschen begegnet, die etwas geschafft haben, das eigentlich unmöglich schien? Auf die Frage, wie sie das denn zustande gebracht hätten, lautet die Antwort meist stereotyp: Sie hätten eben geglaubt, dass sie es schaffen würden.

4. DER PERFEKTE JOB

Menschen, die mit ihrer Arbeit unzufrieden sind, fühlen sich elend. Depressionen, Lethargie, Gewichtszunahme, Affären am Arbeitsplatz, Ärger und Neid sind nur einige der Symptome eines Syndroms, das man als Nicht-perfekter-Job bezeichnen kann. Ich kann Ihnen gar nicht sagen, wie viele Menschen mich im Lauf der Jahre schon aufgesucht haben, weil sie keinen Job finden konnten, der erfüllend war und gleichzeitig so viel Geld abwarf, um auch davon leben zu können.

Überlegen Sie sich einmal, wie viel Zeit Ihres Lebens Sie am Arbeitsplatz verbringen. Es ist offensichtlich, dass der Wunsch, eine Arbeit zu finden, die uns gefällt, für unser Glück von höchster Bedeutung ist.

Viele Leute haben das Bedürfnis nach Selbstverwirklichung – in Form von Kunst, Literatur oder sonst wie. Das Bedürfnis nach einer derartigen Arbeit ist in diesen Menschen sehr stark ausgeprägt. Lässt sich das nicht verwirklichen, haben diese Personen das Gefühl, ihr Leben nicht wirklich zu leben.

Jack

Einer meiner Klienten bekam einmal eine Stelle beim Theater. Der Mann war einundfünfzig und hatte immer davon geträumt, Schauspieler zu sein. Aber er hatte nie eine Möglichkeit gefunden, sein Ziel auch zu verwirklichen.

Jack konsultierte mich zum ersten Mal zwei Jahre, bevor er den besagten Job bekam. Er unterrichtete als Teilzeitlehrer in einem kleinen College, hatte immer zu wenig Geld, und seine Konten waren dementsprechend im Minus. Er hatte starke Schmerzen in den Knien und war total außer Form, weil er Schwierigkeiten hatte, Sport zu treiben. Jedenfalls war er mit Problemen nur so beladen.

Zu entscheiden, welches seiner Probleme er zuerst angehen sollte, war gar nicht so einfach. Dieser Mann war so freundlich und nett – eine Freundlichkeit, deren Schwingungen unter seinen unglücklichen Gedanken spürbar waren. Ich sah nur ein einziges Mal, wie sich seine Aura lichtete – als er nämlich übers Theater sprach. Irgendwie erinnerte er mich an den Schauspieler Spencer Tracey, und ich konnte sehen, wie er Rollen dieser Art verkörperte.

Ich fragte ihn also, welches seiner Probleme er denn zuerst angehen wolle. Er antwortete: »Nun, die Geldfrage natürlich. Ich kann ja nicht mal Schauspielunterricht nehmen, wenn mir das Geld dazu fehlt. Momentan habe ich Schulden. Mein derzeitiger Job wirft nicht genug Geld ab, und ich wollte doch mein ganzes Leben lang Schauspieler sein.«

Ich riet ihm Folgendes: »Jack, wir treiben das Geld also besser auf, denn sobald Sie über ein gewisses Maß an finanzieller Sicherheit verfügen, ist Ihr Denken frei, sich aufs Theater zu konzentrieren.«

Ich sagte ihm, er müsse sich sehen, wie er in der Lage ist, seine Rechnungen zu bezahlen, wobei ihm genug Geld übrig bleibt, um auch noch Schauspielunterricht zu nehmen. Ich riet ihm, sich auszumalen, wie er ruhig und entspannt wirkt, weil er seine Schulden begleichen kann. Er müsse sich sehen, wie er für die Rechnungen die entsprechenden Schecks ausstellt oder das Geld online überweist – wie er sich eben gern in finanziell stabilen Verhältnissen sieht. Jack hatte in jüngeren Jahren an Meditationskursen teilgenommen, in denen er gelernt hatte, sich zu fokussieren. Weil er im Grunde seines Herzens Schauspieler war, fiel ihm das Prinzip der kreativen Visualisierung nicht schwer, und er mochte den Gedanken, sich in einer Rolle zu sehen. Seine Rolle war nun also, einen sechzig Jahre alten Mann zu spielen, der keine Geldsorgen hatte. Zu dieser Rolle gehörte auch, dass der Mann sich von zu Hause auf den Weg in den Schauspielunterricht machte, was ihm dann schließlich einen Job im Theater einbringen würde.

Jack war so aufgeregt bei dem Gedanken, diese Rolle zu spielen, dass er mir sagte, er könne sogar sehen, welche Kleidung er trug. Er habe graue Wollhosen an und ein weißes Hemd mit einem dezenten grauen Streifen, das gut zur Hose passte. Er hielt einen Moment inne und vervollständigte sein Aussehen dann noch mit einer Krawatte. Jack war auf dem besten Weg. Ich machte ihm klar, dass er diese Visualisierung mindestens zweimal pro Tag durchführen und das Bild jeweils mindestens zwei Minuten lang festhalten müsse.

»Jack, wenn Sie diese Übung machen, müssen Sie die Zeit dazu als etwas ganz Besonderes einplanen. Bereiten Sie sich auf die Visualisierung vor. Suchen Sie sich einen ruhigen Ort, an dem Sie ungestört sind, und setzen Sie sich aufrecht hin, die Füße flach auf den Boden gestellt und die Hände im Schoß.

Ich möchte, dass Sie Ihren ganzen Körper entspannen. Das lässt sich mit Tiefenatmung erreichen. Wenn Sie bereit sind, atmen Sie langsam tief ein, während Sie innerlich bis vier zählen, halten auf vier Zähler den Atem an und atmen dann aus, während Sie wieder innerlich bis vier zählen. Das machen Sie insgesamt dreimal.«

Ich wusste, dass Jack mit den Nerven am Ende war und er sich entspannen musste, bevor er anfangen konnte, seinen Fokus zu verstärken. Er fasste den ganzen Übungsablauf noch einmal ver-

bal zusammen. Anschließend fuhr ich mit der Erklärung der Göttlichen Kraft fort. Da Jack aus einer christlichen Familie stammte, hatte er kein Problem, das spirituelle Konzept zu begreifen. Er verließ die Sitzung mit seinen Aufzeichnungen und war wild entschlossen, seine Rolle eingehend zu üben.
Als er ging, sagte ich noch: »Jack, tun Sie alles Menschenmögliche, damit Ihr Wunsch Gestalt annehmen kann. Es hat keinen Sinn, zu Hause zu sitzen und zu warten, bis das Telefon klingelt. Sie dürfen nichts unversucht lassen, damit Sie Ihr Ziel erreichen.«
Vier Monate nach dieser Sitzung hinterließ mir Jack eine Nachricht auf dem Anrufbeantworter. Er war total hin und weg, weil seine Mutter ihm einen Scheck geschickt hatte, mit dem er seine gesamten Schulden auf einen Schlag bezahlen konnte; und es blieben ihm sogar noch ein paar tausend Dollar übrig. Er hatte keine Ahnung gehabt, dass seine Mutter überhaupt über so viel Geld verfügte. Sie war Witwe, und er hatte ihr gegenüber nichts von seinen finanziellen Problemen erwähnt, weil er ihr keine Sorgen bereiten wollte. Sie schickte ihm das Geld mit den Worten, sie habe es ihm eigentlich bei ihrem Tod hinterlassen wollen, aber dann sei ihr irgendwie der Gedanke gekommen, es ihm lieber jetzt zu schicken. Und das hatte sie dann getan. Jack klang ein wenig erstaunt, weil er diesen Scheck bekommen hatte. Er war unterwegs in den Schauspielunterricht – eine Stunde, die er mit dem Geld seiner Mutter bezahlte. Er war mir dankbar, weil ich ihn mit der Kraft der Gedanken vertraut gemacht hatte. Er wollte weiterhin seine Gedanken trainieren, seine Visualisierung verändern und sich in seiner neuen Rolle sehen – als ein Mann, der sich als Schauspieler seinen Lebensunterhalt verdient.
Etwa achtzehn Monate nach dem Telefonanruf, in dem er mir von dem Geschenk seiner Mutter erzählt hatte, informierte Jack

mich kurz, dass er eine Rolle als Charakterdarsteller in einem Fernsehkrimi bekommen habe. Es war nur eine kleine Rolle, aber in zwei Folgen sei er zu sehen. Er hatte weiterhin Schauspielunterricht genommen und war zu jedem Vorsprechen gegangen, von dem er erfahren hatte. Jack verfolgte unablässig seinen Traum, Schauspieler zu werden. Er arbeitete noch immer als Lehrer, und das Geld war recht knapp, aber er kam über die Runden. Er wusste, dass er mit seinem mentalen Training und seinen physischen Bemühungen fortfahren musste, war aber optimistisch; und dieser Optimismus stärkte zusätzlich seinen Glauben, dass er noch mehr Jobs als Schauspieler anziehen würde und schließlich davon würde leben können.

Deanne

Deanne war alleinerziehende Mutter von zwei Kleinkindern und lebte von der Sozialhilfe. Sie hatte einen Traum: Sie wollte einen ehrbaren Beruf, ein schönes Zuhause und genügend Geld, um ihren Kindern eine gute Ausbildung ermöglichen zu können. Noch nie war ich jemandem mit so viel Mumm wie Deanne begegnet. Wir hatten uns bei einer Veranstaltung kennengelernt; ich signierte meine Bücher, und sie erzählte mir dann ihre Geschichte. Ich widmete ihr gern ein paar Minuten und riet ihr, sich zu sehen, wie sie in einem Beruf arbeitet, der sie mit Stolz erfülle und ihr das Gefühl gebe, wichtig zu sein. Sie solle sich in einem schönen Zuhause sehen und wie sie ihren Kindern zuwinkt, wenn sie sich auf den Schulweg machen. Ich sagte ihr, sie müsse sehen, wie ihr Wunsch bereits in Erfüllung gegangen sei.
Diese Frau überraschte mich durch ihren absolut festen Vorsatz, nach Hause zu gehen und auf der Stelle mit den mentalen Übun-

gen anzufangen. Sie hatte etwas an sich, das mir das positive Gefühl gab, dass sie alles erreichen würde, was sie sich ersehnte. Drei Jahre später kam Deanne zu einer weiteren Sitzung. Sie hatte einen Job im Strafvollzug, lebte in einem hübschen Haus, und ihre beiden Kinder kamen gut in der Schule voran.
Ich fragte sie, wie sie das alles geschafft habe. Sie erklärte mir, dass sie nicht einen Augenblick zugelassen habe, von ihrer hundertprozentigen Überzeugung abzurücken, all das auch wirklich zu erreichen. Sie achtete sorgsam darauf, ihren Wunsch stets als bereits verwirklicht zu sehen. Dann lernte sie eine Frau kennen, die ihr sagte, wie sie Beamtin im Strafvollzug würde. Auf die Idee war sie noch nie gekommen. Sie ließ das entsprechende Arbeitsmaterial kommen, lernte viel und schaffte das Examen mit Bravour. Nachdem sie jetzt eine feste Stelle hatte, gewährte man ihr ein Darlehn für ein Eigenheim. Sie fand dann ein Haus in einer Gegend mit einer hervorragenden staatlichen Schule. Deanne kam zu mir, um mir persönlich zu sagen, wie sehr ihr die Ratschläge, die ich ihr in meiner Signierstunde erteilt hatte, geholfen hätten, ihr Leben positiv zu verändern.

Jimmy

Als Teenager konnte Jimmy sich nicht entscheiden, was er beruflich einmal anfangen wollte. Er ging aufs College, studierte Betriebswirtschaft, schmiss alles hin, ging wieder aufs College, studierte Jura und schmiss wieder alles hin. Dann beschloss er, Psychologie zu studieren, aber es machte ihm keinen Spaß. Und so hörte er auch damit wieder auf. Es war offensichtlich, dass ein Studium nicht seine Sache war. Aber was sollte er dann machen? Er kochte gern für Freunde – warum also nicht Koch werden? Er schrieb sich bei einem bekannten Institut für Gastronomie in New York ein und kam nach drei Monaten zu dem Schluss, dass professionelles Kochen mehr Arbeit bedeutete als angenommen. Wieder ließ er den Kurs sausen. Als er mich aufsuchte, jobbte er gerade als Barmann. Er hatte den Job bloß angenommen, um seine Rechnungen bezahlen zu können. Sich auf diese Weise seinen Lebensunterhalt verdienen zu müssen war ihm ein Greuel, denn er meinte, es sei unter seiner Würde. Jimmy konnte seine Kunden nicht ausstehen, musste aber nett und freundlich sein, damit er nicht gefeuert wurde. Es wäre also hilfreich, wenn er endlich zu einer Entscheidung käme, was er eigentlich mit seinem Leben anfangen wollte.

Ich warnte Jimmy vor seinem negativen Denken, denn seine Aura zeigte mir, dass er verärgert und frustriert war, und sein Zustand war schlimmer, als ihm selbst klar war. Ein Blick genügte, um zu sehen, dass er eigentlich ein netter, liebevoller Bursche war. Die Frustration, die seine Suche nach einem sinnvollen Job nach sich zog, hatte ihre Spuren hinterlassen. Jimmy hörte mir aufmerksam zu.

»Sagen Sie mir einfach, was ich tun soll, und genau das mache ich dann.«

Ich sagte Jimmy, er solle sich dabei sehen, wie er mit Freude arbeitet. Weil er nicht wusste, was das überhaupt bedeutet, erklärte ich ihm, er solle sich einfach seine Optionen offenhalten. Er solle der Göttlichen Kraft gestatten, ihn zu seinem perfekten Job zu führen. Ich wies ihn an, sich einen ruhiges, gemütliches Plätzchen zu suchen. Nachdem er die Göttliche Kraft um Anleitung gebeten hatte, solle er vor seinem geistigen Auge das Bild sehen, wie er glücklich und zufrieden zur Arbeit geht. Er solle seine Kleidung sehen, seinen forschen Gang und wie er mit Vergnügen diverse Schecks ausstellt, um seine Rechnungen zu bezahlen. Dieses Bild solle er möglichst klar gestalten. Mindestens dreimal am Tag solle er das tun, und zwar jeweils zwei Minuten lang.

Wenn er es erst einmal geschafft hätte, das Bild zu sehen, wie er glücklich und zufrieden seiner Arbeit nachgeht, würde er sicher noch länger daran festhalten wollen und bemerken, dass dieses Bild immer detaillierter wurde. Er solle sich sehen, mit was für einem Auto er gern zur Arbeit fährt, und auch die äußeren Gegebenheiten visualisieren. Am Ende der Übung solle er das Bild loslassen und mit seinem gewohnten Tagesablauf weitermachen. Dieses Loslassen war überaus wichtig, denn nur so war sein Geist frei, andere Ideen zu empfangen, die ihn zu seinem Wunschziel führten.

Wenn wir ein Bild festhalten, konzentrieren wir unser gesamtes Denken auf ein bestimmtes Bild. Das ist prima, kann aber unsere Fähigkeit einschränken, Ideen zu empfangen, die uns nie in den Sinn gekommen wären. Wir müssen fest daran glauben, dass wir die Antwort finden. Ich sagte Jimmy also, dass er nicht daran zweifeln solle; er müsse mit dieser mentalen Übung weitermachen, bis er die Antwort erhalte, nach der er suche. Dazu sei Willenskraft erforderlich, denn schließlich sei er es nicht gewohnt, so zu denken. Doch ich war mir sicher, dass er bald seine Freude an den Visualisierungen haben würde, sie vielleicht sogar irgendwann völlig verinnerlichen würde.

Integration bedeutet hier, dass man nicht das Gefühl hat, die mentalen Übungen wie eine Pflicht erfüllen zu müssen; sie sind integraler Bestandteil von uns. Dazu ein Beispiel: Wenn Sie lernen möchten, Klavier zu spielen, müssen Sie üben. Wenn Sie die entsprechende Ausdauer haben und sich vorstellen, wie schön es sein wird, mühelos eine herrliche Melodie zu spielen, wird das

Üben erträglich. Wenn Sie dann schon etwas besser spielen können, freuen Sie sich sogar schon auf ihre Übungsstunden. Sie müssen sich dann nicht mehr zwingen, weil bereits eine Integration stattgefunden hat. Integration bedeutet, dass Sie gerne alles Notwendige tun, um Ihr gewünschtes Ergebnis zu erreichen. Das ist eine konstruktive Form des Denkens.
Jimmy befolgte also meine Ratschläge. Er stellte fest, dass er die Momente, wenn er etwas visualisierte, wirklich genießen konnte. Sie waren nicht nur entspannend, sondern bestimmten auch die Stimmung seines Tages. Er tat etwas, das ihm das Gefühl vermittelte, seinem Ziel näher zu kommen, und er fühlte sich nicht allein, weil er die Verbindung mit der Göttlichen Kraft spürte. Er bemerkte auch, dass es ihm erheblich leichter fiel, seinen Job hinter der Bar zu machen und nett zu den Gästen zu sein. Der Groll war verflogen, und Jimmy machte es mit der Zeit sogar Spaß, mit den Gästen zu plaudern. Seine Freunde bemerkten, dass er irgendwie glücklicher wirkte, und sagten es ihm auch. Sechs Monate vergingen. Jimmy war gerade am Arbeiten, als ein Bekannter – er hieß Bill – ihn seinem Freund Mark vorstellte, dem Privatsekretär eines bekannten Filmregisseurs. Jimmy fand die Begegnung sehr spannend, denn Leute vom Film hatten ihn schon immer fasziniert. Die beiden unterhielten sich, und es stellte sich heraus, dass Mark einen berühmten Schauspieler kannte, der gerade einen neuen Assistenten suchte.
Jimmy sagte: »Das hört sich nach einem interessanten Job an.«
»Hätten Sie denn Interesse an der Stelle? Ich kann ein Vorstellungsgespräch für Sie arrangieren«, erwiderte Mark.
Jimmy war ziemlich perplex und meinte: »Aber Sie kennen mich doch gar nicht. Wie können Sie mich denn da empfehlen?«
Da warf Bill ein: »Ich bürge auf jeden Fall für dich.«

»Damit ist die Sache für mich klar«, lautete Marks Antwort.
Jimmy gab Mark seine Telefonnummer, rechnete allerdings nicht damit, auch wirklich von ihm zu hören. Irgendwann vergaß er die ganze Sache. Eine Woche verstrich, dann klingelte das Telefon, und eine Stimme sagte: »Tag, Jimmy, hier ist Mark, erinnern Sie sich noch an mich?« Nach einer Sekunde war Jimmy klar, mit wem er da sprach, und er erwiderte: »Aber natürlich, Sie sind Bills Freund.«

»Wenn Sie zum Vorstellungsgespräch für den Job gehen wollen, von dem ich Ihnen damals erzählt habe, müssten Sie sofort bei mir vorbeikommen.« Mark erklärte, dass der besagte Schauspieler zwischen zwei Dreharbeiten gerade in der Stadt sei und Zeit für ein Treffen mit Jimmy habe.

»Sagen Sie mir, wohin ich kommen soll, dann mache ich mich sofort auf den Weg«, erwiderte Jimmy.

Jimmy bekam den Job.

Er konsultierte mich einen Monat nachdem er in seiner neuen Stelle angefangen hatte. Seine Jura- und Psychologieausbildung – und sogar das Kochen – waren ihm überaus hilfreich, denn er musste für den Star alle möglichen komplizierten Situationen managen. Jimmy erzählte mir, dass er seinen Job liebe und das Gefühl habe, zu seiner Berufung gefunden zu haben. Seine neue Arbeit war mit Reisen verbunden, er lernte interessante Leute kennen, und die Bezahlung war auch super; sogar ein Auto bekam er gestellt. Er hatte ein Büro in New York und eines in Los Angeles. Jimmy bedankte sich bei mir für meine Anleitung.

»Das alles hätte ich nie geschafft, wenn ich nicht gelernt hätte, wie ich mein Denken fokussieren muss. Als ich aus der Sitzung bei Ihnen herauskam, war ich skeptisch. Es schien mir unmöglich, zu meiner Berufung zu finden, indem ich dreimal am Tag *visualisierte, dass ich glücklich bin. Aber ich beschloss, es zumindest einmal zu versuchen. Schließlich war alles andere bereits fehlgeschlagen. Ich war nie sonderlich spirituell veranlagt, deshalb war es für mich nichts Normales, die Göttliche Kraft zu nutzen. Jetzt kann ich mir gar nicht mehr vorstellen, wie ich einen Tag beginnen soll, ohne diese Göttliche Kraft zu würdigen. Ich bin ja so dankbar.«*

―

Jimmys Einwand, dass es ihm zu simpel erschien, einfach nur zu visualisieren, wie er glücklich und zufrieden mit seiner Arbeit ist, ist wirklich bedeutsam. Die meisten Menschen meinen, dass sie sich in gesteigerte Aktivitäten stürzen müssen, um ein Ergebnis zu erzielen wie Jimmy. Das mentale Training ist bei unserem Tun jedoch das Wichtigste. Dennoch dürfen wir nichts unversucht lassen, damit das Bild in unserer physischen Welt Realität werden kann. Als Jimmy aufhörte, seinen Job zu hassen, war er glücklicher und widmete sich seinen Gästen mit mehr Interesse. Deshalb wollte letztlich auch Mark mit ihm reden. Das Gespräch, das sie dann führten, brachte Jimmy schließlich den perfekten Job ein.

Jedenfalls hat das mentale Training bei Jimmy geklappt. Und es klappt bei allen, die mit ihrer Arbeit unglücklich sind. Niemand muss ohne einen Beruf leben, der ihm Erfüllung gibt. Es kann sein, dass Sie all Ihren Mut zusammennehmen müssen, um Ihr Denken auf eine völlig andere Karriere auszurichten. Und es kann eine gute Weile dauern. Manchmal ist dazu auch eine Veränderung des Wohnorts oder der Lebensweise erforderlich. Aber viele Leute haben sich mit Erfolg beruflich verändert. Diese Menschen haben immer wieder visualisiert, wie sie glücklich und zufrieden arbeiten. Sie haben nichts unversucht gelassen, damit ihr Wunsch auch in Erfüllung ging, hatten stets den Glauben und gaben nicht auf. Sie befolgten die Regeln der Magie der Gedanken.

5. WAHRE LIEBE

Nur zu oft glauben Menschen, die sexuell anziehend sind, dass sie sich verliebt haben. Sexuelle Anziehungskraft wirkt wie eine Zauberformel; sie zieht an wie ein Magnet. Wenn dann Gemeinsamkeiten dazukommen wie Reisen, in noble Restaurants zum Essen gehen und einen Sommer am Meer verbringen, meinen diese Menschen, ihre Liebe würde ewig währen. Doch mit der Zeit lässt die sexuelle Anziehung nach. Gemeinsame Interessen werden Routine. Sie haben immer mehr das Gefühl, dass es mit der Verliebtheit vorbei ist. Diese Menschen waren jedoch auch anfangs nicht wirklich verliebt. Es ging nicht um Liebe, sondern um Anziehung. Diese Anziehung war aber nicht stark genug, um die Seele zu durchdringen; deshalb ist sie dann erloschen.
Am Anfang einer derartigen Beziehung ist das Denken der beiden Personen synchron. Sie schwingen auf gleicher Frequenz. Diese Schwingungen halten die Beziehung eine gewisse Zeit lang zusammen. Doch dann verlieren diese Schwingungen an Intensität, weil Schwingungen anderer starker Gedanken sich mit ihnen vermischen. Dazu ein Beispiel: Eine Person fühlt sich zu einer anderen sexuell hingezogen. Dann stellt das Paar fest, dass die Gemeinsamkeiten nicht stark ge-

nug waren, um die Beziehung weiterzuführen. Die beiden sind nicht mehr auf der gleichen Wellenlänge. Ihre Schwingungen sind unterschiedlich.

Sexuelle Anziehung und gemeinsame Interessen sind wichtig, aber ausreichend sind sie nicht. In beiden Fällen handelt es sich ausschließlich um etwas Physisches. All das ist materiell, die Seele wird davon nicht durchdrungen. Wenn zwei Menschen sich aber auf seelischer Ebene lieben, hat diese Liebe Bestand. Die Eigenschaften der Seele sind mit unserem höheren Selbst verbunden. Mit diesen Eigenschaften sind Integrität, Aufrichtigkeit, Geduld, Höflichkeit, Freundlichkeit, Mitgefühl, Verständnis und Toleranz gemeint. In ihrer Gesamtsumme machen sie dann den Charakter eines Menschen aus. Ihr Charakter ist Ihre Seele. Gleiches zieht Gleiches an. Kommen zwei Menschen zusammen, die die gleiche Einstellung haben, führt das zu einer dauerhaften Verbindung. Die Seelen der beiden Menschen gehen eine Verbindung ein, die über Physisches und Materielles hinaus Bestand hat. Diese Liebe ist die wahre Liebe.

Wer die wahre Liebe finden will, muss zuerst einmal selbst ein liebenswerter Mensch sein. Denn die Kraft der Liebe schafft eine wunderbare Schwingung, die Ihr gesamtes Wesen durchdringt. Und diese Schwingung bringt dann einen ähnlichen Menschen in ihr Leben ein.

Wünschen Sie sich die wahre Liebe, müssen Sie Ihre Aufmerksamkeit auf die wahre Liebe ausrichten. Diese Konzentration auf die Liebe versetzt Ihren Geist in den richtigen Zustand, um die wahre Liebe zu visualisieren. Wenn Sie sich aufrichtig auf den Wunsch nach Liebe konzentrieren, zu lieben und geliebt zu werden, dann bringen Sie die Liebe in Ihr Leben ein.

Man bekommt, was man gibt. Je öfter Sie Ihre Gedanken darin schulen, über die Liebe zu meditieren, desto schneller wird Ihr persönlicher Wunsch in Ihrem Leben Gestalt annehmen. Es gibt viele verschiedene Möglichkeiten, sich auf Liebe zu fokussieren.

Übung: Rosa

Hier nun eine effiziente Übung, um sich auf die Liebe zu konzentrieren. Suchen Sie sich einen ruhigen Platz, an dem Sie sich auch wirklich wohl fühlen. Schließen Sie die Augen. Sehen Sie die Farbe Rosa, einen herrlichen Farbton in Pink. Richten Sie Ihre Aufmerksamkeit ganz auf diese Farbe. Machen Sie sich keine Sorgen, wenn Sie geistig abschweifen. Richten Sie Ihren Geist einfach wieder auf die Farbe Rosa aus. Sehen Sie weiterhin diese Farbe. Atmen Sie. Sehen Sie jetzt, wie diese herrliche Farbe Sie umgibt. Sie sind in Rosa gehüllt. Ihre Aura strahlt diese herrliche Farbe der Liebe aus. Sie empfinden Wärme, Schutz und Liebe. Halten Sie dieses Bild mehrere Minuten lang fest. Verzweifeln Sie nicht, wenn es Ihnen nicht gelingt; man braucht eine gewisse Übung dazu. Schicken Sie diese Farbe jetzt jemandem, der sie benötigt – das kann Ihre Mutter, Ihr Chef, Ihr Nachbar oder ein Angestellter vom Imbiss an der Ecke sein, der immer schlecht gelaunt ist. Sehen Sie diesen Menschen, der diese Liebe braucht, und visualisieren Sie, wie er in herrliches Rosa gehüllt ist. Halten Sie dieses Bild fest, bis diese

Person völlig in liebevolles Rosa getaucht ist. Dann lassen Sie das Bild los.
Sie werden über die Ergebnisse dieser Meditation erstaunt sein. Zuerst und vor allem werden Sie sich gut fühlen, denn es ist schier unmöglich, nicht positiv beeinflusst zu werden, wenn man seine Aufmerksamkeit auf die Liebe richtet. Zweitens schicken Sie jemandem selbstlos Liebe, der sie nötig hat – nicht weil Sie selbst etwas wollen. Wenn Sie so handeln, erheben Sie nicht nur Ihr Denken auf eine höhere Ebene. Sondern wir wissen auch, dass man bekommt, was man gibt – die Dinge fallen auf uns zurück. Es wird also nicht lang dauern, dann wird Ihre Liebe mit Liebe belohnt werden.

Jessica und Philip

Jessica ist seit drei Jahren geschieden. Ihr Herzenswunsch war, in ihrem Leben die wahre Liebe zu finden. Sie hatte sich sehr bemüht, damit ihre Ehe gut lief, doch sie und ihr Mann passten nicht zusammen. Jessica fühlte, wie die Zeit verging, und sie fürchtete dass ihr Traum nie in Erfüllung gehen würde.
»Ich gehe nie mit einem Mann aus. Ich kenne keinen, den ich mir als Ehemann für mich vorstellen könnte.«
Ich sagte: »Jessica, das macht nichts. Sie werden einen Mann in Ihr Leben ziehen, wenn Sie geistig offen sind und Ihre Gedanken auf die wahre Liebe konzentrieren.«
»Und wie mache ich das?«
»Gleiches zieht Gleiches an. Wenn Sie möchten, dass ein Mensch

in Ihr Leben tritt, der Sie wirklich liebt, dann sollten Sie selbst zu wahrer Liebe fähig sein.«

Ich riet ihr zu der Übung mit der Farbe Rosa. Sie würde ihr helfen, sich liebenswerter zu fühlen. Dann fuhr ich fort, ihr zu erklären, wie sie ihren Wunsch visualisieren konnte. Ich sagte ihr, sie müsse sich auf diese Übung vorbereiten. Sie solle sich einen ruhigen, behaglichen Platz suchen, wo sie völlig ungestört war. Ich riet ihr auch, ihren Körper durch Tiefenatmung zu entspannen; im Zustand der Entspannung solle sie dann visualisieren, wie vor ihr eine weiße Leinwand herunterkommt. Sie solle dann nach und nach ein Bild von sich mit einem Mann gestalten, den sie wirklich liebt – wie es für sie eben am besten sei. Manche Leute sehen sich auf ihrer Hochzeit, andere sehen sich, wie sie Hand in Hand bei Sonnenuntergang über einen Strand spazieren.

Jessica erklärte mir, dass ihr Bild von der wahren Liebe folgendermaßen aussehe: Sie saß mit dem Mann ihrer Träume am Kamin, beide tranken Wein.

»Das ist gut«, sagte ich, »je detaillierter Sie Ihr Bild ausgestalten, desto besser. Sehen Sie, was Sie am Kamin anhaben. Sehen Sie, wie das Zimmer ausschaut.«

Jessica erzählte mir, sie habe sich schon immer gern Geschichten ausgedacht. Sie hatte also keinerlei Schwierigkeiten, dieses Bild zu schaffen. Ich schlug ihr auch vor, Musik, wie beispielsweise die von Mozart, zu hören. Die Musik würde ihr ein Gefühl von Frieden und Harmonie vermitteln. Diese Empfindung würde dann in ihr andauern und sie empfänglicher für Menschen machen, die ebenfalls harmonisch gestimmt waren. Auch damit hatte Jessica kein Problem. Sie liebte Musik und vor allem die von Mozart.

»Jessica«, sagte ich, »Tun Sie alles in Ihrer Macht Stehende, um den gewünschten Mann in Ihr Leben einzubringen. Bemühen Sie

sich, gehen Sie irgendwohin, wo Sie einen Mann kennenlernen können. Sie brauchen Geduld und vor allem auch Ausdauer.«
»Wenn ich nur mehr Glauben hätte«, sagte sie mit einem Seufzer.
»Allein schon die Tatsache, dass Sie sich mehr Glauben wünschen, ist ein guter Anfang. Von Grund auf positiv eingestellt zu sein hilft schon sehr. Glauben Sie an die Möglichkeit, dass sich Ihr Leben verändert, wenn Sie Ihr Denken verändern. So zu denken wird Ihnen helfen.«
Jessica fing noch am gleichen Tag an. Sie suchte sich eine hübsche Ecke in ihrem Apartment für ihre Visualisierungsübungen. Außerdem kaufte sie mehrere Mozart-CDs und spielte dann ihre Lieblingsstücke. Jessica hatte ihre Freude an den Sitzungen, weil sie entspannend und interessant waren. Sie ergänzte ihr Bild am Kamin mit immer neuen Details. Die Übung, jemandem Liebe zu »schicken«, vermittelte ihr ein gutes Gefühl. Jessica machte das alles ein Jahr lang mit Feuereifer. In dieser Zeit lernte sie diverse Männer kennen, aber es funkte nie. Früher wäre sie deshalb frustriert und zynisch gewesen, doch jetzt schaffte sie es, ihren Fokus beizubehalten.
Eines Nachmittags begann es zu regnen, als Jessica gerade auf dem Heimweg war. Sie wurde nass bis auf die Haut. Da sie keinen Schirm dabeihatte, beschloss sie, ein Taxi zu nehmen. Es war das reinste Wunder, dass genau in dem Moment eines vor ihr anhielt – keine Kleinigkeit in New York. Als sie gerade einsteigen wollte, ging ein Mann auf das gleiche Taxi zu. Er blieb stehen, und Jessica hörte sich sagen: »Wohin möchten Sie?« Sie wollten zufällig in die gleiche Richtung, und so teilten sie sich das Taxi. Jessica hatte den Mann noch nicht einmal angesehen. Der Rest ist Geschichte.

Jessica und Philip erzählen mit Vergnügen, wie sie sich kennengelernt und Hals über Kopf verliebt haben. Ihre Flitterwochen verbrachten sie in einem Gasthof in Vermont. Dieser Gasthof ist für seine hübschen Zimmer mit großem Kamin bekannt. Bei dem tollen Auftakt kann es nur immer weiter bergauf gehen, denke ich.

Charles

Charles warf nie etwas weg. Zehn Jahre bevor wir uns trafen, hatte er einen Artikel in einer Zeitschrift über mich gelesen. Es ging darin um meine Arbeit, auch die Telefonnummer meiner Praxis wurde genannt. Charles hatte alles aufgehoben, denn er wollte mich zu gegebener Zeit einmal wegen eines Termins anrufen. Jedenfalls suchte er eines Tages nach etwas im Keller, und da stieß er dann zwischen allen möglichen Papieren auf den besagten Artikel samt Telefonnummer.
Charles war in einem schrecklichen Zustand. Seine Frau hatte ihn nach sechzehn Jahren verlassen, und er war am Boden zerstört. Er rief mich also an, um mit mir einen Termin zu vereinbaren.
Als Charles kam, war er so aufgeregt, dass ihm die Hände zitterten. Ich brachte ihm ein Glas Wasser. Er bedankte sich, dann konnte er seine Tränen nicht mehr zurückhalten.
»Das wird schon wieder, Charles«, sagte ich, als ich mich setzte. Ich gab ihm einen Augenblick Zeit, um sich zu sammeln. Es passiert oft, dass jemand in einer Sitzung weint. Aber dass ein Mann in Tränen ausbricht, bevor wir überhaupt angefangen haben, ist dann doch eher die Seltenheit.
»Meine Frau hat mich verlassen.« Er brachte die Worte kaum über die Lippen.

»Sie kommt schon wieder«, sagte ich mit einer Überzeugung, die seine Tränen versiegen ließ.
»Sie verstehen nicht. Sie liebt einen anderen«, warf er ein.
»Das glaubt sie nur«, erklärte ich.
»Was soll das heißen?«, fragte er.
»Das ist keine Liebe, das ist sexuelle Anziehung. Wenn es mit dieser Anziehung vorbei ist, kommt sie wieder zurück.«
»Meinen Sie wirklich?«
Ich sagte ihm, was ich sah. »Ihre Frau hat sich in einen Künstler verknallt. Sie möchte gern glauben, dass sie seine Muse ist. Sie meint, er sei ein leidenschaftlicher, liebevoller Mann, der sie auf Händen trägt. Aber sie wird feststellen, dass er egoistisch, grob und nachlässig ist und obendrein nicht einmal ein sonderlich guter Künstler.«
Charles war perplex. Er hatte noch nie mit einer Hellsichtigen geredet und hatte nicht damit gerechnet, dass ich so viel wissen würde. Ich merkte natürlich, dass meine Worte ihm Mut machten.
»Meinen Sie, dass Sie ihr verzeihen können?«, fragte ich ihn.
»Ich liebe sie. Ich will alles tun, damit sie zurückkehrt. Ich möchte eine zweite Chance bekommen, sie glücklich zu machen.«
»Sie werden viel Geduld brauchen. Sie ist der Leidenschaft verfallen. Es bringt nichts, Wenn Sie jetzt versuchen, sie zu überreden, zu Ihnen zurückzukommen.«
»Alle meine Freunde sagen, dass ich mir was vormache. Sie wird nicht wiederkommen. Alle finden, dass ich verrückt bin, weil ich sie überhaupt zurückhaben will.«
»Nun, sie verstehen eben nicht, wie sehr Sie beide sich lieben.«
»Wir beide? Meinen Sie denn, dass sie mich auch liebt?«
»Ja. Ich sehe, dass sie Sie von Herzen liebt. Sie hat nur eine unkluge Entscheidung getroffen. Ich glaube, sie war mit sich selbst

nicht glücklich. Sie hat das Abenteuer gesucht, und deshalb ist sie dann durchgebrannt.«

»Sie wollte immer Künstlerin sein. Ich habe ihr stets gesagt, ich würde sie unterstützen, wenn sie sich der Kunst widmen will. Aber sie hat befürchtet, dass sie nicht genug Talent hat.«

Charles war kein gutaussehender Mann, doch seine Freundlichkeit und sein liebevolles Wesen machten ihn sehr anziehend. Ich bin wenigen Menschen begegnet, die so selbstlos liebten wie er. Er verurteilte seine Frau nicht, obwohl sie ihm das Herz gebrochen hatte. Er wollte nur eine Chance, sie umso mehr zu lieben.

»Wie lang meinen Sie, wird es dauern, bis sie nach Hause kommen will?«, fragte er.

»Das hängt größtenteils von Ihnen ab«, erwiderte ich. »Schicken Sie Ihrer Frau liebevolle Gedanken. Lassen Sie nicht zu, dass Ihre Gedanken ins Negative abgleiten. Sicher wird es irgendwann schwierig werden, nicht den Glauben an ihre Rückkehr zu verlieren, und Ihre Freunde helfen Ihnen bestimmt nicht dabei. Ich würde mit ihnen gar nicht darüber reden. Halten Sie sich das klare Bild vor Augen, wie Sie beide wieder zusammenkommen.«

Ich bat ihn noch, einige Zeit in sein Haus zu investieren und es in einen besseren Zustand zu bringen.

Charles gab zu, dass seine Frau es fürchterlich fand, dass er nichts wegwerfen konnte. Er versprach, allen möglichen Krempel zu entsorgen. Auf diese Weise sei er auch gedanklich mit etwas beschäftigt und würde sich weniger einsam fühlen.

»Verhalten Sie sich einfach so, als ob Ihre Frau in Urlaub wäre«, riet ich ihm.

»Das ist wirklich eine gute Idee«, meinte er.

Als Charles nach der Sitzung ging, fühlte er sich viel besser, owohl er wusste, dass die Wartezeit nicht einfach werden würde. Aber ich sah die wahre Liebe, die diese beiden Menschen füreinander empfanden. Seine Frau würde irgendwann schon feststellen, dass sie den Künstler nicht liebte, und Charles richtiges Denken würde ihr dabei helfen. Seine Gedanken würde sich auf sie übertragen und ihr dabei helfen, sich ihre falsche Entscheidung verzeihen zu können.

Drei Jahre später kam Charles wieder zu mir. Die wahre Liebe hatte gesiegt. Seine Frau war nach einem halben Jahr zurückgekommen. Kurz nachdem sie Charles verlassen hatte, wurde ihr klar, dass sie einen schrecklichen Fehler begangen hatte. Der Künstler war ein mieser Typ und eine Niete. Er behandelte sie schlecht, und es sollte nicht lang dauern, bis der Frau klar wurde, dass es nicht Liebe war, was sie an ihn band. Sie schämte sich und erkannte, dass sie eigentlich Charles liebte. Dann verstrich allerdings noch einige Zeit, bis sie den Mut hatte herauszufinden, ob ihr Mann sie überhaupt zurückhaben wolle. Sie sagte, sie habe oft fühlen können, wie Charles an sie gedacht habe. Manchmal war der Gedanke so stark, dass es sich anfühlte, als wäre sie mit ihm zusammen. Das gab ihr dann den Mut, Kontakt zu ihm aufzunehmen. Und schließlich wurden die beiden wieder ein Paar.

Telepathie

Denken ist nicht an physikalische Gesetze gebunden. Wenn wir unsere Gedanken auf einen Menschen konzentrieren und dieser Mensch empfänglich ist, kann unser Gedanke geistig aufgenommen werden. Charles dachte so oft und mit solcher Intensität an seine Frau, dass sie diese Gedanken dann aufgriff. Seine Gedanken hatten sich auf seine Frau übertragen. Das ist Telepathie. Haben Sie schon einmal an jemanden gedacht, und in genau dem Moment hat dann das Telefon geläutet und derjenige war am Apparat? Sind Sie schon einmal jemandem über den Weg gelaufen, von dem Sie gerade geredet oder an den Sie gedacht hatten? Sind Sie schon einmal zum Briefkasten gegangen und haben Post von jemandem bekommen, mit dem Sie sich gerade gedanklich beschäftigt hatten? Ich habe festgestellt, dass Telepathie zwischen zwei Menschen, die sich wirklich lieben, überaus häufig auftritt. Da zwischen den beiden eine so starke Verbindung besteht, sind die Gedanken aneinander stark magnetisch aufgeladen. Diese verstärkte Anziehung verleiht den Gedanken zusätzliche Kraft, so dass sie sich leichter empfangen lassen.

Wahre Liebe ist möglich. Sie lässt sich einfacher finden, wenn wir uns gedanklich darauf konzentrieren, selbst ein liebevoller Mensch zu sein. Wir sollten visualisieren, wie wir glücklich verliebt sind. Dieses Bild ist die Basis für harmonische Schwingungen. Sind wir in Harmonie, ist es einfacher, die Regeln der Magie der Gedanken zu befolgen und damit schließlich die wahre Liebe zu finden, nach der wir suchen.

6. GLÜCK

Glück bedeutet, ein Leben in Harmonie zu führen, und Harmonie ist das universelle Gesetz des Gleichgewichts. In Harmonie ist alles Gute enthalten: Gesundheit, Ausgewogenheit, Liebe, Freundschaft und Glück sind das Ergebnis eines Lebens in Harmonie. Dagegen sind Probleme wie Krankheit, Verzweiflung, Einsamkeit und Leere das Ergebnis eines Lebens in Disharmonie.

Harmonie bedeutet, dass Sie mit Ihrem inneren Selbst in Frieden sind und zugleich auch mit der äußeren Welt. Wenn wir harmonisch denken, sprechen und handeln, senden wir ausgewogene, positive Schwingungen in den Äther aus. Diese Schwingungen geben harmonische Impulse voller Magnetkraft ab. Diese Magnetkraft bringt dann sowohl Menschen mit gleicher Einstellung in unser Leben ein als auch das, was wir uns wünschen. Je stärker die positive Magnetkraft, desto mehr Harmonie entsteht in unserem Leben.

Viele Menschen sind unglücklich. Sie glauben, dass sie im Leben glücklicher wären, wenn sie beispielsweise mehr Geld hätten. Alles wäre bestens, wenn sie im Lotto gewinnen würden, eine Erbschaft bekämen oder einen hochbezahlten Job fänden. Generell ist nichts an Geld und dem Besitz von schönen Dingen auszusetzen. Doch Geld allein macht nicht glücklich. Es gibt unzählige Geschichten von Lottogewinnern, bei denen dann alles eine negative Wende genommen hat: Scheidung, Schulden, Pleite, körperliche Gebrechen. Sicher haben Sie schon in der Zeitung gelesen, dass Geschwister sich nach dem Tod der Eltern gegenseitig verklagt haben, weil sie meinten, bei der Erbschaft zu kurz gekommen zu sein.

Und dann wären da auch noch die Schlachten, die sich die einzelnen Familienmitglieder noch zu Lebzeiten der Eltern um die Kontrolle des Vermögens liefern. Diese Geldstreitigkeiten führen dann meist dazu, dass die Geschwister nie mehr ein Wort miteinander wechseln.

Jeder will glücklich sein. Aber es sind die Menschen, die uns glücklich machen, nicht die Dinge. Beziehungen sorgen in unserem Leben für Glück.

Edward

Edward, ein reicher, gutaussehender Geschäftsmann, hatte Depressionen. Der Mann schien irgendwie am Ende der Fahnenstange angekommen zu sein. Das Seltsame an der ganzen Sache war, dass nichts in seinem Umfeld das Ausmaß seiner Verzweiflung erklären konnte. Mein erster Impuls war, ihm zu raten, sich an einen Psychiater zu wenden und nicht an eine Hellsichtige. Es kann nämlich schwierig werden, mit jemandem zu arbeiten, der wirklich Depressionen hat, denn es lässt sich schwer ablesen, was sich hinter dem Schleier der Düsternis verbirgt. Als Edward mit mir sprach, konnte ich jedoch sehen, dass er nicht wirklich depressiv war; er war nur absolut unglücklich. Er sagte mir, dass er zu mir gekommen sei, weil es nichts mehr gebe, das ihm Freude bereitete oder ihn glücklich machte. Er wollte von mir wissen, was er tun könne, um wieder glücklich zu werden.

Edward hatte die ganze Welt bereist. Es gab kaum einen Ort, den er nicht kannte. Er hatte mit seinem Geschäft ein Vermögen verdient und eine schöne, intelligente, erheblich jüngere Frau geheiratet. Er dachte, eine Familie zu haben würde ihn in diesem Alter glücklich machen.

Edward hatte alles getan. Er hatte gelernt, wie man ein Flugzeug fliegt, und war auf Großwildjagd gegangen. Er hatte ein Rennboot, fuhr Ski und spielte Tennis wie ein Profi. Alles, was Edward in den Sinn kam, probierte er aus. Wenn er dann etwas geschafft hatte, war er eine Weile zufrieden – ein paar Monate vielleicht. Dann fühlte er sich wie getrieben, etwas zu tun, das noch aufregender war und eine noch größere Herausforderung für ihn darstellte.

Er war besessen von dem Gedanken, unglücklich zu sein. Einmal erzählte er einem Bekannten davon, der ihm dann riet, etwas Karitatives zu machen. »Dann fühlst du dich gut und nicht so unglücklich«, sagte er zu Edward.

Edward ließ sich die Sache durch den Kopf gehen und beschloss, der Universität, die er selbst besucht hatte, Geld zu spenden. Die Summe war so hoch, dass die Uni davon ein neues Gebäude baute, auf dem Edwards Name stand. Das vermittelte ihm etwas länger ein gutes Gefühl als sonst. Aber bald begann seine Suche nach Glück aufs Neue.

Als ich Edward zuhörte und ihn beobachtete, sah ich, dass er absolut narzisstisch und egozentrisch war. Alles drehte sich nur um ihn. Selbst die Stiftung hatte mit ihm und seinem Namen zu tun. Von echter Großzügigkeit konnte keine Rede sein. Als ich das ihm gegenüber verlauten ließ, sah er mich entsetzt an.

»Was meinen Sie mit egoistisch? Ich habe meiner Uni zwei Millionen Dollar gestiftet. Ich habe meiner Frau erlaubt, alles zu kaufen, was sie gern haben möchte. Ich habe immer alle zum Essen eingeladen. Ich zahle immer. Was soll daran egoistisch sein?«

»Edward, Ihre Motivation bei alldem ist, dass Sie sich gut fühlen wollen – nicht andere. Ich habe Sie nicht ein Wort zum Thema Freundschaft, Beziehungen oder Liebe sagen hören. Sie können Ihr Glück nicht finden, wenn Sie nicht lernen, über die Bedürfnisse anderer nachzudenken – nicht nur über Ihre eigenen. Wenn Sie von Ihrer Frau sprechen, reden Sie nur von dem Geld, das Sie ihr geben. Was ist mit den Gefühlen Ihrer Frau und Ihrem Zusammenleben?«

Ich sah eine weitere Scheidung in seiner Zukunft. Seine Frau brauchte eine Beziehung zu ihrem Mann, nicht bloß ein dickes Bankkonto. Also betonte ich, dass Beziehungen und nicht nur Geld die Menschen glücklich machen. Um glücklich zu sein, musste Edward seine Beziehung zu seinen Mitmenschen und wie er über sie dachte, verändern. Es macht einen glücklich, andere zu lieben, und sogar noch glücklicher, wenn man das ohne Hintergedanken tut. Aber das war für Edward wohl doch zu viel auf einmal zum Verdauen. Aber da er so schrecklich unglücklich war, würde er ja vielleicht wenigstens versuchen, seine Denkweise zu überprüfen. Indem er über sich selbst nachdachte, würde er feststellen, dass er sein Denken verändern musste. Er war ein Mann, der Herausforderungen mochte. Ich beschloss also, ihn mit einer zu konfrontieren. Ich erklärte ihm, dass er achtundvierzig Stunden lang keinerlei negative Gedanken haben dürfe.

»Was meinen Sie mit negativen Gedanken?«, fragte er mich.

»Jegliche Gedanken an Scheitern, Kritik, Bosheit, Eifersucht, unfreundliche Gedanken, Gedanken an Krankheit, einen Unfall oder Ärger. Kurzum: Jeglicher Gedanke, der pessimistisch oder nicht konstruktiv ist, ist ein negativer Gedanke.«

Dann sagte ich noch zu ihm: »Es werden Ihnen negative Gedanken in den Sinn kommen, aber Sie dürfen sich nicht mit ihnen aufhalten. Es ist völlig egal, was für ein Gedanke Ihnen einfällt, solange Sie sich nicht mit ihm auseinandersetzen. Sobald Ihnen ein negativer Gedanke in den Sinn kommt, müssen Sie ihn durch einen positiven ersetzen. Wenn Sie sich dann mit diesem positiven Gedanken beschäftigen und ihn festhalten, entsteht eine starke Gedankenform. Wenn Sie den Gedanken schnell wieder loslassen, kann keine dauerhafte Form entstehen. Sie müssen aufhören zu denken, dass Sie unglücklich sind, und diesen Gedanken durch einen freundlichen, produktiven oder konstruktiven ersetzen. Dafür benötigen Sie allerdings viel Willensstärke und Durchhaltevermögen, und ich weiß nicht, ob Sie dazu überhaupt in der Lage sind.«

»Doch, das kann ich bestimmt.«
»Nun gut, Edward, dann probieren Sie's also.«
Ich sagte weiter: »Edward, lassen Sie sich das Ganze durch den Kopf gehen, bevor Sie mit diesen achtundvierzig Stunden beginnen. Diese Übung ist sehr schwierig. Wenn Sie einen Fehler machen oder rückfällig werden, müssen sie von vorn anfangen. Sie dürfen sich auch nicht über sich ärgern oder sich wie ein Versager vorkommen; fangen Sie einfach wieder von vorne an. Die Uhr läuft dann wieder. Sie müssen diese Übung durchziehen, bis Sie sich geistig achtundvierzig Stunden lang ausschließlich auf positive Gedanken konzentrieren können. Ich rechne damit, von Ihnen zu hören, sobald Sie es geschafft haben.«
Edward ging von der Sitzung nach Hause mit dem Gefühl, all das sei ein Kinderspiel.
»Wetten, dass ich Sie in achtundvierzig Stunden anrufen werde?«, sagte er noch.
Ich lachte und erwiderte: »Da ist ja schon wieder Geld im Spiel, nicht wahr, Edward? Vergessen Sie eines nicht: Ich bin hellsichtig, und somit weiß ich, ob Sie das wirklich geschafft haben oder bloß bluffen.«
Zwei Jahre vergingen, und ich hatte schon gar nicht mehr an Edward gedacht. Ich glaubte, ich würde nie mehr von ihm hören. Aber er kam zu einer weiteren Sitzung. Seine zweite Ehe war am Ende, denn seine Frau hatte ihn verlassen. Sie hatte ihm gesagt, sie könne mit einem so unsensiblen Mann nicht leben. Sie brauche jemanden, mit dem sie reden könne und der versuche, sie zu verstehen. Das machte Edward endlich klar, dass ich recht gehabt hatte.
Er erzählte mir: »Nach der ersten Sitzung fing ich mit dem mentalen Training an, das Sie mir empfohlen hatten. Ich fand es blöd-

sinnig. Wozu das ganze Theater um die eigenen Gedanken? Ein Mann muss handeln.«
Doch jetzt merkte Edward endlich, dass er nicht nur sein Denken sondern auch die Art, wie er mit seinen Mitmenschen umging, verändern musste. Diesmal wusste ich, dass Edward einen ehrlichen Versuch unternehmen würde, seine Art zu denken, zu sprechen und zu handeln unter die Lupe zu nehmen. Er war intelligent und hatte die nötige Willensstärke, wenn er etwas erreichen wollte.
Ein Monat verging, dann rief Edward mich an. Er war aufgeregt wie ein Kind und erzählte mir, dass er fünf Versuche unternommen habe, die achtundvierzig Stunden durchzustehen, es aber nicht hingekriegt habe. Wenn er gescheitert war, nahm er sich immer ein paar Tage Zeit, um sich mental aufzubauen, dann startete er den nächsten Versuch. Beim sechsten Anlauf glaubte er schließlich, Erfolg zu haben. Er wollte mit mir einen Termin vereinbaren, damit ich ihm diesen Erfolg bestätigte. Und das tat ich dann auch. Edward hatte es wirklich geschafft! Es blieb zu hoffen, dass dies der Anfang für eine neue Denkweise war. Edward freute sich über seinen Erfolg und schien entschlossen, diesen Weg weiterzugehen.

Wir müssen unsere Gedanken auf Harmonie ausrichten. Glück entsteht durch ein Leben in Harmonie. Visualisieren Sie Glück. Zweifeln Sie nicht. Glauben Sie daran. Seien Sie beharrlich. Die Göttliche Kraft ist immer da, um uns beizustehen. Wenn wir an andere denken, fördern wir die Harmonie. Ich habe noch nie einen glücklichen Egoisten kennengelernt.

Unsere Gedanken sind wie die Tasten eines Klaviers: Einige Noten zusammengespielt ergeben einen herrlich harmonischen Klang. Andere Disharmonie. Denken ist Energie und Schwingung. Die Schwingungsfrequenz Ihrer Gedanken bewirkt, dass Sie Dinge anziehen, die die gleiche Schwingungsfrequenz haben. Deshalb müssen Sie ein guter Freund beziehungsweise eine gute Freundin sein, um auch gute Freunde zu haben. Sie müssen lieben, um geliebt zu werden. Glück zieht Glück an.

6 NUR DIE SEELE ÜBERLEBT

Die Seele ist die Summe all unserer Gedanken. Sie ist unser Charakter. Der physische Körper stirbt, die Seele hingegen nicht. Gedanken sterben auch nicht, denn sie leben in der Seele. Und die Seele lebt nach dem Tod weiter.
Um die Seele zu verstehen, ist es wichtig, uns als ein Wesen mit zwei Körpern zu begreifen: mit einem physischen Körper und einem ätherischen Körper; er wird oft auch als spiritueller Körper bezeichnet. Wenn wir sterben, wird der ätherische Körper vom physischen getrennt.
Der physische Körper ist mit dem ätherischen durch eine Silberschnur verbunden. Diese Schnur – wie auch die Aura – weist eine Farbe auf und kann von Menschen mit seherischen Gaben wahrgenommen werden. Im Augenblick des Todes reißt diese Schnur. Bei Nahtoderfahrungen wird der Faden nicht durchtrennt, sondern bleibt intakt. Der ätherische Körper befreit sich zum Teil vom physischen Leib, wobei die Verbindung zwischen dem physischen und dem ätherischen Körper bestehen bleibt. Berichte von Nahtoderfahrungen gibt es von Personen, die klinisch tot waren, jedoch wiederbelebt und ins Leben zurückgeholt wurden. So erzählen zum Beispiel Menschen, die auf dem OP-Tisch lagen, von Gefühlen, als würden sie über ihrem physischen Körper schweben. Außerhalb des Körpers, aber dennoch im Reich des Physischen,

konnten sie sich selbst auf dem OP-Tisch liegen sehen. Sie beobachteten, wie sie wieder ins Leben zurückgeholt wurden. Dabei hörten sie die Stimmen der Ärzte und Krankenschwestern und verfolgten die erforderlichen Schritte, um sie wieder ins physische Leben zu bringen. Als Nächstes hatten sie das Gefühl, einen Tunnel zu passieren. Am Ende dieses Tunnels sahen sie ein helles Licht. Bevor sie das Licht erreichten, sahen sie, wie ihr Leben sich vor ihnen abspulte. Dann hörten sie die Stimme von jemandem, der, wie sie wussten, vor ihnen verstorben war. »Deine Zeit ist noch nicht gekommen. Du hast in der physischen Welt noch einiges zu leisten.«

Fast jeder mit Nahtoderfahrungen kehrt rasch in die physische Welt zurück. Nahtoderfahrungen treten nicht nur auf dem OP-Tisch auf, sondern auch bei Herzanfällen, wenn jemand Gefahr läuft, zu ertrinken, bei Unterkühlung oder wenn Erstickung droht. In allen Fällen hört man, dass keiner der Betroffenen wieder in sein irdisches Leben zurückwollte; alle wollten in der spirituellen Welt bleiben. Finden Sie das nicht interessant, da doch der Tod angeblich so große Angst auslöst? Warum sagen Menschen, die einen Blick in die spirituelle Welt tun konnten, dass diese Erfahrung so herrlich war? Sie berichten, dass sie die Magie der Gedanken nun umso mehr zu schätzen wissen, weil sie einen Blick auf das Leben nach dem Tode werfen könnten – die Welt der Gedanken. Sie sagen, sie hätten sich unglaublich sicher und friedlich gefühlt, während sie außerhalb ihres physischen Körpers waren. Zudem fühlten sie ein neues Verständnis für die Heiligkeit des Lebens. Es wurde ihnen klar, dass der Sinn und Zweck des Lebens darin besteht, zu lernen, sich zum Positiven zu entwickeln und anderen zu helfen.

Alle diese Menschen erfuhren in Nahtodsituationen das Leben in ihrem ätherischen Körper. Der ätherische Körper durchdringt den physischen Körper und ist mit ihm durch eine Silberschnur verbunden. Solange die Silberschnur noch mit dem physischen Körper verbunden ist, ist dieser Mensch physisch am Leben. Stellen Sie sich das Ganze einfach einmal wie einen Drachen vor. Er kann hoch fliegen. Er kann sich in beträchtlicher Entfernung von der Hand bewegen, die die Schnur festhält. Manchmal löst sich der ätherische Körper vom physischen Körper und entfernt sich, fliegt gleichermaßen außer Sichtweite. Doch wie der Drachen kann der ätherische Körper so lange zurückgeholt werden, wie die Verbindung besteht.

Wenn wir physisch sterben, reißt die Schnur; wir sind frei von unserem physischen Körper. In praktisch allen Fällen sind wir uns nicht bewusst, dass wir sterben – wie dies beim Einschlafen ja auch der Fall ist. Der Tod ist, wie wenn man einen Handschuh auszieht. In dem Moment vor dem Tod lassen wir alle Ereignisse in unserem Leben, das nun zu Ende ist, noch einmal Revue passieren. Einfach gesagt: Wir sehen, wie unser Leben sich vor uns abspielt. Das passiert schnell und erinnert an einen Film, der auf unserer geistigen Leinwand kurz aufscheint.

Dieser Rückblick ist überaus wichtig. Wir werden auf diese Weise nämlich gezwungen, uns all unsere Erfolge und Misserfolge, all unsere Gedanken, Worte und Taten in dem bis eben gelebten Leben noch einmal bewusstzumachen. Und mit diesem Wissen, das ganz frisch im Gedächtnis ist, gehen wir dann ins Leben nach dem Tod ein. Die Seele geht in die spirituelle Welt über und erwacht dort. Diese neue Welt ist manchmal etwas verwirrend. Uns heißt aber immer ein Freund oder Verwandter, der vor uns gestorben ist, in diesem neuen Reich willkommen. Unsere Seele geht an den Ort, den wir durch unser Denken und Leben auf Erden vorbereitet haben. Alle Bedingungen der physischen Welt sind das Ergebnis unserer Gedanken, und genau das Gleiche gilt auch für das Leben nach dem Tod. Wir verdienen uns unseren Platz in der nächsten Welt dadurch, wie wir auf Erden gelebt haben. In dieser spirituellen Welt leben wir dann, bis die Zeit gekommen ist, wieder in die physische Welt zurückzukehren. Wenn die Seele zurückkehrt, wählt sie einen passenden physischen Körper, um sich ihre Entwicklung zu erleichtern. Wir schaffen einen Körper, keine Seele. Deshalb ist jede Empfängnis eine unberührte Empfängnis, denn wir können keine Seele empfangen. Haben Sie sich je gefragt, weshalb solche Unterschiede zwischen den einzelnen Menschen bestehen? Warum ein Mensch in eine nette Familie hineingeboren wird samt Reichtum und guter Position, ein anderer jedoch in ein kaputtes Zuhause mit Armut und Vernachlässigung? Warum kommt ein Mensch mit bester Gesundheit zur Welt, ein anderer aber mit einer schrecklichen Krankheit? Warum gibt es so unterschiedliche Talente? Die Antwort lautet, dass dieses Leben, das wir da leben, nicht unser einziges ist. Wir haben viele Leben. Wir haben vieles durchdacht, gesagt und getan, Gutes wie auch Schlechtes. Wir ernten jetzt die Früchte nicht nur unserer derzeitigen Gedanken und Taten, sondern auch derer von früher. In der Bibel steht geschrieben: »Was der Mensch säht, wird er ernten.« Damit ist das Gesetz von Ursache und Wirkung gemeint. Wir werden in ein Leben geboren, das wir uns durch unsere Taten verdient haben. Wir können in Zukunft glücklich sein, wenn wir jetzt damit beginnen, mit Liebe zu denken und zu handeln und anderen nützlich zu sein. Es spielt keine Rolle, welche Fehler wir in der Vergangenheit gemacht haben, wir können jetzt sofort damit anfangen, eine bessere Zukunft zu schaffen. Die Seele wird in diese physische Welt geboren, um bestimmte Lektionen zu lernen. Sie ist ein Speicher für all unsere Gedanken, Handlungen und Erfahrungen. Das macht unsere Persönlichkeit aus. Wenn wir sterben, entledigen wir uns unseres physischen Körpers und nehmen den ätherischen Seelenkörper mit uns ins Jenseits.

Die Seele enthält die Erinnerung an jede Erfahrung, die wir gemacht haben. Sie spielt viele Rollen – wie ein Schauspieler in einer Theatertruppe mit breitgefächertem Repertoire. Diese Rollen geben uns unterschiedliche Gelegenheiten für unser persönliches Wachstum. Wir sollten tun, was wir können, um toleranter, liebevoller und selbstloser zu werden. Diese Eigenschaften können wir bekommen, indem wir unsere Gedanken und Handlungen auf positive, produktive und freundliche Weise steuern. So zu denken lässt die Seele erhabener werden, und je erhabener unsere Seele ist, desto besser sind wir dann in der Lage, Gutes in unser Leben einzubringen. Wir ziehen mit unseren Gedanken alles in dieses Leben wie auch in das nächste. Es ist also immer gut, daran zu denken, dass nur die Seele überlebt.

ÄUSSERLICHE VERSCHÖNERUNGEN

Die Welt ist besessen von äußeren Verschönerungen. Zeitschriften, Fernsehen, Zeitungen, Blogs und Gespräche im Café beschäftigen sich mit den wahnwitzigsten Verschönerungen. Es gibt Botox, Silicon und Laser-Chirurgie, außerdem Fettabsaugung an Bauch, Po und Schenkeln – und was sich sonst noch alles verringern lässt –, zudem Magenbypässe, Augen- und Nasenkorrektur, Brustreduzierung, Brustimplantate, Haarentfernung und Haartransplantationen. Man kann sich die Haare schneiden lassen, Haarteile ergänzen, die Haarfarbe verändern und die Augenbrauen modellieren. Nicht zu vergessen die Zähne! Zähne kann man bleachen lassen, überkronen, implantieren oder korrigieren, um den perfekten Mund zu schaffen, der dem neuesten Trend entspricht und dann ein Lächeln ermöglicht, das mit dem des gerade aktuellsten Filmstars durchaus vergleichbar ist. Eine meiner Klientinnen verkündete stolz, sich den Mund korrigieren zu lassen; er sollte wie der von Julia Roberts aussehen. Eine andere Klientin war so besessen von dem Gedanken, ihr Gesicht in Ordnung bringen zu müssen, dass sie elf Schönheitsoperationen machen ließ. Sie ist mit dem Ergebnis noch immer nicht glücklich.

Sie können Ihr Bild in einen Computer eingeben und sich dann ansehen, wie Sie in zehn oder zwanzig Jahren aussehen werden, wenn Sie nichts unternehmen. Der normale Prozess des Älterwerdens ist für die meisten inzwischen ein wahres Schreckgespenst. Viele erliegen dann dem Traum, dass sie den Alterungsprozess besser in den Griff kriegen, je mehr sie an ihrem physischen Aussehen verändern.

Eine bekannte Klientin von mir war so besessen von ihrem Alter, dass sie es schaffte, sogar ihren Führerschein, ihren Pass und ihren Taufschein ändern zu lassen. Sie lebte in Angst und Schrecken, dass jemand ihr wirkliches Alter herausfinden könnte. Auf dem Totenbett weigerte sie sich, eine Todesanzeige aufzusetzen, weil sie befürchtete, dass ehemalige Schulkollegen sie lesen und ihr wirkliches Alter verraten könnten. Es erschien in der New *York Times* dann nur ein Hinweis von einer Zeile; ihr Alter wurde nicht erwähnt.

Janice

Als Janice zu ihrem Termin bei mir kam, war sie hysterisch. Sie weinte ununterbrochen während der ganzen Sitzung. Sie stand kurz vor ihrem vierzigsten Geburtstag und war nicht zu beruhigen. Jedes Mal, wenn ich versuchte, ihr etwas Tröstliches zu sagen, schluchzte sie nur noch lauter.

Janice hatte es als Discjockey für Rockmusik zu einer gewissen Berühmtheit gebracht und glaubte, dass das Alter von vierzig in dieser Branche schlichtweg tödlich war. Ich erklärte ihr, dass es Berühmtheiten bei Film und Fernsehen gebe und auch Rockstars, die nicht nur über vierzig, sondern über fünfzig oder gar sechzig seien und noch immer gut im Geschäft waren.

Janice wollte davon nichts hören. Sie wiederholte einfach immer wieder, nicht mit der Tatsache leben zu können, dass sie älter wurde. Sie hatte sich bereits mit Spritzen behandeln lassen und mit Schönheitschirurgie angefangen, als sie noch in den Dreißigern war. Je früher man damit anfing, desto besser würde das Ergebnis ausfallen, wie sie meinte. Sie war ständig auf Diät, was schon auf eine Mangelernährung hinauslief, und trug Kleidung aus Modemagazinen für Teenies. Sie wirkte unausgeglichen.

Janice konsultierte mich viermal in fünf Jahren. Ich versuchte, ihr zu helfen, ihr Denken auf die positiven Aspekte in ihrem Leben auszurichten. Sie weigerte sich jedoch, irgendetwas Gutes zu sehen, und ihre Gedanken kreisten weiterhin nur um die Angst, älter zu werden.

In unserer letzten Sitzung bat ich sie inständig: »Janice, wenn Sie nicht damit aufhören, so zwanghaft negativ zu denken, dann wird etwas passieren, das Ihr Leben wirklich verkürzt.«
Janice starb mit sechsundvierzig an Krebs. Sie hatte nie alt sein wollen. Welch eine traurige Geschichte.

Janice ist ein erschreckendes Beispiel für die Macht, die unsere Gedanken auf unser Leben ausüben. Janice wiederholte immer wieder, Tag für Tag, Jahr für Jahr: »Ich kann den Gedanken, älter zu werden, nicht ertragen.« Sie konzentrierte sich geistig völlig auf ihre Angst und Wut darüber, älter zu werden. Hierzu gibt es ein interessantes Sprichwort: »Passen Sie auf, was Sie sich wünschen, denn womöglich bekommen Sie es auch.«
Janice dachte nicht bewusst ans Sterben, doch ihre Denkweise machte sie schließlich todkrank. Ich habe im Lauf der Jahre Hunderte von Menschen gesehen, die sich alle in unterschiedlichem Ausmaß Sorgen machten, weil sie älter wurden. Die meisten waren nicht so extrem wie Janice, aber ihre Sorge löste immer bestimmte Handlungsweisen aus: einen Sportwagen zu kaufen, den Rocksaum ein bisschen zu kürzen, sich einen jungen Liebhaber zu nehmen, um nur einige Beispiele zu nennen, wie Leute meinen, sich jünger zu fühlen und zu wirken. Das sind jedoch nur vorübergehende Lösungen, die letztendlich nicht glücklich machen. Denn die Realität bleibt bestehen: Jeder wird älter.
Das Altern ist jedoch nicht der einzige Grund für das Streben nach Veränderung. Mittlerweile ist der Wunsch nach körperlicher Veränderung für viele zum Mittelpunkt ihres Daseins

geworden. Den perfekten Körper haben zu wollen hat zu einer Welt geführt, in der Essstörungen schon epidemieartige Ausmaße angenommen haben. Die meisten beruhen auf dem Wunsch, wie die Models und Stars auszusehen, die die Titelseiten der Zeitschriften zieren. Es ist aber nicht nur der physische Körper, an dem wie verrückt Veränderungen vorgenommen werden, auch das Haus, die Garderobe, der Garten, die Finanzen, die Abstellräume und die Art der Kindererziehung sind betroffen. Die Menschen versuchen, jeden Aspekt ihres Lebens irgendwie umzugestalten. All diese »Verschönerungen« sind jedoch vorübergehend und verschaffen nur kurzfristig ein besseres Gefühl. Warum ist noch keinem in den Sinn gekommen, seine Seele zu verbessern?

Neulich habe ich abends eine Talk-Show gesehen; man hatte eine bekannte Vertreterin eines Diät-Programms eingeladen. Sie erzählte, sie habe fünfzig Pfund abgenommen, habe sich ihr krauses Haar glätten lassen, die Schulden abbezahlt und hart daran gearbeitet, »sich selbst zu lieben«. Dennoch war es zwei Jahre her, seit sich zuletzt ein Mann mit ihr verabredet hatte. Sie sagte, sie sei jetzt besser mit sich im Reinen, aber es wundere sie schon, weshalb die Männer nicht in Scharen auf sie zukämen.

Unterdessen wusste sie nichts Positives zu berichten. Sie äußerte sich kritisch über alle ihre vergangenen Beziehungen und machte andere für ihre Schwierigkeiten verantwortlich. Ich fing an, über ihre vermeintlichen Verschönerungen nachzudenken. Offensichtlich bemerkte diese Frau gar nicht, wie egozentrisch sie wirkte. Alles, worüber sie geredet und was sie getan hatte, zielte ausschließlich auf den körperlichen Aspekt ab. Ich hatte sie nicht ein Wort über die Seele sagen hören.

Wie schade, dass ihr nicht klar wurde, wie wirkungsvoll es sein konnte, die Seele zu verschönern. Hätte sie dergleichen in Betracht gezogen, Sie hätte andere und nicht nur sich selbst lieben können und wäre damit beschäftigt gewesen, ihre Gedanken darauf zu richten, freundlicher und toleranter zu werden. Die Schwingung selbstloser Liebe ist ein bedeutender Magnet, um Liebe anzuziehen. Also ich sehe das so: Hätte sich diese Frau die Zeit genommen, ihre Gedanken über den Körper auf die Seele zu verlagern, würde sie jetzt ein glückliches Liebesleben führen.

Es ist absolut nichts daran auszusetzen, wenn jemand seine Seele in einem attraktiven physischen Körper beherbergt, der in eleganter Kleidung steckt. Und es ist auch legitim, sich über sein schönes Zuhause samt dem hübschen Garten zu freuen. Doch die meisten ziehen auf Dauer aus all diesen vermeintlichen Verschönerungen keine wirkliche Befriedigung. Und das beweist, dass solche Veränderungen nur oberflächlicher Natur sind.

All diese Verschönerungen betreffen bloß die äußerlichen Aspekte des Lebens. Und das ist der Grund, warum viele Menschen letztendlich das Gefühl haben, dass etwas fehlt. Alles im Leben geht vorüber, nur die Seele nicht. Die Seele ist ewig. Wenn wir unser Denken darauf konzentrieren, die Eigenschaften und Anteile unseres Selbst zu verändern, die in direkter Verbindung zu unserer Seele stehen, erreichen wir sofort erstaunliche Ergebnisse, die dann auch noch von Dauer sind. Und damit hätten wir schließlich die ultimative Verschönerung.

Denken Sie immer daran, dass Gedanken Energie sind. Das neue Denken ist mit dem höheren Teil unseres Selbst verbunden und gibt eine reinere Energie ab. Wir ziehen so bessere

Jobs an – was wiederum zu mehr Sicherheit führt –, einen besseren Körper, der für bessere Gesundheit sorgt, aber vor allem einen besseren Charakter, der zu harmonischeren Liebesbeziehungen führt.

Vielleicht denken Sie ja jetzt: »Was meinen Sie denn eigentlich mit Seele? Ich habe noch nie eine Seele gesehen. Wie soll ich dann meine Seele verschönern?«

Die Seele ist der Anteil von uns, der nicht stirbt. Die Seele ist ein Ort, an dem all unsere Gedanken, Handlungen und Erfahrungen gespeichert sind. Wenn wir sterben, entledigen wir uns unseres physischen Körpers, nehmen aber den Seelen-Körper mit in unser Leben nach dem Tod. Die Seele ist die Synthese aller unserer Leben.

Wir werden in die physische Welt geboren, um ein Meister unseres Selbst zu werden. Diese Selbst-Meisterschaft ist vollendet, sobald wir unser Denken absolut kontrollieren können. Alles, was Meisterschaft erforderlich macht – sei es Gesundheit, Finanzen, Sex, Emotionen, Beziehungen, Arbeit oder umfassende Harmonie –, lässt sich damit erreichen, dass wir unsere Bewusstheit erhöhen. Dazu müssen wir uns ernsthaft mit der Kraft der Gedanken befassen. Jegliche Veränderung ist das Ergebnis einer bewussten Veränderung unseres Denkens. Das bedeutet, dass wir uns darin üben müssen, unsere Gedanken auszuwählen und zu kontrollieren. Die Seele möchte aus dem Gefängnis negativer Gedanken befreit werden. Jeder Gedanke, der nicht positiv, konstruktiv und freundlich ist, ist negativ. Die Seele spiegelt unser Denken. Nichts, was andere sagen oder tun, kann uns dabei stören, das Niveau unseres Denkens anzuheben. Nur unsere Reaktion auf das Denken anderer kann uns beeinträchtigen.

Die Seele setzt sich aus unseren Gedanken zusammen. Jede Veränderung in unserem Denken wirkt sich daher sofort auf die Seele aus – und zwar in positiver wie auch in negativer Hinsicht. In der physischen Welt wird unsere Seele durch unseren Charakter sichtbar. Mit Charakter ist die Gesamtsumme unserer Gedanken gemeint. Gute Charaktereigenschaften sind Integrität, Ehrlichkeit, Fairness, Freundlichkeit, Mitgefühl, Disziplin, Rücksicht, Großzügigkeit, Mäßigung, Verständnis, Unterscheidungsvermögen und Liebe. All das sind Eigenschaften der Seele. Jedes Mal, wenn wir einen Teil unseres Charakters verbessern, verbessern wir auch unsere Seele. Und je mehr wir unsere Seele verbessern, desto besser wird auch unser Leben.

Wenn wir unser Denken auf die Göttliche Kraft konzentrieren, gewinnen wir sofort an Erhabenheit. Unser Denken spielt sich auf einem geistig höheren Niveau ab. Unser Geist ist nicht nur physisch, er ist auch metaphysisch. Das bedeutet, Verschönerungen, die mit unserer physischen Existenz zu tun haben, verschaffen uns nur kurz einen Vorteil, da die physische Welt stirbt. Nichts ist von Dauer. Unser Haus steht nicht immer und ewig da. Unser Garten überwuchert. Unsere Kinder werden erwachsen und ziehen aus. Der physische Körper stirbt.

Dagegen bringen Verschönerungen der Seele uns dauerhafte Vorteile, denn die Seele überlebt. Sie ist ewig. Sie ist das Göttliche in uns. Wir werden in diese Welt geboren, um einen Weg zu gehen, der uns zum Meister unseres Selbst macht. Um uns das zu erleichtern, bekommen wir einen Körper. Dieser Körper ist aber anfällig für die Wünsche der materiellen Welt.

Viele Menschen haben schreckliche Angst vor dem Altern. Nennen Sie aber jemanden eine »gute alte Seele«, dann halten sie denjenigen für klüger und schöner, für einen Menschen, der sich persönlich weiterentwickelt hat. Doch in Wirklichkeit ist Alter nicht immer mit Weisheit gleichzusetzen. Manche Menschen kommen zur Welt und wiederholen immer dasselbe, ohne je über die übliche Art zu denken hinauszukommen. Andere wachsen schneller. Somit sind sie jüngere Seelen, die mehr spirituelle und charakterliche Entwicklung brauchen. Die Welt ist das Klassenzimmer unserer Seele. Wir werden in Umstände hineingeboren, die wir uns durch unsere früheren Taten verdient haben. Macht es dann nicht auch Sinn, uns zu bemühen, zu spirituelleren Menschen zu werden?

Die einzige Möglichkeit, wie wir eine noblere Seele werden können, ist durch erhabeneres Denken. Nur so können wir wirklich glücklich zu werden – und glücklich wollen wir schließlich alle sein. Es ist herrlich, auf einer geistig höheren Stufe zu denken, also mit erhabenem Geist. Diese Gedankenformen geben eine starke Energie ab, die wie Magie wirkt. Wenn wir erst gelernt haben, auf diese Weise zu denken, dann wollen wir noch weitere Erfahrungen dieser Art machen. Wir wünschen uns, anderen nützlicher zu sein. Unser Hauptziel ist dann die Harmonie, Liebe und Geduld unser Maßstab.

Wir müssen unseren Willen stärken, um zu lernen mit erhabenerem Geist zu denken. Der erste Schritt dabei ist das Fokussieren. Dabei gilt es, unsere Gedanken auf Dinge zu richten, die die Seele erhöhen. Jeder Gedanke, jedes Wort und jede Handlung, die mehr Harmonie mit sich bringen, verbessern die Seele und machen sie somit erhabener. Wir brauchen Ent-

schlusskraft, um unsere Gedanken zu fokussieren. Sobald wir zu dieser Art Fokussierung in der Lage sind, müssen wir das Denken so steuern, dass Freundlichkeit, Geduld und Liebe mitschwingen. Es kann ziemlich spannend sein, das eigene Denken zu beobachten. Es verändert sich dadurch, und wir haben das Gefühl, freundlicher und liebevoller zu sein. Diese seelischen Eigenschaften machen dann alles einfacher. Unsere Bedürfnisse und Wünsche nehmen wesentlich leichter Gestalt an, als wir es je für möglich gehalten hätten.
Sie schaffen einen Körper, und die Seele tritt in ihn ein. Sie können die Seele nicht sehen, wie Sie ja auch Gedanken nicht sehen können. Aber unsere Handlungen sind sichtbar, und sie spiegeln unsere seelische Entwicklung. Die Seele schwingt mit einer bestimmten Menge Licht, das in der Aura zu sehen ist. Jedes Mal, wenn wir ein Hindernis überwinden – Drogenabhängigkeit, Rachegefühle, Gier, Hass jeglicher Art –, wird das Licht, das unsere Seele einhüllt, intensiver. Jedes Mal, wenn wir eine positive, konstruktive Einstellung beibehalten, erhöhen wir die Schwingung unserer Seele. Das wiederum verstärkt das Licht, das von der Aura der Seele ausgeht. Je stärker das von der Seele abstrahlende Licht ist, desto feiner und schöner sind die Erfahrungen, die wir auf uns lenken, denn Gleiches zieht Gleiches an. Gleichgesinnte zieht es magisch zueinander hin.
Das ist das Geheimnis des Lebens: Alles beginnt und endet mit Gedanken.

7 LEBEN NACH DEM TOD

Wenn wir sterben, nehmen wir unsere Gedanken mit uns. Gedanken sterben nie. Das Leben nach dem Tod ist eine Welt der Gedanken. Diese Welt wird auch als Jenseits oder als *spirituelle Welt* bezeichnet. Dorthin geht der ätherische Körper, unser Seelen-Körper, wenn der physische Körper, der irdische Leib, stirbt.

Stirbt der physische Körper, bleibt die Seele. Der physische Körper ist wie eine Schicht, die abgeworfen wird, denn sie wird nicht mehr benötigt. Entledigen wir uns unseres physischen Körpers, verabschieden wir uns auch von den mit dem physischen Körper verbundenen Wünschen. Es gibt keinen Grund mehr, die materielle Welt aufrechtzuerhalten. Wir müssen nicht mehr essen, schlafen, arbeiten, Geld verdienen, Besitz verwalten oder sonst etwas tun, das mit der physischen Existenz in Zusammenhang steht. Die Seele lebt nun auf einer anderen Ebene – in der Welt der Gedanken.

Wir treten ins Leben nach dem Tod ein, wenn der Rückblick auf unser derzeitiges Leben beendet und die Silberschnur gerissen ist. Im Leben nach dem Tod verfügen wir über all unsere Erinnerungen. Wenn wir von einem Leben ins nächste übergehen, fallen wir in einen Zustand, der dem Schlaf ähnelt. Beim Erwachen finden wir dann einen Freund oder Verwandten vor, der uns begrüßt – vielleicht auch mehrere. Für den seltenen Fall, dass jemand ins nächste Leben übergeht, ohne dort jemanden zu kennen, stehen Helfer bereit, um denjenigen bei seiner Ankunft willkommen zu heißen. Niemand tritt alleine ins Leben nach dem Tod ein. Wie sich das Leben nach dem Tod dann genau gestaltet, hängt von dem Leben ab, das der Betroffene vor seinem Tod geführt hat.

In dem Moment, in dem wir ins Jenseits gelangen, machen wir die überwältigende Erfahrung, dass die Magie unseres Denkens zur absoluten Realität wird. In diesem rein geistigen, körperlosen Zustand materialisiert sich das, was wir denken, sofort. Es gibt keine Verzögerung, Gedanke und Handlung vollziehen sich gleichzeitig.

In der physischen Welt müssen wir daran denken, etwas zu tun, und dann die physische Handlung ausführen, um den Gedanken sprichwörtlich in die Tat umzusetzen. Nehmen wir also einmal an, Sie wollen ein Haus bauen. Dann müssen Sie im Diesseits die Pläne zeichnen lassen, eine Baufirma beauftragen und zahlreiche Entscheidungen treffen, um diverse Einzelheiten festzulegen. Im Jenseits denken Sie an das Haus, das Sie gern hätten – und dann haben Sie es auch schon; es ist Realität, denn Handlung und Gedanke laufen simultan ab. Es dauert eine Weile, bis man sich daran gewöhnt hat. Die Macht und Magie unseres Denkens zu verstehen, ist schwierig.

Kleidung entsteht im Leben nach dem Tod durch Denken. Wir denken einfach, dass wir angezogen sind, und schon sind wir es. Alle ziehen sich vom Stil her ganz unterschiedlich an. Allein der Gedanke an Kleidung bedeutet, sie bereits zu tragen. Viele entscheiden sich für einfache, fließende Gewänder. Die Menschen treffen sich im Jenseits in Gedanken-Häusern und Gedanken-Städten. Das Leben nach dem Tod ist also genauso vielfältig wie auf Erden.

Gedanken sind in der physischen Welt nicht sichtbar. Im Leben nach dem Tod hingegen sind sämtliche Gedanken zu sehen, wenn sie sich an jemanden richten. Nehmen wir also einmal an, Sie schicken Ihrer Freundin einen Gedanken. Ihrer Freundin erscheint dieser Gedanke dann als Lichtblitz, und sie hört im Geist die Botschaft. Im Jenseits hat das Denken eine höhere Schwingung als auf Erden, deshalb sind Gedanken auch sichtbar. Im Leben nach dem Tod sehen wir jemanden, sobald wir denken, diese Person sehen zu wollen.

Wenn wir sterben, zieht es uns an den Ort, an den wir gehören. Es ist der Ort, den wir durch unser Denken, durch unsere Worte und Taten auf Erden vorbereitet haben. Wir sind im Jenseits die gleiche Art Mensch wie vor unserem Tod. Die physische Welt dient als Klassenzimmer für unser Wachstum und unsere Entwicklung, in dieser Welt werden wir erzogen. Wir lernen aus Familienbeziehungen, durch Schule, Arbeit und Freundschaften.

Indem wir Probleme lösen, wachsen wir. Wir müssen mit physischen Problemen zurechtkommen, und unser Körper braucht ständig Aufmerksamkeit. Wir werden krank und wieder gesund, nehmen zu und ab, ermüden und schöpfen Kraft. Der Körper fungiert als außergewöhnlicher Maßstab für unser allgemeines Wohlbefinden. Er reagiert nicht nur auf die Elemente, sondern auch auf Emotionen und den Alterungsprozess.

Wir müssen uns unseren Lebensunterhalt verdienen. Geld ist für unsere physische Existenz also eine Notwendigkeit. Ständig werden wir durch Geldfragen auf die Probe gestellt. So zeigt sich unser Charakter unter anderem auch dadurch, wie wir mit Geld umgehen.

Jeder Aspekt unseres Lebens wird einzig und allein durch unser Denken bestimmt. Unsere Gedanken steuern unser Handeln. Durch die Entscheidungen, die wir treffen, sammeln wir unser ganzes Leben lang Erfahrungen. Aber manche Menschen lernen nicht durch Erfahrung. Sie begehen dieselben Fehler immer wieder, was ihre Entwicklung einschränkt, denn jegliches Wachstum findet nur während unseres Lebens in der physischen Welt statt. Jeder Moment ist eine Gelegenheit für unsere Seele zu wachsen. Wie wir in unserem Leben mit guten oder auch schlechten Situationen umgehen, prägt unseren Charakter.

Wenn ein Mensch stirbt, bekommt er in der geistigen Welt einen Platz, der dem Charakter dieses Menschen am Ende seines Lebens entspricht. Wenn Sie also auf Erden in Armut gelebt haben, Sie krank waren, einsam oder beruflich enttäuscht, können Sie als guter Mensch im Jenseits durchaus in Wohlstand, Harmonie und in bester Gesundheit leben. Ihre Seele bleibt auf der Entwicklungsstufe, die sie vor Ihrem physischen Tod erreicht hatte. Jeder gute Gedanke bringt positive Energie hervor. Diese Energie nehmen Sie bei Ihrem Tod mit.

Mit dem Tod geht keine individuelle Erleuchtung einher. Wir haben unseren Charakter während unseres Lebens auf Erden ausgeprägt; wir sind zu einer bestimmten Art Mensch geworden. Ein freundlicher, liebevoller Mensch wird folglich in einem herrlichen Teil der jenseitigen Welt zu Hause sein. Denn wir verdienen uns unseren Platz in der nächsten Welt durch unsere Lebensweise im Diesseits. Im Jenseits werden wir von Leuten mit gleichen Interessen und einem ähnlichen Charakter angezogen. Das Gesetz der Anziehungskraft – Gleiches zieht Gleiches an – wirkt in vollem Umfang.

Ein Mann, der in seiner Freizeit gern malt, wird im Jenseits dann ebenfalls an Kunst interessiert sein. Er wird dort andere Künstler finden, die auch Hobbymaler waren. Sie können sich dann wunderbar über Ideen und Techniken austauschen und einander Geschichten erzählen. Vielleicht mochte der besagte Mann ja van Gogh oder Gauguin sehr. Mit diesen Künstlern wird er allerdings nicht zusammentreffen. Diese Künstler sind mit Malen beschäftigt und halten sich im Kreis von ebenso renommierten Persönlichkeiten auf. Sie müssen Ihre Kunst also schon in der physischen Welt zur Perfektion bringen. Aber Ihr Talent nehmen Sie natürlich mit – und zwar nicht mehr und nicht weniger, als Sie auf Erden auch hatten. Sie können dann im Jenseits weiterhin mit Freuden Ihrem Können frönen, es jedoch nicht verbessern.

Künstler können Menschen, die dafür empfänglich sind, auf Erden inspirieren. Ihre Gedanken lassen sich vom Jenseits ins Diesseits schicken. Das ist nicht einfach, denn man benötigt Energie und intensive Konzentration dafür. Mit inspirieren ist ein Gedankentransfer gemeint. Es gibt viele Ebenen der Inspiration, die von den Seelen im Geistreich kommen. Denn wir wissen ja, dass Denken Schwingung ist. Es nimmt Form an, die Form schafft ein Bild und dieses Bild wird durch Energie magnetisch aufgeladen. Gedanken können große Entfernungen erheblich schneller zurücklegen als Licht, denn sie unterliegen keinen physikalischen Gesetzen. Sie werden sofort empfangen.

Ein Geschäftsmann, der sein ganzes Leben lang nur an seine Geschäfte gedacht hat, wird auch im Leben nach dem Tod an nichts anderes denken. Er wird sich zu Menschen mit ähnlichen Interessen hingezogen fühlen. Da man im Jenseits kein Geld verdienen muss, wird er mit Gleichgesinnten über seine Erfolge und Errungenschaften sprechen. Mit der Zeit denkt er dann vielleicht auch an Dinge in seinem Leben, die ihm Freude bereitet haben und die nichts mit der Arbeit zu tun hatten. Vielleicht war er ja gern mit seiner Familie zusammen oder hatte Spaß am Bridgespielen. Sein Hauptinteresse wird jedoch weiterhin sein Geschäft bleiben.

Ein guter Arzt, der ins Leben nach dem Tod eingeht, behält auch dort sein medizinisches Wissen. Er wird die Menschen sehen, denen er zu Lebzeiten auf Erden geholfen hat. Es wird zu vielen wunderbaren Begegnungen kommen, denn alle werden sich an die Liebe und Hilfe erinnern, die er gegeben hat.

Eine Frau, die eine Familie hatte und ihr ganzes Leben im gleichen Haus in derselben Kleinstadt verbracht hat, wird im Jenseits auch wieder so leben. Sie wird sich ihr Haus mit all ihren persönlichen Habseligkeiten wieder schaffen, und sie wird alles dafür tun, um mit den gleichen Verwandten und Leuten aus der Kleinstadt zu plaudern, die ebenfalls ins Jenseits eingegangen sind. Diese Frau ist dann glücklich, im Jenseits das gleiche Leben zu führen wie auf Erden.

Im Leben nach dem Tod herrscht Demokratie. Jeder hat das Recht, so zu leben, wie er möchte. Dieses Recht hat man sich dadurch verdient, wie man sein Leben auf Erden geführt hat.

Viele Klienten suchen mich auf und bitten mich um Hilfe, weil sie zu Verstorbenen Kontakt aufnehmen wollen. Die ihnen lieben Menschen fehlen ihnen, und sie möchten unbedingt wissen, ob sie glücklich und in Sicherheit sind.

Dass man mit Verstorbenen im Jenseits so simpel kommunizieren kann wie bei einem Telefonat, ist allerdings ein Irrglaube. Diese Möglichkeit gibt es nicht. Zuerst einmal braucht man dazu ein Medium, das Botschaften senden oder empfangen kann. Ein Medium ist ein Kommunikationskanal. Man muss keine seherischen Gaben haben, um als Medium fungieren zu können. Ein Medium ist wie ein Radioempfänger; es nimmt Gedankenwellen auf, die eine bestimmte magnetische Energie haben. Ein Medium kommt in der Regel mit dieser Gabe zur Welt, es wird nicht dazu »gemacht«. Dennoch gibt es Fälle, in denen sich jemand mediale Fähigkeiten durch Studien und bestimmte mentale Übungen antrainieren konnte.
Wenn ein Mensch stirbt, lässt er – hoffentlich – die physische Welt los. Allerdings nicht immer. Wenn es nicht gelingt, liegt es meistens an unerledigten Angelegenheiten auf Erden, starken physischen Wünschen oder daran, dass derjenige durch einen Schock oder Unfall starb. In diesen Fällen kann es sein, dass die Seele an die Erde gebunden bleibt; sie ist dann zwischen der physischen und der geistigen Welt gefangen. Wenn das so ist, kommt es manchmal auch vor, dass sie Hinterbliebenen als Geist erscheinen oder sich anderweitig bemerkbar machen – oft in Form von Elektrizität, also Lampen, die von selbst angehen, oder Ähnliches. Geister sind an die Erde gebundene Wesen. Es ist selten, jedoch nicht unmöglich, dass ein Mensch, der eigentlich keine übersinnlichen Gaben hat, so einen Geist tatsächlich wahrnimmt. Das kann der Fall sein, wenn jemand extrem müde oder vielleicht auch krank ist, denn unter diesen Bedingungen besteht zwischen dem Astralkörper und dem physischen Körper eine gelockerte Verbindung. Dadurch kann eine Offenheit entstehen, die es möglich

macht, Gedanken aufzunehmen, die normalerweise nicht empfangen werden. Ein Medium ist immer passiv, denn der Körper des Mediums wird als Kanal genutzt.

Es ist also möglich, von Verstorbenen Botschaften zu bekommen. Trotzdem sollte man diese Menschen in Frieden ruhen lassen. Wenn wir unsere Toten stark betrauern, können sie unsere Traurigkeit fühlen. Wir sollten ihnen deshalb liebevolle Gedanken schicken, keine, die von Verlust zeugen. Ich weiß, wie schwierig es ist, sich von einem geliebten Menschen zu verabschieden. Doch mit dem entsprechenden Verständnis für die Gedanken und deren Macht können wir leichter loslassen, bis wir dann irgendwann im Leben nach dem Tod wieder alle vereint sind. Selbst wenn jemand sehr jung stirbt, ist die Zeit bis zum Wiedersehen nur kurz, denn unsere Liebe reicht weit über das Grab hinaus, und Gedanken sterben nicht. Wir können die Verstorbenen nicht sehen. Wir können ihre Gedanken nicht sehen. Aber wir können sie fühlen.

Nichts hat mehr Macht als Gedanken. Sie erschaffen alles in unserer Welt. Wir können jeden Bereich unseres Lebens verändern, indem wir die Regeln des Denkens erlernen und sie dann anwenden. Es gibt nichts außer Gedanken.

Alles ist Gedanke, und wir sind, was wir denken.

DANKSAGUNG

Ich bedanke mich bei meiner amerikanischen Verlegerin Malaika Adero, die nicht nur fachlich hervorragend ist, sondern auch eine leidenschaftliche Künstlerin und Freundin. Sie hat auch bereits meinen ersten Titel »Love in Action« verlegt.
Mein besonderer Dank gilt Judith Curr. Sie unterstützte dieses Projekt vom ersten Gedanken an. Judith schafft eine Aura von Harmonie, Liebe und Respekt, die allen Mitarbeitern des Atria Verlags das Gefühl vermittelt, etwas Besonderes zu sein. Weiter danke ich Krishan Trotman und dem Team vom Atria Verlag.
Ich bedanke mich bei Jan Miller, der nicht nur als Literaturagent Hervorragendes leistet, sondern auch ein toller Freund ist. Der vorliegende Titel ist das vierte Buch, das wir gemeinsam gemacht haben. Mein Dank gilt auch dem exzellenten Personal von Dupree Miller.
Und zu guter Letzt: Dank euch beiden, Rob van Dorssen und Marja de Vries.

Paulette Sherman

Suchst du noch, oder liebst du schon?

ERKENNE DICH SELBST UND FINDE DIE LIEBE

Die Fähigkeit zu lieben ist immer auch eine Frage der Selbsterkenntnis – denn wahre Liebe kommt von innen. Paulette Sherman zeigt, wie man lernt, sich selbst so anzunehmen, wie man ist. Erst dann strahlt man Selbstliebe aus und zieht eine dauerhafte, glückliche Partnerschaft fast »magisch« an. Praxiserprobte Tipps helfen, mit offenen Augen und klaren, aber realistischen Zielvorstellungen den Partner zu finden, der wirklich zu einem passt.